Mensch – Natur – Technik

Beiträge aus christlicher Perspektive

Herausgegeben von Ralf Geisler,
Renate Knüppel und Gerhard Wegner

Band 2

Ulrich H.J. Körtner

Solange die Erde steht

Schöpfungsglaube
in der Risikogesellschaft

Die Deutsche Bibliothek - CIP-Einheitsaufnahme

Körtner, Ulrich H. J.:
Solange die Erde steht: Schöpfungsglaube in der Risikogesellschaft/Ulrich H. J. Körtner. –
Hannover: Luth. Verl.-Haus, 1997
      (Mensch – Natur – Technik; 2)
      ISBN 3-7859-0743-5

© Lutherisches Verlagshaus GmbH, Hannover 1997
      Alle Rechte vorbehalten
Gestaltung/Layout: INFO Design, Hannover
Gesamtherstellung: Missionshandlung Hermannsburg
      ISBN 3-7859-0743-5

INHALT

Fragen der Umweltethik, aber auch des naturwissenschaftlichen Weltbildes sind heute von allgemeinem Interesse. In den vergangen Jahren wurde eine Reihe gewichtiger Entwürfe einer zeitgemäßen Schöpfungslehre wie einer theologischen Umweltethik vorgelegt. Sie zeigen, daß Schöpfungsglaube und Weltverantwortung im Zeichen globaler Bedrohung unauflöslich miteinander verschränkt sind. Jeder Versuch eines Gespräches zwischen Theologie und Naturwissenschaften wie auch zwischen Theologie und Philosophie über Fragen der Umweltethik bleibt allerdings entbehrlich, solange nicht einsichtig gemacht werden kann, welchen Erkenntnisgewinn solche Dialogbemühungen für alle Seiten bringen.

Daß der Schöpfungsglaube sowohl erkenntnistheoretisch wie auch ethisch einen wirklichen Gewinn an Erkenntnis bringt, soll in dem vorliegenden Buch gezeigt werden. Einige Kapitel gehen auf Einzelstudien zurück, über deren Erstveröffentlichung die Nachweise am Schluß des Buches Auskunft geben. Für die vorliegende Arbeit wurden die Texte überarbeitet, um neuere Literatur ergänzt und aufeinander abgestimmt, so daß sie sich jetzt zu einem Ganzen fügen.

Mein Dank gilt Frau Mag. theol. Marianne Karner, die die Reinschrift des Manuskripts besorgt, das Literaturverzeichnis und die Register erstellt hat, sowie Frau Univ. Ass. Mag. Marianne Großmann für ihre Hilfe beim Korrekturlesen.

Wien, im April 1997

Ulrich H.J. Körtner

Einleitung:
Schöpfungsglaube und Weltverantwortung

Das Unzeitgemäße ist das Zeitgemäße.

Albert Schweitzer

Wenn große Appelle, monoman vorgetragene Thesen und die Verabschiedung wissenschaftlicher Tugenden ein Zeichen von Krisenzeiten sind[1], so leben wir am Ausgang des 20. Jahrhunderts zweifellos in einer Zeit des Umbruchs. Der dramatische Appell, die Schöpfung zu bewahren, und die Forderung nach universaler Ehrfurcht vor dem Leben sind in aller Munde. Gefordert werden die Versöhnung mit der Natur, ein ökologischer Umbau der Industriegesellschaften, aber auch eine radikale Umkehr des Denkens und eine neue Form der Religiosität und Spiritualität.

Die Ökologiedebatte der letzten Jahrzehnte hat dazu geführt, daß heute neu über die Schöpfung nachgedacht wird, wobei eine Ethik der Schöpfung das Ziel des Nachdenkens bildet. Von Schöpfung wird inzwischen nicht mehr nur in der christlichen Dogmatik oder der Sprache kirchlicher Frömmigkeit geredet, sondern auch in den Medien und auf Parteitagen. Der vorherrschende Sprachgebrauch ist allerdings einigermaßen diffus. Umgekehrt hält unter dem Deckmantel der alten Sprachmuster auch innerhalb der christlichen Kirchen eine diffuse Naturfrömmigkeit Einzug, die sich bald in modischen Formen der Spiritualität, bald in prophetischen Appellen an das ökologische Gewissen Ausdruck verschafft. Eine theologische Klärung der Begriffe und saubere Unterscheidungen etwa zwischen Schöpfung und Natur scheinen sich zu erübrigen, solange sich alle derselben guten Sache verpflichtet wissen, die Schöpfung vor dem Abgrund zu retten. Die theologische Besinnung scheint nicht nur überflüssig, sondern geradezu fahrlässig zu sein. Wenn die Zeit drängt[2], ist beschauliche Theoriebildung nicht am Platze. Zeitraubendes Nachdenken hindert nur an sofortiger Umkehr und Erneuerung, die offensichtlich keinen Aufschub dulden.

Zeitbeschleunigung und Zeitknappheit gelten als Inbegriff des neuzeitlichen Fortschritts. Sie gehören aber auch zur Dialektik der Moderne. Je mehr Zeit durch technologischen Fortschritt eingespart wird, desto weniger Zeit bleibt, um die negativen Folgen des Fortschritts abzuwenden. Daß die Zeit drängt, ist anderer-

---

[1] Vgl. *Chr. Frey*, Theologie und Ethik der Schöpfung. Ein Überblick, ZEE 32, 1988, S. 47-62, hier S. 47.

[2] Vgl. *C.F. v. Weizsäcker*, Die Zeit drängt. Eine Weltversammlung der Christen für Gerechtigkeit, Frieden und die Bewahrung der Schöpfung, München/Wien 1986.

seits eine apokalyptische Zeiterfahrung[3]. Es ist daher kein Zufall, wenn sich das heutige Nachdenken über die Schöpfung und ihre Bewahrung über weite Strekken auf apokalyptischen Bahnen bewegt.

Inmitten der sich apokalyptisch beschleunigenden Zeit werden heute Versuche zu ihrer Verlangsamung unternommen. In Österreich wurde kürzlich sogar eigens ein Verein zur Verlangsamung der Zeit gegründet. Während Endzeitpropheten mahnen, daß die Zeit drängt, verkünden die Verfechter einer neuen Beschaulichkeit die Entdeckung der Langsamkeit[4]. Während es die einen mit Paulus halten, der das Leben der Glaubenden mit einem Wettlauf verglich[5] und selbst rastlos durch die Welt reiste, um vor dem nahen Ende allen Völkern das Evangelium zu verkündigen, oder den Exodus Israels zum Leitbild einer Christus nachfolgenden Kirche wählen[6], entwerfen andere das Bild von einer „flanierenden Kirche", deren Mitglieder die Gestalt und den Habitus des aus der Mode gekommenen Flaneurs annehmen[7]. Wie Albrecht Grözinger zu berichten weiß, sollen um das Jahr 1840 Flaneure in Paris beim Promenieren Schildkröten an der Leine mit sich geführt haben[8]. Grözinger hält die solchermaßen zelebrierte Entdeckung der Langsamkeit für einen, wenn auch merkwürdig verfremdeten, Nachhall der urchristlichen Botschaft von der angebrochenen Heilszeit[9]. So wäre denn auch die heute erhobene Forderung nach Verlangsamung der Zeit das christliche Gebot der Stunde.

Die im Neuen Testament mitgeteilte Entdeckung oder Offenbarung, wie man in der Sprache der Religion zu sagen pflegt, besteht freilich nicht in der Verlangsamung der gegenwärtigen Weltzeit, sondern in einer ganz neuen Art von Zeitgewinn. Die neutestamentlichen Texte sprechen von einem Zeitgewinn, der gerade daran geknüpft ist, daß die bisherige Zeit an ihr Ende gelangt. Mitten in einer Zeit des Unheils gibt es einen Zeitsprung, den Sprung in eine andere Dimension und Qualität der Zeit, nämlich in eine Zeit der Gnade und Lebensfülle. Wohl ist auch diese Zeit wie diejenige des Apokalyptikers befristet. Aber die Gnadenfrist

---

[3] Vgl. *J. Taubes*, Abendländische Eschatologie (BSSP 3), Bern 1947.

[4] Vgl. *S. Nadolny*, Die Entdeckung der Langsamkeit. Roman, München 1983, Neuausgabe 1987.

[5] Vgl. I Kor 10,24-27.

[6] Vgl. *J. Moltmann*, Theologie der Hoffnung. Untersuchungen zur Begründung und zu den Konsequenzen einer christlichen Eschatologie, München [10]1977, S. 280ff.

[7] So *A. Grözinger*, Es bröckelt an den Rändern. Kirche und Theologie in einer multikulturellen Gesellschaft, München 1992, S. 34.39ff.

[8] Vgl. A. Grözinger, a. a. O. (Anm. 7), S. 48.

[9] Vgl. II Kor 6,2b.

ist etwas anderes als eine Galgenfrist. Sie ist vielmehr die heilsame Unterbrechung der heillos drängenden Weltzeit. Sie räumt Zeit nicht nur zum Handeln, sondern zum Leben, zum Lieben, zum Lobpreis und eben auch – zur Besinnung ein. Die Zeit der Gnade ist das Ende aktionistischer Besinnungslosigkeit. In dieser neu anbrechenden Zeit kann die Welt allererst an jene Schöpfung wahrgenommen werden, deren Bewahrung in erhöhtem apokalyptischen Ton heute so eindringlich gefordert wird.

Die Zeit der Gnade setzt nicht nur der Schöpfung, sondern auch der menschlichen Weltverantwortung ihr Maß und ihr Ziel. Unter dem apokalyptischen Eindruck, daß die Zeit drängt, steigert sich der Appell zur Wahrnehmung von Verantwortung ins Maßlose. Die Fülle der Zeit, von welcher das Neue Testament spricht, reduziert die menschliche Weltverantwortung dagegen auf ein heilsames Maß, indem sie den Unterschied zwischen Schöpfer und Geschöpf neu zu Bewußtsein bringt.

Was das Judentum und das Christentum als Schöpfung bezeichnen, lebt von diesem Unterschied. Eine Theologie und eine Ethik der Schöpfung haben darum anderes zu sein als der religiöse Durchlauferhitzer für moralische Appelle, welche auf der letztlich apokalyptischen oder gnostischen Hypothese beruhen, die Welt existiere, *etsi Deus non daretur*. Theologie hat nicht die Aufgabe, eine kulturpessimistische Gegenwartskritik affirmativ zu wiederholen, sondern sich auf das Denken und die Ethik der Gegenwart in einer Weise kritisch zu beziehen, die man mit Oswald Bayer im Anschluß an Johann Georg Hamann als Metakritik bezeichnen kann[10]. Im Hinblick auf den Schöpfungsbegriff bedeutet dies, daß die Unterscheidung von Schöpfer und Geschöpf, von Schöpfung und Natur, aber auch von Glauben und Handeln, von Zuspruch des Lebens und ethischer Forderung aufzuzeigen und einzuüben ist.

Die Beiträge des vorliegenden Buches stellen unzeitgemäße Betrachtungen zum Verhältnis von Schöpfungsglaube und Weltverantwortung an, insofern sie gegen die heute gängige Ethisierung des Schöpfungsglaubens Einspruch erheben. Hat der neuzeitliche Sieg der Naturwissenschaften im Gefolge der Aufklärung einerseits zu einem Schöpfungsglauben ohne Bezug zur wissenschaftlich beschreibbaren und technisch nutzbaren Natur geführt[11], so andererseits zu einem Schöpfungsglauben ohne Schöpfer. Die eigentliche theologische Herausforderung

---

[10] Vgl. *O. Bayer*, Zeitgenosse im Widerspruch. Johann Georg Hamann als radikaler Aufklärer, München 1988.

[11] Vgl. *Chr. Link*, Schöpfung. Schöpfungstheologie angesichts der Herausforderungen des 20. Jahrhunderts (HST 7/2), Gütersloh 1991, S. 337ff.

scheint mir heute darin zu bestehen, den *Schöpfungs*glauben als *Schöpfer*glauben im strengen Sinne des Wortes wiederzugewinnen, und zwar sowohl im kritischen Gespräch mit den unterschiedlichen Ansätzen einer sogenannten Umweltethik oder Bioethik wie auch mit den heutigen Naturwissenschaften. Nicht nur auf dem Gebiet der mit den Naturwissenschaften zu diskutierenden erkenntnistheoretischen Fragen, sondern auch auf dem Gebiet der Ethik ist zu fragen, was es bedeutet, an Gott den Schöpfer und damit an ein von allem Handeln des Menschen unterschiedenes Handeln Gottes zu glauben.

Es ist die grundlegende These der vorliegenden Studien zur Theologie und Ethik der Schöpfung, daß der Zugang zu einem tragfähigen Schöpfungsglauben, der in der Wahrnehmung von Weltverantwortung praktisch wird, ohne in ihr aufzugehen, weder über eine synkretistische Naturfrömmigkeit noch über eine allgemeine Naturästhetik, sondern nur über die neutestamentliche Rechtfertigungslehre zu gewinnen ist, welche ihrerseits systematisch als metakritische Handlungstheorie rekonstruiert werden muß. Die Erneuerung des Schöpfungsglaubens, welche heute gefordert und zur Grundlage einer Umweltethik gemacht werden soll, ist nach neutestamentlicher Auffassung die Konsequenz des den Sünder rechtfertigenden Christusglaubens. Ist jemand in Christus, so ist er, wie Paulus schreibt, ein neues Geschöpf und vermag sich und die Welt in ganz neuer Weise als Schöpfung zu sehen [12]. Nicht nur ist darum zwischen Ethik und Ästhetik der Schöpfung zu unterscheiden. Vielmehr kann eine theologische Ästhetik, welche zwischen Schein und Sein zu unterscheiden weiß, nur im Geschehen der Rechtfertigung gründen, weil sie sich nicht etwa nur einer neuen Sichtweise, sondern einer neuen Seinsweise verdankt.

Die Verschränkung von Schöpfungsglaube und Weltverantwortung mit der Rechtfertigungslehre mag auf den ersten Blick ein unzeitgemäßes Unterfangen sein. Wer im Zusammenhang mit Fragen einer Umweltethik von der paulinischen bzw. reformatorischen Rechtfertigungslehre spricht, setzt sich dem Vorwurf des Anthropozentrismus oder schlimmer noch des Akosmismus aus, welche beide für die heutige Überlebenskrise des Biotops Erde verantwortlich gemacht werden. Eine von der Rechtfertigungslehre aus begründete Ethik scheint auch deshalb verfehlt zu sein, weil sie eine spezifische Form des Glaubens, mithin auch des Schöpfunsglaubens voraussetzt, die nicht generalisierbar ist. Die heute diskutierten Entwürfe einer universalen Verantwortungsethik sind sich aber darin einig, daß das Überleben der Menschheit von der Begründung und Akzeptanz einer generalisierbaren, von jeder spezifischen kulturellen oder religiösen Prägung unabhängigen Ethik abhängt.

[12] II Kor 5,17.

Die Debatte um die Postmoderne wie auch diejenige über den sogenannten Kommunitarismus zeigen jedoch, daß das in der europäischen Aufklärungstradition wurzelnde Postulat einer universalistischen Ethik eine Abstraktion von fragwürdiger Überzeugungskraft ist[13]. Beide Diskussionen rufen in Erinnerung, daß jede Ethik nicht nur in der Beschreibung bestimmter, möglicherweise generalisierbarer Verfahren der Urteilsbildung besteht, sondern immer einen bestimmten Begriff des Guten voraussetzt. Die Auffassungen vom guten Leben aber sind zwischen den verschiedenen Gesellschaften, Kulturen und Religionen höchst divergent. Das Pathos, mit welchem die europäische Aufklärungstradition ein generalisierbares Weltethos fordert, muß sich kritisch fragen lassen, ob es nicht nur einem höchst partikularen Entwurf vom guten Leben verpflichtet ist.

Die inzwischen üblich gewordene Kritik an der Dialektik der Aufklärung und den negativen Folgen neuzeitlich-europäischer Rationalitätskultur führt zur Rehabilitierung von Mythos und Religion[14]. Manche glauben, das Überleben einer multikulturellen Weltgesellschaft hänge von der Ausarbeitung eines multireligiösen Weltethos ab. Generalisierbar ist ein solches Weltethos freilich nur, sofern die Grenzen jeder einzelnen Religion überschritten werden oder aber ein ihnen gemeinsamer Grund menschlicher Religiosität benannt werden kann. Nicht von ungefähr gibt es zwischen der heutigen Schöpfungs- und Ökologiedebatte und der Diskussion über eine Theologie der Religionen vielfältige Berührungspunkte[15].

Der theologische Rekurs auf die Rechtfertigungslehre, die zwar einen universalen Geltungsanspruch erhebt, jedoch ohne Zweifel eine höchst partikulare Form von Religion darstellt, scheint hinter die bereits gewonnenen Einsichten einer Theologie der Religionen zurückzufallen. Doch ist die Gegenfrage zu stellen, ob nicht eine auf ein generalisierbares Weltethos abzielende Theologie der Religionen derselben Logik abstrakter Vernunft aufsitzt wie die kritisierte Philosophie

---

[13] Als wichtigster Vertreter des Kommunitarismus seien genannt: *A. MacIntyre*, Der Verlust der Tugend. Zur moralischen Krise der Gegenwart, Darmstadt 1987; *Ch. Taylor*, Sources of the Self. The Making of the Modern Identity, Cambridge 1989; *M.J. Sandel*, Liberalism an the Limits of Justice, New York 1982. Zur Diskussion um den Kommunitarismus siehe auch den Literaturbericht von *J. v. Soosten*, Gerechtigkeit ohne Solidarität? Deontologische Ethik in der Kritik, ZEE 36, 1992, S. 61-74.

[14] Zur neueren Debatte über den Mythosbegriff und das mythische Denken siehe einführend *H.H. Schmid* (Hg.), Mythos und Rationalität, Gütersloh 1988; *O. Bayer* (Hg.), Mythos und Religion. Interdisziplinäre Aspekte, Stuttgart 1990.

[15] Zum Diskussionsstand einer Theologie der Religionen siehe einführend den Literaturbericht von *U. Schoen*, Denkwege auf dem Gebiet der Theologie der Religionen, VF 34, 1989, S. 61-87.

der europäischen Aufklärung, welche bekanntlich eine Synthese von vernünftig gewordenener und damit generalisierbarer Religion und universalgültiger Ethik anstrebte.

Es sind daher grundsätzliche Zweifel angebracht, ob sich überhaupt eine verallgemeinerungsfähige Ethik globaler Weltverantwortung formulieren läßt, die weltweit konsensfähig ist. Wenn nun im folgenden die Problematik einer Ethik der globalen Verantwortung mit der christlichen Lehre von der Rechtfertigung verknüpft wird, so soll nicht einfach ein partikularer Wahrheitsanspruch dezisionistisch gegen konkurrierende Wahrheitsansprüche gestellt werden. Vielmehr soll gerade im Kontext der Debatte um eine sogenannte Schöpfungsethik die christliche Einsicht zur Geltung gebracht werden, daß alle Theologie, die nicht abstrakt bleibt, mit Paul Tillich gesprochen „auf der Spannung zwischen dem absolut Konkreten und dem absolut Universalen beruht"[16]. Ethisch bedeutet dies, daß auf paradoxe Weise der Gegensatz zwischen moralischem Absolutismus und moralischem Relativismus überwunden wird[17]. Ganz praktisch heißt dies, daß globale Verantwortung nur dort wahrgenommen werden kann, wo sie existentiell und konkret erfahren wird, nicht aber dort, wo die Bewahrung der Schöpfung der abstrakte ethische Appell einer abstrahierenden Theologie der Religionen oder der Ausfluß einer unbestimmten Naturfrömmigkeit ist.

Im groben ist damit der Problemhorizont umrissen, der in den vorliegenden Studien abgeschritten wird. Das erste Kapitel fragt nach den erkenntnistheoretischen Voraussetzungen einer theologischen Lehre von der Schöpfung. Es befaßt sich mit heutigen Versuchen, an die Weisheitstraditionen Israels anzuknüpfen, und möchte einen Weg zeigen, wie die heute gängige Alternative zwischen einer Theologie der Welt und einer Theologie der Offenbarung überwunden werden kann. Im zweiten Kapitel wird die heutige Verschränkung von Schöpfungsglauben und Schöpfungsethik insoweit einer Kritik unterzogen, als sie in letzter Konsequenz nicht zur Komplementarität von Schöpfungsglaube und Weltverantwortung, sondern zur vollständigen Auflösung der Theologie in Ethik führt. Die ethische Transformation des Schöpfungsglaubens basiert wiederum auf den fragwürdigen anthropologischen Prämissen neuzeitlicher Subjektivitätsphilosophie, welche menschliches Dasein einseitig als Tätigsein begreift. Ihr Denken prägt das neuzeitliche Weltverständnis auch auf dem Gebiet der modernen Naturwissenschaften, wie im dritten Kapitel exemplarisch an der Evolutionsbiologie und der Theorie autopoietischer Systeme aufgezeigt wird. Der anthropologische Sinn des sich zum Selbstverständnis neuzeitlicher Subjektivität kritisch verhaltenden Schöp-

---

[16] *P. Tillich*, Systematische Theologie, Bd. I, Stuttgart [5] 1977, S. 24.
[17] Vgl. P. Tillich, a. a. O. (Anm. 16), S. 178ff.

fungsglaubens wird im vierten Kapitel als reine Rezeptivität bestimmt, welche die Alternative von Aktivität und Passivität transzendiert. Das Phänomen der reinen Rezeptivität verbindet die Schöpfungslehre mit der Ethik, wobei eine am Phänomen reiner Rezeptivität orientierte Metaethik oder Handlungstheorie sich zu anderen Ansätzen der Ethik kritisch verhält. Über das Phänomen reiner Rezeptivität aber erschließt sich auch der Sinn der paulinischen bzw. reformatorischen Rechtfertigungslehre, die sich als kritische Handlungstheorie rekonstruieren läßt. Die Bedeutung der Rechtfertigungslehre beschränkt sich jedoch nicht auf die Bereiche von Individual- und Personalethik, sondern reicht in die Bereiche von Sozial- und Umweltethik hinein [18]. Das fünfte Kapitel analysiert darum den inneren Zusammenhang von Rechtfertigungslehre und Verantwortungsethik. In den anschließenden Kapiteln werden die Konturen einer im Rechtfertigungsglauben gründenden Ethik der globalen Verantwortung für das Leben umrissen. Dies geschieht in Auseinandersetzung mit Albert Schweitzers Ethik der Ehrfurcht vor dem Leben sowie mit Hans Küngs Projekt Weltethos.

Die vorliegenden Untersuchungen zu Schöpfungsglaube und Weltverantwortung am Ausgang des 20. Jahrhunderts stehen unter der Leitfrage nach der Zukunft der Schöpfung. Wenn denn der Rede von Gott dem Schöpfer auch unter neuzeitlichen Bedingungen neben aller Ethik der Schöpfungsverantwortung ein eigenständiges Recht zukommt, so kann die Frage nach der Zukunft der Schöpfung nicht nur ethisch beantwortet werden, sondern verlangt nach einer dezidiert theologischen Antwort. Der theologische Ort, an welchem die Frage der Zukunft der Schöpfung zu stellen ist, ist die Eschatologie. Wie eingangs festgestellt wurde, besteht ein Zusammenhang zwischen Ökologiedebatte und modernen Formen der Apokalyptik. Den Abschluß des Buches bilden darum Überlegungen zur theologischen Herausforderung apokalyptischen Denkens. In kritischer Auseinandersetzung mit der Apokalyptik soll dargelegt werden, daß der christliche Glaube auf eine Zukunft der Schöpfung hofft, ohne solche Hoffnung mit einer Überlebensgarantie für das Biotop Erde zu verwechseln. Nach dem bekannten Wort aus dem ersten Petrusbrief (I Petr 3,15), sollen Christinnen und Christen allezeit Rechenschaft über die Hoffnung des Glaubens ablegen können. Solche Rechenschaft aber ist möglich nur „durch *letzte* Redlichkeit" [19], welche das Ausmaß heutiger Gefahren weder messianistisch oder utopisch überspielt noch auf ein supranaturalistisches Wunder hofft.

---

[18] Zur Unterteilung der Ethik in Individual-, Personal-, Sozial- und Umweltethik vgl. *A. Rich*, Wirtschaftsethik. Grundlagen in theologischer Perspektive, Gütersloh 1984, S. 56ff.

[19] *D. Bonhoeffer*, Widerstand und Ergebung. Briefe und Aufzeichnungen aus der Haft, hg. v. E. Bethge, Neuausgabe, München ³1985, S. 394. Siehe dazu unten den Schluß von Kapitel 7.

I. Offenbarung der Schöpfung – Offenbarung des Schöpfers Weisheit im Christentum

> Die Weisheit kommt von der Erfahrung und
> die Erfahrung von unseren Dummheiten.
>
> Sprichwort

> Hat nicht Gott die Weisheit der
> Welt zur Torheit gemacht?
>
> Paulus, 1. Korinther 1,20

1. Ad fontes!

Unsere Zeit begreift sich als Spätzeit oder Nachzeit. An sich selbst irregeworden, zieht sich die Moderne in ihr eigenes Ende zurück. Ihr Fortschrittsglaube ist ins Wanken geraten, weil sein himmelsstürmerischer und welterobernder Drang lebensbedrohliche Folgen zeitigt. Die Aufklärung fragte nach Wissen, denn Wissen ist Macht. Doch mit dem Zuwachs an Macht wächst exponential die Ohnmacht gegenüber den tödlichen Folgen des Fortschritts. Der Versuch der völligen Welterklärung und Weltbemächtigung mündet in eine neue Unübersichtlichkeit. Fragte Kant am Beginn der Aufklärung voller Tatendrang: „Was kann ich wissen?", so fragen wir Spätlinge der Moderne verwirrt: „Was war es doch, was wir wissen wollten?"[1] Nicht weniger ratlos machen uns die übrigen Grundfragen Kants, nämlich was wir tun sollen und was wir hoffen dürfen. Völlig überfordert aber sind wir, wenn wir die letzte der Fragen Kants beantworten sollen: Was ist der Mensch?[2]

Nichts scheint dem modernen Menschen im Zeitalter der Technokratie mehr abhanden gekommen zu sein als dasjenige Merkmal, welches ihm die Zoologie zuspricht, wenn sie ihn als Homo sapiens, gar als Homo sapiens sapiens bezeichnet: Weisheit. Instrumentelles Wissen bzw. technische Vernunft und Weisheit sind zweierlei. Daß eine Gesellschaft, welche nicht nur ihre eigenen natürlichen Ressourcen, sondern auch diejenigen künftiger Generationen vollständig aufbraucht, weise ist, darf füglich bezweifelt werden.

Die nachdenklichen Zeitgenossen leiden unter einem tiefen Unbehagen an der westlichen Kultur und begeben sich auf die Suche nach der dem Homo sapi-

---

[1] *H. Blumenberg*, Die Lesbarkeit der Welt, Frankfurt a.M. 1981, S. 1.

[2] Vgl. *I. Kant*, Logik (Einleitung, III.), Akademie-Ausgabe, Bd. IX, Leipzig 1923, S. 25.

ens in den nördlichen Zonen abhanden gekommenen Weisheit. Auf der Suche nach einem neuen Denken und einer neuen Spiritualität wenden sie ihren Blick nach Osten, zu den letzten Reservaten traditionaler Kulturen oder ganz einfach zurück zu den verschütteten Quellen der Weisheit der Völker. Als weise erscheint eine Lebensform, die im Einklang mit der Natur steht und die Erdgebundenheit der Menschen anerkennt. Weise ist der Homo sapiens, wenn er erkennt, daß er deshalb auf der Erde lebt und an ihr Schicksal gebunden bleibt, weil er aus Erde gemacht ist und zu Erde wieder werden muß[3]. Die irdische Natur als Quelle des Lebens wird als Quelle der Weisheit wiederentdeckt. Unter dem Eindruck der ökologischen Krise ist die zeitgenössische Kulturkritik der vergangenen Jahrzehnte „durch eine Serie der Wiederentdeckungen geprägt worden, Wiederentdeckungen von erdnahen, aufklärungsresistenten Ursprungsdimensionen in verschiedenen Bereichen: Haus und Heimat, Märchen und Mythen, die Gefühle und die Zärtlichkeit, die grüne Natur und der blaue Himmel"[4].

Als Inbegriff der erstrebten Weisheit gilt die Ganzheitlichkeit. Sie ist der Gegenbegriff zur Signatur der Neuzeit, welche als Prozeß der zunehmenden Differenzierung und in seinem Gefolge der Entfremdung beschrieben werden kann. Das Wesen aufklärerischer Kritik ist die Kunst der Unterscheidung, welche im Resultat freilich zu vielfältigen Scheidungen geführt hat: zur Trennung von Glaube und Wissen, von Sinnlichkeit und Verstand, von Ästhetik und Logik, von Geschichte und Vernunft, von Mensch und Natur und, all diesen Scheidungen zugrundeliegend, zur Aufspaltung der Welt in Subjekt und Objekt. Während der sich selbst weise dünkende Homo sapiens der Moderne ein „Scheidekünstler" ist[5], streben die wahrhaft Weisen nach der Versöhnung des Getrennten, nach universeller Harmonie.

Es liegt in der Natur der Sache, daß das Streben nach Ganzheitlichkeit religiöse Züge trägt. Die Versöhnung des in der Moderne Getrennten, die Überwindung von Entfremdung ist per definitionem ein Erlösungsgeschehen. Während aber die moderne Philosophie die Entfremdung durch begriffliches Denken (Hegel) oder aber eine revolutionäre Veränderung der hochgradig arbeitsteiligen und antagonistischen Gesellschaft (K. Marx) zu überwinden versucht hat, propagiert die neue Weisheit eine „sanfte Verschwörung"[6] und versteht unter Ganzheitlichkeit eine zeitgemäße Form der unio mystica.

---

[3] Vgl. Gen 3,19.

[4] *H. Timm*, Zwischenfälle. Die religiöse Grundierung des All-Tags, Gütersloh 1983, S. 9.

[5] Vgl. *J.G. Hamann*, Sämtliche Werke, Bd. 1, hg. v. J. Nadler, Wien 1949, S. 7 u.ö.

[6] Vgl. *M. Ferguson*, Die sanfte Verschwörung, Basel 1982; dagegen kritisch z.B. *H.A. Pestalozzi*, Die sanfte Verblödung, Düsseldorf 1985.

Die heutige Sehnsucht nach Spiritualität wird von den christlichen Kirchen offenbar nur in geringem Maße gestillt. Von der charismatischen Bewegung als einer besonderen Variante des Christentums abgesehen, erblüht außerhalb der institutionell verfaßten Kirchen eine frei flottierende, synkretistische und eklektische Religiosität[7], die sich von fernöstlichen Weisheitsreligionen oder auch von der Weisheit sogenannter Naturreligionen, von indianischer Weisheit und Schamanentum inspirieren läßt[8].

Man mag zu all diesen Erscheinungen stehen wie man will. Sie zeugen jedenfalls von Defiziten der modernen Industriegesellschaften und ihrer Kultur. Mag das Verlangen nach Weisheit auch seltsame Blüten treiben, so ist es doch nicht als solches zu denuzieren, sondern philosophisch wie theologisch ernstzunehmen und aufzugreifen. Dabei zeigt sich, daß das Streben nach Weisheit keineswegs nur auf postmoderne Importe aus anderen Kulturen angewiesen ist, sondern daß sowohl im Christentum und der in ihr bewahrten wie neben ihr lebendigen jüdischen Tradition, als auch in der europäischen Philosophiegeschichte Traditionen weisheitlichen Denkens eine wichtige Rolle gespielt haben, die es in Erinnerung zu rufen gilt. So notwendig die Kritik an den dialektischen Folgen der Aufklärung ist, so gefährlich erscheint es mir freilich, der vernunftgeleiteten Aufklärungstradition im Namen diffuser Weisheitslehren den Abschied geben zu wollen. Gerade das erschiene mir nicht besonders – weise, zumal sich hinter dem Begriff der Weisheit recht unterschiedliche Anschauungen verbergen können. Auch theologisch kann meines Erachtens nur für einen kritischen Umgang mit den neuen Spielarten von Weisheit und Spiritualität plädiert werden, wenn denn wahr bleibt, daß das Christusgeschehen die Quelle einer Weisheit ist, welche andere Formen der Weisheit zunichte macht, diesen aber ihrerseits als eine Torheit erscheint. Das Salz darf nicht dumm werden, indem es sich im Ozean einer diffusen Religiosität und Allerweltsweisheit auflöst.

2. Wissensdrang und Weisheitsliebe

Zunächst freilich gilt es, den Begriff der Weisheit genauer zu fassen. Das ist sowohl eine philosophische bzw. wissenschaftstheoretische als auch wissens-

---

[7] Vgl. u.a. *W. Greive/R. Niemann* (Hg.), Neu glauben? Religionsvielfalt und neue religiöse Strömungen als Herausforderung an das Christentum, Gütersloh 1990.

[8] Vgl. *W. Nethöfel/V. Schmid*, Rabe fliegt nach Osten. Die indianische Alternative? Indianische und christliche Spiritualität, München 1987.

soziologische Aufgabe.[9] Der Begriff der Weisheit ist zu bestimmen in seinem Verhältnis zu den Begriffen des Wissens, der Wissenschaft und demjenigen der Philosophie, bevor wir später nach dem Verhältnis von Weisheit und Theologie fragen können.

Unsere Sprache kennt den Unterschied zwischen Weisheit und Wissen. Sprachgeschichtlich hängen beide Vokabeln und die mit ihnen verbundenen Wortfelder freilich zusammen.[10] Sowohl „weise" als auch „wissen" haben die indogermanische Wortwurzel „weid = sehen". Entsprechend meint „weisen" soviel wie „zeigen" und umfaßt sowohl den Bereich des theoretischen Erkennens wie denjenigen des Sittlichen. Weise oder auch wissend ist also ein Mensch, der zu theoretischer oder auch praktischer Einsicht gelangt ist. Einsicht aber bedeutet, daß das Gesehene nicht nur wahrgenommen, sondern auch verstanden wird. Ein weiser Mensch ist also ein verständiger Mensch, der beides hat, sowohl Wissen als auch Verstand.

Wissenssoziologisch läßt sich zwischen verschiedenen Arten des Wissens unterscheiden. Neben einem theoretischen Wissen gibt es ein Handlungswissen sowie ein Orientierungswissen.[11] Das theoretische Wissen umfaßt alles Wissen über das Bestehen oder Nichtbestehen von Sachverhalten. Das Handlungswissen umfaßt den Bereich praktischer Fertigkeiten. Unter Orientierungswissen ist das Wissen des Menschen um sich selbst und seine Stellung im Kosmos bzw. das grundlegende Verständnis seines In-der-Welt-seins zu verstehen, ohne welches eine sinnvolle Lebensführung nicht möglich wäre. Orientierungswissen umfaßt also den Bereich, den man früher Weltanschauung nannte[12], sowie die Gebiete der Ethik und der Religion.

Weisheit, griechisch „sophia", lateinisch „sapientia" umfaßt alle Bereiche des Wissens. Sie erschöpft sich nicht in der Ansammlung theoretischen und prakti-

---

[9] Zur Wissenschaftstheorie siehe einführend *H. Seiffert*, Einführung in die Wissenschaftstheorie, 3 Bd., München [8]1975ff. Zur Wissenssoziologie siehe *P.L. Berger/Th. Luckmann*, Die gesellschaftliche Konstruktion der Wirklichkeit, Frankfurt a.M. 1994.

[10] Zu den Wortfeldern „weise/Weisheit" und „wissen" siehe *F. Kluge*, Etymologisches Wörterbuch der deutschen Sprache, Berlin/New York [21]1975, S. 849. 864.

[11] In anderer Weise hat Max Scheler zwischen dem der äußeren Daseinsgestaltung dienenden Leistungswissen, dem persönlichkeitsformenden Bildungswissen und dem die religiöse Existenz begründenden Erlösungswissen unterschieden. Vgl. *M. Scheler*, Die Formen des Wissens und der Bildung, Bonn 1925. Zum Wissensbegriff siehe auch *M. Thom*, Art. Wissen, in: *H.J. Sandkühler* (Hg.), Europäische Enzyklopädie zur Philosophie und Wissenschaft, Bd. 4, Hamburg 1990, S. 903-911.

[12] Vgl. *J. Klein*, Art. Weltanschauung, RGG[3] VI, Tübingen 1962, Sp. 1603-1606.

schen Wissens, sondern ist in hohem Maße Orientierungswissen. Sie fragt nach dem, was der Mensch ist, nach Grund und Sinn seines Daseins, nach der Stellung des Menschen in der ihn umgebenden Welt und der Möglichkeit einer sinnvollen Lebensführung und Weltgestaltung. Sie wahrt damit eine Einheit des Wissens, die in der Neuzeit verlorengegangen ist, welche den Unterschied zwischen Weisheit und Wissenschaft heraufgeführt hat, zwischen Wissen, griechisch „episteme", und Weisheit (sophia), zwischen der Weisheitsliebe, der „philosophia", wie es im Griechischen heißt, und dem Wissensdurst der „scientia", also dem, was wir heute Wissenschaft nennen.

Eine wichtige Ursache der neuzeitlichen Trennung von Weisheit und Wissenschaft ist das Aufkommen der modernen Naturwissenschaften und des ihnen zugrundeliegenden mathematischen Wissenschaftsbegriffs. Unter Weisheit können wir ganz allgemein eine Form des Erfahrungswissens verstehen[13], wobei freilich noch zu fragen bleibt, was eigentlich eine Erfahrung ist.[14] Halten wir vorläufig einmal fest, daß alle Weisheit in dem gründet, was lateinisch „experientia" heißt. Die neuzeitliche (Natur)wissenschaft dagegen gründet im „experimentum". Nun ist auch die im Experiment gewonnene Erkenntnis eine Form des Erfahrungswissens. Doch während der Ort von Erfahrungsgewinn im Fall der Weisheit die alltägliche Lebenswelt ist, ist die Welt des Experimentes eine künstlich hergestellte und technisch vermittelte. Während die Weisheit dem sogenannten gesunden Menschenverstand vertraut, basiert die moderne Wissenschaft gerade auf dem Mißtrauen gegenüber dem gesunden Menschenverstand, der durch die experimentelle Wissenschaft nicht selten widerlegt wird.[15] Als gesichertes Wissen können in den modernen Wissenschaften nur solche Erkenntnisse gelten, die auf einem normierten und standardisierten methodischen Wege gewonnen und einer kritischen Überprüfung unterzogen worden sind. Das theoretische, mit seiner Methodik gekoppelte Paradigma einer Wissenschaft entscheidet nicht nur darüber, auf welche Weise Erfahrungen und Wissen gewonnen werden, sondern auch, was überhaupt als relevante Erfahrung zu gelten hat.[16]

Paradigmatisch für die moderne Verhältnisbestimmung von Wissenschaft und Weisheit sind die Schlußsätze von Kants „Kritik der reinen Vernunft", welche wohl auf dem Gebiet der Ethik „ein der *Chemie* ähnliches Verfahren, der Schei-

---

[13] Vgl. *G. v. Rad*, Weisheit in Israel, Neukirchen-Vluyn 1970, S. 13.

[14] Vgl. *H. Wißmann/E. Herms/U. Köpf/J. Track/D. Zilleßen*, Art. Erfahrung I-V, TRE 10, Berlin/New York 1982, S. 83-141.

[15] Vgl. *E.P. Fischer*, Kritik des gesunden Menschenverstandes. Unser Hindernislauf zur Erkenntnis, Hamburg 1989.

[16] Vgl. *Th.S. Kuhn*, Die Struktur wissenschaftlicher Revolutionen, Frankfurt a.M. 1973.

dung des Empirischen vom Rationalen" einklagen. Mit seiner Hilfe möchte Kant „den *Genieschwüngen* vorbeugen, durch welche, wie es von Adepten des Steins der Weisen zu geschehen pflegt, ohne alle methodische Nachforschung und Kenntnis der Natur, geträumte Schätze versprochen und wahre verschleudert werden. Mit einem Worte: Wissenschaft (kritisch gesucht und methodisch eingeleitet) ist die enge Pforte, die zur Weisheitslehre führt"[17]. Durch Wissenschaft zur Weisheit: Das ist die Formel, auf welche sich der neuzeitliche Begriff des Erfahrungswissens bringen läßt.

Die neuzeitliche Differenz zwischen Weisheit und Wissenschaft gründet also in einer Veränderung des Erfahrungsbegriffs. Unter Erfahrung verstehen wir im allgemeinen Sprachgebrauch die Gesamtheit praktischer Kenntnisse, auf denen nicht nur eine bestimmte Fertigkeit, sondern eine umfassende Lebensklugheit gründet. In diesem Sinne gebraucht Aristoteles den Begriff der „empeiria", der Empirie, welche er als ein praktisches Wissen sowohl von der Episteme, dem verallgemeinerbaren Wissen, als auch von der Techne, der praktischen Fertigkeit, abgrenzt.[18] Das Wissen der Episteme nämlich ist ein allgemeingültiges und als solches lehrbar. Die Techne läßt sich nur bedingt erlernen. Sie bedarf auch ein Stück weit des Talentes. Erfahrung im Sinne der Empirie aber kann man nicht lehren, sondern jeder muß sie selber machen. Im Unterschied zum epistemischen Wissen haftet der Empirie im aristotelischen Sinne also ein hohes Maß an Kontingenz an, wobei sich Erfahrung und Schicksal nach Aristoteles dadurch unterscheiden, daß der Erfahrung ein Logos, also ein verallgemeinerbarer Sinn zugrunde liegt. Während Aristoteles und die ihm folgende mittelalterliche Philosophie zwischen theoretischem Wissen im Sinne der Episteme und der Erfahrung im Sinne der Empeiria unterscheiden und erstere höher schätzen als die letztere, avanciert „Erfahrung" zu einem Zentralbegriff neuzeitlicher Philosophie, insofern er die Bedingungen möglichen Wissens bzw. die Konstitution von Gegenständen möglichen Wissens bezeichnet. Gemessen an der experimentell gewonnenen Erfahrung, welche die Grundlage der neuzeitlichen Wissenschaft ist und von Francis Bacon als experientia ordinata bezeichnet wird, bleibt alle vorneuzeitliche Erfahrung nach Bacons Auffassung eine experientia vaga.[19] Entsprechend fühlt sich die neuzeitliche Wissenschaft aller vorneuzeitlichen Weisheit überlegen, welcher fortan das Stigma der Unwissenschaftlichkeit anhaftet.

---

[17] *I. Kant*, Kritik der Praktischen Vernunft, in: *ders.*, Werke, Bd. IV, hg. v. W. Weischedel, Darmstadt 1983, S. 103-302, hier S. 301f.

[18] Vgl. *E. Herms*, Art. Erfahrung II, TRE 10, Berlin/New York 1982, S. 89-109, hier S. 89.

[19] Vgl. E. Herms, a. a. O. (Anm. 17), S. 90.

Es sind nun freilich die ökologischen und sozialen Folgen des modernen Wissenschaftsbetriebs und seiner technischen, um nicht zu sagen technokratischen Vernunft, welche an ihrer Überlegenheit gegenüber dem Erfahrungswissen der Weisheitstraditionen der Völker zweifeln lassen. Was der modernen Wissenschaft ganz offenkundig fehlt, ist die Dimension des Orientierungswissens, in welcher die Frage zu stellen ist, ob der Mensch alles tun darf bzw. tun soll, was er tun und technisch herstellen kann. Es kommt nicht von ungefähr, daß angesichts der ökologischen Krise im interdisziplinären Gespräch die Leitdisziplin der Wissenschaftstheorie inzwischen von der praktischen Philosophie bzw. von der Ethik abgelöst worden ist. Während die Wissenschaftstheorie, zumindest die analytische Wissenschaftstheorie, der Ethik den Vorwurf der Unwissenschaftlichkeit macht, wird heute genau umgekehrt dem üblichen Wissenschaftsbetrieb sein Mangel an moralischem Bewußtsein vorgehalten und die Forderung nach einer Ethik der Wissenschaften erhoben. In diesem Zusammenhang kommt der Erinnerung an die Traditionen weisheitlichen Denkens zweifellos eine wichtige Rolle zu.

Wie das Verhältnis der Weisheit zur Wissenschaft, so ist auch ihre Stellung gegenüber der Philosophie zu bedenken. Die Liebe zur Weisheit heißt im Griechischen bekanntlich „philosophia".[20] Freilich gilt es zu beachten, daß „sophia" ursprünglich nicht gleichbedeutend mit Weisheit war, sondern die auf irgendeinem Gebiet durch Sachkunde und Geschicklichkeit begründete Tüchtigkeit bezeichnete. Liebe zur Sophia meinte demnach zunächst nichts anderes als das besondere Interesse an solcher Tüchtigkeit, genauer gesagt, das Streben nach einer vielseitigen, umfassenden Bildung. Erst in der Tradition Platons wird unter Philosophie das Streben nach Weisheit verstanden, welches per definitionem nie an sein Ziel gelangt, weil allein Gott weise ist.[21] Wiewohl auch Gott bzw. das Göttliche ein Gegenstand der griechisch-römischen und aus ihr hervorgegangenen abendländischen Philosophie ist, unterscheidet sich diese von der indischen oder chinesischen Philosophie durch ihre fortschreitende Einschränkung auf den Bereich der Erkenntnis und der von ihr anfänglich nicht geschiedenen Wissenschaften.

Für unser Thema sind nun zwei Umstände von Belang. Zum einen gab und gibt es einen unscharfen Begriff von Philosophie, welcher für jede Form der Weltanschauung, auch solche religiöser Art, steht. In diesem Fall ist Philosophie von religiösen Heilslehren kaum zu unterscheiden, wie auch der Begriff der Sophia in

---

[20] Vgl. *G. Patzig*, Art. Philosophie, RGG³ V, Tübingen 1958, Sp. 349-356; *ders.*, Art. Griechisch-römische Philosophie, RGG³ II, Tübingen 1960, Sp. 1867-1876.

[21] Vgl. G. Patzig, a. a. O. (Anm. 19), Sp. 354.

der Spätantike teilweise ein religiöser war.[22] Erkenntnis oder Weisheit ist dann nicht das Ergebnis von Reflexion, sondern von Inspiration oder Offenbarung. Philosophie im strengen Sinne der abendländischen Tradition ist aber ein reflexives und diskursives Verfahren der Urteilsbildung, nicht eine esoterische Form der Weisheitslehre, die es anzunehmen und zu befolgen gilt. Zum anderen ist die abendländische Philosophie im Verlauf ihrer Geschichte in den Sog des neuzeitlichen Wissenschaftsverständnisses geraten. Dies hat entweder dazu geführt, die Philosophie als unwissenschaftliche Erkenntnisbemühung zu denunzieren, oder aber zu verschiedenen Versuchen ihrer Verwissenschaftlichung, sei es, daß die Philosophie zur Philosophiegeschichte degenerierte, sei es, daß sie dem Wissenschaftsbegriff des mathematisch-technischen Denkens unterworfen wurde, wie es beispielsweise im Logischen Positivismus geschehen ist.

Dem stehen in der neueren Philosophiegeschichte Ansätze zu einem neuen Verständnis von Philosophie gegenüber, welche der Tradition weisheitlichen Denkens nahekommen und außerdem neue Möglichkeiten eines Dialogversuchs mit den asiatischen Denktraditionen eröffnet. Hier ist vor allem an Martin Heidegger zu erinnern, der die Möglichkeiten der bisherigen abendländischen Philosophie für erschöpft hielt, und auf neue Weise die elementare Frage stellte: „Was heißt Denken?"[23]. Heidegger grenzt eine seinsvergessene Philosophie scharf ab von dem, was er Denken nennt, nämlich das Hüten des Geheimnisses des Seins. In Heideggers Philosophie kommt das abendländische Denken der jüdischen Weisheitstradition denkbar nahe, wenn Heidegger erklärt: „Eines ist es, die Erde nur zu nutzen, ein anderes, den Segen der Erde zu empfangen und im Gesetz dieser Empfängnis heimisch zu werden, um das Geheimnis des Seins zu hüten und über die Unverletzlichkeit des Möglichen zu wachen"[24]. Wo in der jüdischen bzw. alttestamentlichen Weisheitsliteratur Frau Weisheit ruft, da ist es bei Heidegger die allem Denken vorausliegende Sprache, die spricht, und in ihr das Sein selbst. Denken heißt dementsprechend dem nachsinnen, was die Sprache zu sagen hat. Statt zu fertigen Antworten oder gar geschlossenen Gedankensystemen zu gelangen, bleibt solches Denken in der Frage gehalten, in die Frage gestellt. Darin besteht nach Heidegger die „Armut der Besinnung"[25]. Fragliches Denken ist „sterb-

---

[22] Zur Begriffsgeschichte von „sophia" siehe *U. Wilckens/G. Fohrer*, Art. σοφία κτλ., ThWNT VII, Stuttgart 1967, S. 465-529. Vgl. auch Kol 2,8ff.

[23] Vgl. *M. Heidegger*, Was heißt Denken?, Tübingen ³1971.

[24] *M. Heidegger*, Überwindung der Metaphysik, in: *ders.*, Vorträge und Aufsätze, Pfullingen 1954, S. 71-99, hier S. 98.

[25] *M. Heidegger*, Wissenschaft und Besinnung, a. a. O. (Anm. 24), S. 45-70, hier S. 66.

liches Denken"[26] und zugleich in gewisser Weise fromm: „Denn das Fragen ist die Frömmigkeit des Denkens".[27]

Es ist hier nicht der Ort, die Philosophie Heideggers kritisch zu würdigen.[28] Gerade das in mancher Hinsicht schwierige Gespräch mit Heidegger sollte uns aber dazu anregen, uns intensiv mit den Traditionen weisheitlichen Denkens zu beschäftigen. Der Beitrag der christlichen Theologie zu dieser Beschäftigung ist ein doppelter. Zum einen hat sie das Erbe des biblischen Weisheitsdenkens in Erinnerung zu rufen, zum anderen aber auch die Grenzen menschlicher Weisheit im Licht der christlichen Heilsbotschaft zu bedenken.

3. Frau Weisheit ruft

Das in den letzten Jahrzehnten neu erwachte Interesse an der alttestamentlichen Weisheitsliteratur erklärt sich vor allem aus den erkennbaren Defiziten der sogenannten Wort-Gottes-Theologie des 20. Jahrhunderts, welche mit der Dialektischen Theologie Karl Barths, Eduard Thurneysens, Rudolf Bultmanns, Friedrich Gogartens und Emil Brunners ihren Anfang nahm. Ihre theologische Konzentration auf die Selbstoffenbarung Gottes in Jesus Christus und das Wort Gottes, verbunden mit der schroffen Absage an jede Form der natürlichen Theologie, führte einerseits zu einem binnenkirchlich verengten „Offenbarungspositivismus"[29], andererseits zu einem theologischen Akosmismus, d.h. zum „Rückzug der Theologie aus der Natur"[30] und damit zur Vernachlässigung kosmologischer wie ökologischer Fragestellungen. Die Beschäftigung mit der Weisheit Israels kann dazu beitragen, die evangelische Theologie aus den geschilderten Verengungen zu befreien, wobei sich allerdings die noch zu erörternde Frage stellt, wie weisheitliche Theologie mit dem im Prinzip berechtigten Anliegen der Wort-Gottes-Theologie zu vermitteln ist.

Bahnbrechend für die theologische Renaissance der alttestamentlichen Weisheit war vor allem ihre Würdigung durch Gerhard von Rad.[31] Nach von Rad

---

[26] Vgl. *M. Heidegger*, Logos (Heraklit-Fragment 50), a. a. O. (Anm. 24), S. 207-230, hier S. 213f.

[27] *M. Heidegger*, Die Frage nach der Technik, a. a. O. (Anm. 24), S. 13-44, hier S. 44.

[28] Aus der jüngeren theologischen Literatur zu Heidegger seien genannt: *A. Jäger*, Gott. Nochmals Martin Heidegger, Tübingen 1978; *M. Trowitzsch*, Technokratie und Geist der Zeit. Beiträge zu einer theologischen Kritik, Tübingen 1988, bes. S. 65-82. 83-195.

[29] *D. Bonhoeffer*, Widerstand und Ergebung. Briefe und Aufzeichnungen aus der Haft, hg. v. E. Bethge, Neuausgabe, München ³1985, S. 359.

[30] Vgl. *Chr. Link*, Schöpfung (HST 7/2), Gütersloh 1991, S. 337ff.

[31] Vgl. Anm. 13.

repräsentiert die Weisheitsliteratur des alten Israel eine Alternative zur neuzeitlichen, technokratisch bestimmten Vernunft, nämlich eine „vernehmende Vernunft" mit einem „Gespür für die Wahrheit, die von der Welt herkommend den Menschen anspricht".[32] Weisheitliches Denken entspringt einer rezeptiven Vernunft, wogegen die Wahrheitsfindung auf der Basis des modernen Vernunftbegriffs „eher ein Machterlebnis" und Herrschaftsanspruch ist. „Unsere Vernunft ist technisch bestimmt; sie ist ein Wissen um das Machenkönnen und als solches entgegengesetzt der Rezeptivität der Weisheit und geradezu feindlich gegen jede Vorleistung des Vertrauens."[33]

Theologisch stellt die Weisheit trotz ihres Bemühens um Ordnung der Erkenntnis eine Form der unsystematischen – wenn man so will undogmatischen – Theologie dar, insofern sie auf jeden Entwurf eines abgeschlossenen Denkgebäudes verzichtet. „Sie entbehrt eines globalen Deutungssystems, hat keine Ur- und Endstandslehre, keine Geschichtsteleologie, kein Erlösungspathos und kein Wissen darüber, was das Faktum des Weltganzen wohl für Gott selbst bedeuten mag. Solche Negativa jedoch werden mehr als aufgewogen durch ein hellwaches Interesse an der Lebensgestalt von Mensch und Umwelt, an den Ordnungen, die im Dasein walten, an den Schwellen und Zäsuren, wo die qualitativen Unterschiede der Formwelt hervortreten und mit dem Gleichmut des Ritus beantwortet werden".[34] Die Weisheitsliteratur Israels spricht nicht von der Selbstoffenbarung des Schöpfergottes, sondern von der „Selbstoffenbarung der Schöpfung"[35] bzw. von deren Geheimnis, in welchem der Mensch „unmittelbar" (!) dem Geheimnis Gottes begegnet und an die Grenzen seiner Erkenntnisfähigkeit stößt.[36] Es ist aber nicht Jahwe selbst, sondern die personfizierte Weisheit, welche in der Stilform der Theophanie ihre Stimme erhebt und ihr Wort kundtut.[37] So ist also die Frömmigkeit der Weisen Israels zutiefst weltlich, ihr theologisches Denken erfahrungsbezogen und unabgeschlossen.

Von Rad war es freilich auch, welcher auf die Fremdheit des biblischen Weisheitsdenkens hingewiesen und vor seiner vorschnellen Vereinnahmung gewarnt hat. „Wir dürfen unsere Denkgewohnheiten nicht unkritisch auf Israel übertra-

---

[32] G. v. Rad, a. a. O. (Anm. 13), S. 376.

[33] A. a. O. (Anm. 13), S. 377.

[34] H. *Timm*, Evangelische Weltweisheit - Zur Kritik der ökotheologischen Apokalyptik, in: *ders.*, Diesseits des Himmels, Gütersloh 1988, S. 43-67, hier S. 60 (unter Bezugnahme auf G. v. Rad).

[35] Vgl. G. v. Rad, a. a. O. (Anm. 13), S. 189-228.

[36] A. a. O. (Anm. 13), S. 146. Vgl. dort auch S. 101.

[37] Vgl. Prov 1,20ff; 8,1ff.

gen. Wir müssen uns vielmehr der Zumutung stellen, uns in Vorstellungen, in ein ‚Weltbild‘ hineinzudenken, das uns nicht geläufig ist."[38] Im Hinblick auf die alttestamentliche Weisheitsliteratur meint Weltlichkeit soviel wie Profanität, welche von der neuzeitlichen Säkularität bzw. dem modernen Säkularismus deutlich unterschieden ist.[39] Die Welt wird stets als Schöpfung Jahwes interpretiert, wobei Schöpfung und Welt oder Natur keineswegs synonyme Begriffe sind. Als Schöpfung gedeutet ist die Welt kein neutraler Raum und hat einen positiven Sinn, dessen Gewißheit der Weisheit stets außer Frage steht. Nur insofern Welterfahrung Jahweerfahrung war, ist Jahweerfahrung umgekehrt Welterfahrung, ohne daß beides miteinander gleichgesetzt würde.[40] Insofern basiert das Weisheitsdenken des alttestamentlichen Israel auf einem spezifischen Erfahrungsbegriff, der sich von unserem heute üblichen Erfahrungsbegriff darin deutlich unterscheidet, daß die Weisheitslehrer Israels „eine andere als eine von Jahwe durchwaltete Wirklichkeit überhaupt nicht kannten"[41]. Das Erfahrungswissen der alttestamentlichen Weisen ist kein neutrales Sachwissen, weil es sich „durchweg um Erkenntnisse handelt, die im Umgang mit einer Wahrheit gewonnen wurden, für die man sich schon entschieden hat. Es handelt sich also um ein Wissen, zu dem man sich bekennt; man könnte auch sagen um ein Wissen, das mehr Sache des Charakters als des Intellektes ist."[42]

Die Weisheit Israels steht einerseits mit der „internationalen" Weisheit des alten Orients in vielfältiger Verbindung, ist jedoch andererseits eine spezifische Gestalt des Jahweglaubens. Der Satz, daß die Furcht Jahwes der Anfang aller Weisheit ist[43], kann als erkenntnistheoretisches Proprium der Weisheit Israels gelten, wobei diese Sentenz nicht die Schlußfolgerung, sondern die Voraussetzung aller Erkenntnisbemühungen ist bzw. in einem hermeneutischen Zirkel zwischen Bekenntnis zu Jahwe und Lebenserfahrung immer wieder aufs neue bestätigt wird.[44] Es darf daher die Zuspitzung des erkenntistheoretischen Axioms in Hi 28, 28: „Die Furcht Jahwes, das ist Weisheit" nicht einfach umgekehrt und entweder als eine Form des Gottesbeweises oder aber als Beweis für ein religiöses Apriori des Menschen genommen werden. Wenn man hier von natürlicher Theologie spre-

---

[38] G. v. Rad, a. a. O. (Anm. 13), S. 99.

[39] Vgl. a. a. O. (Anm. 13), S. 132. 378.

[40] Vgl. a. a. O. (Anm. 13), S. 88f.

[41] A. a. O. (Anm. 13), S. 89.

[42] Ebd.

[43] Vgl. Prov 1,7; 9,10; 15,33; Ps 111,10; Hi 28,28.

[44] Vgl. G. v. Rad, a. a. O. (Anm. 13), S. 91ff.

chen will, so handelt es sich keinesfalls um eine Form der natürlichen Religion, wie sie in der Religionsphilosophie der Aufklärung den positiven Offenbarungsreligionen gegenübergestellt wurde. Israels Weisheit ist vielmehr selbst eine Gestalt von positiver Religion.

Theologisch vermag die Weisheitstradition Israels heute deshalb zu faszinieren, weil sie das Problem einer Phänomenologie des Menschen umkreist, genauer gesagt das Thema einer „Phänomenologie des in seine Umwelt eingebundenen Menschen, in der er sich immer zugleich als Subjekt und als Objekt, als aktiv und passiv" vorfindet.[45] Es gibt inzwischen eine Reihe von Versuchen, eine solche theologische Phänomenologie des umwelt- und gottesbezogenen Menschseins zu entwerfen, welche sich vom Denken der alttestamentlichen Weisheit inspirieren lassen. Vielleicht darf man bereits Dietrich Bonhoeffers späte Theologie hinzurechnen, welche von der mündigen Welt gesprochen und unter Bezug auf das Alte Testament wie auf die Philosophie Nietzsches eine Theologie der Erde angedeutet hat.[46] Als eine solche bezeichnet ausdrücklich Alfred Jäger seinen Entwurf einer Schöpfungslehre, welche in praktisch-ethischer Absicht im kritischen Gespräch mit der Spätphilosophie Heideggers eine „Topologie des Seyns" zu entfalten hätte.[47] Stärker als eine „Theologie der Natur"[48] thematisiert eine Theologie der Erde das Wesen des Menschen, das in der Beziehung zur Erde liegt, aus der er stammt, die er bearbeitet und in die er zurückgelegt wird. Bei Jäger bezeichnet das Wort „Erde" den „Spielraum des Lebens, in dem auch der Mensch sein Spiel spielt." Als das „Bio-Top schlechthin" ist die Erde „zugleich der besondere Spielraum Gottes, in welchem Leben und Gedeihen, Sterben und Vergehen in Gottes Gegenwart möglich ist"[49].

In eine ähnliche Richtung denkt auch Hermann Timm, welcher in einer „evangelischen Weltweisheit" die Alternative zur „ökotheologischen Apokalyptik" der Gegenwart sieht und die Theologie unbeschadet des christlichen Glaubens an die

---

[45] A. a. O. (Anm. 13), S. 400.

[46] Vgl. D. Bonhoeffer, a. a. O. (Anm. 29), S. 175f. 426. Siehe auch *D. Bonhoeffer*, Nachfolge, München [12]1981, S. 84f. Zu Bonhoeffers Beschäftigung mit Nietzsche siehe *P. Köster*, Nietzsche-Kritik und Nietzsche-Rezeption in der Theologie des 20. Jahrhunderts, Nietzsche-Studien 10/11, 1981/82, S. 615-685, hier S. 661ff.

[47] *A. Jäger*, Theologie der Erde, WuD 17, 1983, S. 153-162, hier S. 160, im Anschluß an *M. Heidegger*, Aus der Erfahrung des Denkens, Pfullingen 1965, S. 23.

[48] Zum Begriff einer Theologie der Natur vgl. *J. Hübner*, Die Sprache evangelischer Naturfrömmigkeit als praktische Theologie der Natur, in: *K.M. Meyer-Abich* (Hg.), Frieden mit der Natur, Freiburg/Basel/Wien 1979, S. 75-90; *S.M. Daecke*, Auf dem Weg zu einer praktischen Theologie der Natur, ebd., S. 262-285.

[49] A. Jäger, a. a. O. (Anm. 47), S. 161.

rettende Selbstoffenbarung Gottes in Jesus von Nazareth in die „Pflicht gegenüber dem Vorrang der Natur vor der Geschichte, der Schöpfung vor der Befreiung, der Genesis vor dem Exodus" nehmen will.[50] Nach Timm ist eine Ethik der Verantwortung für die Schöpfung unbedingt durch eine weisheitliche Schöpfungsfrömmigkeit und das heißt durch eine neue Form der theologischen Ästhetik zu ergänzen, wobei von der Weisheit neu zu lernen sei, daß „die Sinnenwelt selbst" der „Quellgrund von Werten und Wahrheiten" ist, „die erfahren werden in der Symbolizität des gestalthaften Daseins"[51]. Zwar weiß auch Timm, daß wir, wie G. v. Rad klargestellt hat, nicht in kurzschlüssiger Apologetik das weisheitliche Denken des alten Israel repristinieren können. „Keine der Menschheitsreligionen – ob Natur- oder Hochreligion – verfügt über ein zeitgerechtes Deutungssystem, das universale Zustimmung erwarten darf. Aber alle sind durch die faktisch entstandene Situation in die Pflicht ihrer kosmischen Spiritualität gerufen, um der immer näher zusammenrückenden Völkergemeinschaft ein Angebot zu unterbreiten, das sie vernünftigen Glaubens nicht wird ablehnen können"[52].

Als kleinsten gemeinsamen Nenner eines solchen Angebotes, welches den Gegensatz von Vernunft und Glauben, von Theologie und Philosophie in sich aufzuheben versucht, hat Albert Schweitzer seine Lehre von der Ehrfurcht vor dem Leben formuliert.[53] Manche Theologen wie Günter Altner interpretieren heute Schweitzers Ethik als zeitgerechte Form weisheitlicher Theologie.[54] Theologisch erklärt Altner, daß Ehrfurcht vor dem Leben und Gottesfurcht im Sinne der biblischen Weisheitstradition synonym sind. Neben Schweitzer wird aber auch ein Theologe wie Teilhard de Chardin als Vordenker einer neuzeitlichen Weisheit gewürdigt. Nach Altner ist die spezifisch neuzeitliche Form der Weisheit ein evolutionäres Verständnis von Natur und Geschichte, welches in der auch von den Naturwissenschaften diskutierten Offenheit des Weltprozesses einen tieferen Sinn entdeckt.[55]

Der Ruf der Weisheit zur Besinnung des Menschen auf die Grundlagen des Lebens und seine Stellung im Kosmos findet also in der zeitgenössischen Theolo-

---

[50] H. Timm, a. a. O. (Anm. 34), S. 59.

[51] A. a. O. (Anm. 34), S. 64.

[52] A. a. O. (Anm. 34), S. 67.

[53] Siehe vor allem *A. Schweitzer*, Kultur und Ethik, Sonderausgabe, München 1960, Nachdruck 1981, bes. S. 328ff. Zur Einführung in die Ethik Schweitzers siehe jetzt *C. Günzler*, Albert Schweitzer – Einführung in sein Denken, München 1996.

[54] Siehe unter anderem *G. Altner*, Über Leben. Von der Kraft der Furcht, Düsseldorf 1992, S. 127-148.

[55] Vgl. a. a. O. (Anm. 54), S. 142ff.

gie ein vielstimmiges Echo. Es ist aber die Frage, ob sich die heute ob ihrer Natur-
vergessenheit und ihres exklusiven Offenbarungsanspruchs so heftig gescholtene
Wort-Gottes-Theologie endgültig erledigt hat. Die entscheidende Frage nämlich,
wie es überhaupt zu dem in der Weisheitsliteratur Israels immer schon voraus-
gesetzten Gottesglauben kommt, was uns also allererst nötigt und berechtigt, von
Gott zu sprechen, bleibt zumeist unbeantwortet. Wir wollen daher im folgenden
fragen, wie sich dieses Problem aus der Sicht des Neuen Testamentes darstellt.

4.   Der weise Mensch und der törichte Gott

Schon das Alte Testament weiß um die Grenzen der Weisheit. Wahrhaft weise
ist derjenige, welcher um das Geheimnis Gottes weiß. In der Weisheitsliteratur
Israels ist das Geheimnis Gottes „geradezu zu einem Lehrgegenstand geworden.
Ja gelegentlich konnten sich die Lehrer selbst darin noch übersteigen, dann näm-
lich, wenn sie davon sprachen, daß das von ihnen wahrgenommene Geheimnis
Gottes noch gar nicht das volle Geheimnis Gottes war, sondern nur ein äußerster
Rand davon"[56]. Im Wissen um das Nichtwißbare wird die Weisheit Israels
aporetisch, wie uns die Skepsis innerhalb der Weisheitsliteratur zeigt.

Die Aporie der israelitischen Weisheit steigert sich freilich im Neuen Testament zur Paradoxie. Angesichts der Behauptung, wonach der gekreuzigte Jesus
von Nazareth das persongewordene Wort Gottes ist, erscheint Gott nicht etwa
geheimnisvoll, sondern töricht zu sein. Dem Betrachter ergibt sich folgende Alternative: Entweder liegt der christlichen Botschaft vom gekreuzigten Gott ein
unsinniger Gottesbegriff zu Grunde, oder aber Gott selbst muß für töricht erklärt
werden. Paulus zögert jedoch nicht, den gekreuzigten Christus mit der Weisheit
Gottes zu identifizieren.[57] „Denn die Torheit Gottes ist weiser, als die Menschen
sind, und die Schwachheit Gottes ist stärker, als die Menschen sind"[58]. Das Kreuz
Christi markiert also einen tiefgreifenden Unterschied zwischen Weltweisheit, um
nicht zu sagen Allerweltsweisheit, und der Weisheit des Gottes Israels. Das Geheimnis dieses Gottes, welches in der Weisheitsliteratur Israels undurchdringlich
bleibt, wird nach neutestamentlicher Auffassung im Geschick Jesu von Nazareth
gelüftet, ohne doch darum weniger geheimnisvoll zu sein. Wohl ist die Welt nach
Auffassung des Paulus von jeher von der Weisheit Gottes durchdrungen, jedoch
ohne Gott wirklich erkannt zu haben. Nicht der Weg eines mystischen Auf-
schwungs zu Gott, sondern die Torheit der Predigt vom Kreuz ist es, durch wel-

---

[56] G. v. Rad, a. a. O. (Anm. 13), S. 146f.

[57] I Kor 1,24.

[58] I Kor 1,25.

che nach Überzeugung des Paulus letztgültig der Ruf der Weisheit ergeht.[59] Erst das Kreuz Christi ist der Erkenntnisgrund Gottes und damit der Vertrauenswürdigkeit seiner Schöpfung. Von hier aus sind nach neutestamentlicher Auffassung Wesen und Inhalt wahrer Weisheit neu zu bestimmen.

Was die törichte Weisheit Gottes im Neuen Testament von aller Weltweisheit unterscheidet, ist die Kategorie des Neuen. Nach Koh 1, 9 f gibt es nichts Neues unter der Sonne. „Oder ist etwas, von dem man sagen möchte: Siehe hier ist ein Neues?"[60]. Genau dies aber behauptet das Neue Testament vom Christusgeschehen. „Siehe, ich mache alles neu", spricht der erhöhte Christus in der Johannesoffenbarung.[61] Und wer an Christus glaubt bzw. im Geist und in der Gemeinschaft Christi lebt, ist, wie Paulus erklärt, ein neues Geschöpf[62], während zugleich die Gestalt der bisherigen Welt vergeht.[63] Weil die Welt post Christum natum eine andere ist, läßt sie sich nicht mehr im Lichte vorgängiger Erfahrung und überlieferten Erfahrungswissens deuten. Vielmehr vermittelt der christliche Glaube eine neue Erfahrung, genauer gesagt eine „Erfahrung mit der Erfahrung"[64], welche dem Satz, wonach alles bleibt, wie es immer schon gewesen ist, widerspricht.

Der Einbruch des Neuen hat im Neuen Testament auch Konseqenzen für die Ethik. Wiewohl die Paränesen der neutestamentlichen Schriften neben Elementen der jüdischen Tora auch solche der griechischen Popularphilosophie aufgenommen haben, verhält sich das christliche Ethos kritisch zu vorgängigen Formen der Moral. Das neue Leben aus Glauben[65] impliziert eine neue Moral, welche darin besteht, die bisher gültigen Moralvorstellungen am Maßstab des Gesetzes Christi, d.h. am universellen Gebot der Gottes- und Nächstenliebe zu messen. Christliche Ethik bezieht sich daher kritisch auf das Ethos der Weisheit, welches traditional ist. Nun liegt es auf der Hand, daß wir unser Leben weithin in Anknüpfung an das Bewährte und Herkömmliche führen müssen. Die moralische Tradition ist insofern hilfreich, als sie die Weisheit vergangener Generationen aufbewahrt. Sie ist aber immer auch zweideutig und einer kritischen Prüfung zu unterziehen, insofern sie die Herrschaftsverhältnisse der Vergangenheit abbil-

---

[59] Vgl. I Kor 1,21.

[60] Koh 3,15.

[61] Apk 22,5.

[62] II Kor 5,17.

[63] I Kor 7,31.

[64] Vgl. *G. Ebeling*, Die Klage über das Erfahrungsdefizit in der Theologie als Frage nach ihrer Sache, in: *ders.*, Wort und Glaube III, Tübingen 1975, S. 3-28, hier S. 22.

[65] Vgl. Röm 6,4.

det und fortschreibt.[66] Es ist schon erstaunlich, daß „der konservative, *traditionsgebundene Charakter* der Weisheit"[67] und ihr sozialgeschichtlicher Ort in der Jerusalemer Führungsschicht im Rahmen gegenwärtiger Entwürfe einer weisheitlichen Theologie kaum als Problem empfunden werden. Andererseits gilt es zu beachten, daß eine gewisse Verwandtschaft zwischen weisheitlicher Ethik und der Naturrechtstradition besteht, welche heute nicht nur katholischerseits, sondern auch innerhalb der evangelischen Theologie eine positive Würdigung erfährt, insofern sie die „naturale Unbeliebigkeit der normativen Vernunft"[68] thematisiert, die vor allem in der Menschenrechtsfrage zur Diskussion steht.

Die Weisheit, welche in der Schule Christi zu lernen ist, besteht in der Erkenntnis, daß die vorfindliche Welt unter dem eschatologischen Vorbehalt steht. Wohl läßt sich vom Neuen Testament aus eine Theologie der Erde begründen, welche der Natur und dem Natürlichen ihre eigene Würde einräumt. Um Christi willen gilt, daß Gott die Erde nicht verläßt, die er geschaffen hat. Doch zur Wohnwelt des Menschen muß sie allererst noch werden, so gewiß zwischen erschaffener und von Gott entfremdeter Welt zu unterscheiden ist. Es ist für das Neue Testament bezeichnend, daß sich in seiner Verkündigung des gekreuzigten Gottes Schöpfungsglaube und Hoffnung auf das Vergehen der vorfindlichen Weltstrukturen verschränken. Die Erde als Bio-Top menschlichen Lebens im Miteinander von Gott, Mensch und Welt bleibt ein Provisorium, und was eine theologische Ästhetik an der Natur als Schöpfung wahrnimmt, ist bestenfalls der Vor-Schein ihrer Integrität, die der Inhalt christlicher Hoffnung ist, faktisch aber noch nicht besteht. Eine rein ästhetisch gewonnene Antwort auf die Frage nach der Sinnhaftigkeit der Natur, welche das Kreuz Christi ausklammert, bleibt an der Oberfläche, insofern der Schein der Integrität dadurch erzeugt wird, daß die der vorfindlichen Natur innewohnende Widersprüchlichkeit von Leben und Tod, von Schönem und Grausamem ausgeblendet wird.[69] Daß die Welt Gottes gute Schöpfung ist, läßt sich ebenso wie die Einheit und Güte ihres Schöpfergottes angesichts des Christusgeschehens wohl glauben, aber nicht gedanklich andemonstrieren.

An die oben erwähnten Versuche einer zeitgemäßen Weisheitstheologie ist daher die kritische Frage zu richten, ob ihre religiöse Naturästhetik wirklich zu

---

[66] Vgl. *P. Tillich*, Das religiöse Fundament des moralischen Handelns, GW III, Stuttgart 1965, S. 13-83, hier S. 38ff.

[67] *H. Gese*, Art. Weisheit, RGG³ VI, Tübingen 1962, Sp. 1574-1577, hier Sp. 1575.

[68] *M. Honecker*, Einführung in die Theologische Ethik, Berlin/New York 1990, S. 124 (im Anschluß an W. Korff und F. Böckle). Siehe auch *K. Tanner*, Der lange Schatten des Naturrechts. Eine fundamentalethische Untersuchung, Stuttgart 1993.

[69] Vgl. *T. Koch*, Das göttliche Gesetz der Natur (ThSt 136), Zürich 1991, S. 40f.

einer neuen Gotteserfahrung oder nicht bloß zu einem vordergründigen Naturerlebnis führt. Die hierfür in Anspruch genommene Weisheitsliteratur des Alten Testaments zeigt doch gerade, daß nicht das Naturerleben zum Schöpfungsglauben führt, sondern daß die Wahrnehmung der Natur als Schöpfung den Glauben an den Schöpfergott schon voraussetzt. Sodann ist zu bedenken, daß unser heutiges Naturerleben soziokulturell vermittelt ist. Die von uns erlebte Natur ist kulturell überformt, der Umgang mit ihr naturwissenschaftlich-technisch vermittelt. Insofern gibt es in der Natur weder eine Unmittelbarkeit der Gotteserfahrung noch eine solche des Heiligen.

Zu den vorgängigen Formen weisheitlichen Denkens verhält sich der christliche Glaube jedoch nicht einfach antithetisch, sondern kritisch. Solche Kritik aber muß zur Ausbildung einer Theologie der Natur bzw. des Natürlichen führen, welches dieses nicht einfach im Namen des Christlichen disqualifiziert, sondern im Gegenteil in seiner relativen Würde anerkennt. „Gewiß kann anders als vom Besonderen des Christusereignisses auch die notwendigerweise kritische Bestimmung nicht getroffen werden. Doch fragt sich, in welchen Bezügen diese Bestimmung geschehen soll. Daß sie *in* solchen Bezügen und nicht von ihnen abgelöst geschehen muß, kann nicht gut bestritten werden. Denn ohne sie läßt sich nicht einmal der nötige Widerspruch artikulieren"[70]. Weisheitliches Denken behält theologisch insofern sein relatives Recht, als gerade von der Christologie her, wie Bonhoeffer einsichtig gemacht hat, ein spezifisch christlicher Begriff des Natürlichen zu gewinnen ist, der zwischen demjenigen der Schöpfung und demjenigen des Sündhaften angesiedelt ist: „Wir sprechen vom Natürlichen im Unterschied zum Geschöpflichen, um die Tatsache des Sündenfalles mit einzuschließen, wir sprechen vom Natürlichen im Unterschied zum Sündhaften, um das Geschöpfliche mit einzuschließen. Das Natürliche ist das nach dem Fall auf das Kommen Jesu Christi hin Ausgerichtete. Das Unnatürliche ist das nach dem Fall dem Kommen Jesu Christi Sich-Verschließende."[71]

Solange freilich das Kommen Christi bzw. die endgültige Einwohnung des göttlichen Geistes in der Welt noch aussteht, bleibt zwischen der vorfindlichen Welt und ihrer verheißenen Zukunft eine unaufhebbare Differenz. So gewiß der Glaube darauf hofft, daß die Erde zur Wohnwelt Gottes werde, so wenig kann er sich in der vorfindlichen Welt wirklich zuhause fühlen. Weise ist es darum, in der Welt zu wohnen, als wohnte man nicht.[72] Welche Konsequenzen sich hieraus für eine zeitgemäße Interpretation des biblischen Schöpfungsauftrags des Menschen ergeben, soll im folgenden Kapitel erörtert werden.

---

[70] *O. Bayer*, Theologie (HST 1), Gütersloh 1994, S. 512.

[71] *D. Bonhoeffer*, Ethik, hg. v. E. Bethge, München 1975, S. 153.

[72] Vgl. I Kor 7,29ff.

II. Bewahrung der Schöpfung
Anmerkungen zur ethischen Transformation der Lehre von der conservatio mundi

> Nur noch ein Gott kann uns retten.
>
> Martin Heidegger

> Die Güte des Herrn ist's, daß
> wir nicht gar aus sind, seine
> Barmherzigkeit hat noch kein Ende.
>
> Klagelieder Jeremias 3, 22

1. Bewahrung der Schöpfung?

Die Bewahrung der Schöpfung, einst die Zusage ihres Schöpfergottes, ist zum Inbegriff menschlicher Verantwortung im Zeichen ökologischer Gefahren geworden. Insbesondere der sogenannte konziliare Prozeß benennt neben der Herstellung von Frieden und Gerechtigkeit die Bewahrung der Schöpfung als grundlegende ethische Forderung.[1] Vorderhand scheint damit lediglich die biblische anthropologische Bestimmung in Gen 2, 15, nach welcher der Mensch den Garten in Eden bebauen und bewahren sollte, auf die gesamte Erde und ihr künftiges Schicksal ausgedehnt zu sein. Der Begriff der Bewahrung der Schöpfung ist in der dogmatischen Tradition freilich gar kein anthropologischer oder ethischer, sondern ein Terminus der Gotteslehre. Nicht das Handeln des Menschen, sondern das gegenwärtige Schöpfungshandeln Gottes wird als conservatio creaturae

---

[1] Zum konziliaren Prozeß siehe u.a. die sogenannte Erklärung von Stuttgart „Gerechtigkeit, Frieden und Bewahrung der Schöpfung", hg. v. der Arbeitsgemeinschaft christlicher Kirchen, Frankfurt a. M. 1988, sowie die Dokumente der ökumenischen Versammlungen in Basel 1989 (epd-Dokumentation Nr. 24/89) und Seoul 1990 (epd-Dokumentation Nr. 16/90). Zur Vorgeschichte und zum Grundanliegen des konziliaren Prozesses siehe u.a. *C.F. v. Weizsäcker*, Die Zeit drängt, München/Wien 1986. An weiteren kirchlichen Verlautbarungen zur Umweltverantwortung seien erwähnt: Verantwortung wahrnehmen für die Schöpfung. Gemeinsame Erklärung des Rates der EKD und der Deutschen Bischofskonferenz, Gütersloh 1985; Zukunft der Schöpfung – Zukunft der Menschheit. Erklärung der Deutschen Bischofskonferenz, Bonn 1980.

33

bzw. conservatio mundi bezeichnet.[2] Die Anwendung dieses Begriffs auf den menschlichen Schöpfungsauftrag in Gen 2, 15 markiert eine tiefgreifende Umwandlung der christlichen Schöpfungslehre, welche sich in den neuzeitlichen, namentlich durch I. Kant eingeleiteten Prozeß der Ethisierung christlicher Theologie einfügt.

An die Stelle einer dogmatischen Theologie und der mit ihr verbundenen theologischen Ethik tritt bei Kant eine Ethikotheologie, welche die überlieferten Inhalte dogmatischer Lehre zu ethischen Aussagen transformiert.[3] Heutige Programme einer ethischen Theologie, z.B. diejenigen von F. Buri oder T. Rendtorff, basieren letztlich auf Kants erkenntnistheoretischer Destruktion der vorneuzeitlichen Physikotheologie und ihrer kosmologisch-teleologischen Gottesbeweise.[4]

Insofern die Forderung nach einer sogenannten Schöpfungsethik[5] an diesem epochalen Transformationsvorgang partizipiert, hat es die theologische Kritik nicht so leicht, wie beispielsweise T. Rendtorff oder D. Lange den Anschein erwecken.[6] Beide stellen in Zweifel, ob „Bewahrung der Schöpfung" überhaupt ein sinnvoller ethischer Terminus ist, wenn anders nach christlichem Verständnis die Schöpfung und somit auch ihre Erhaltung als alleiniges Werk Gottes zu gelten haben. Zumindest dort, wo unreflektiert von der Bewahrung der Schöpfung durch den Menschen gesprochen werde, sei der Gedanke der Abhängigkeit Gottes von der Arbeit des Menschen impliziert. „Das ist ein so aberwitziger Gedanke, daß die Überflüssigkeit einer Diskussion evident ist"[7]. Lange fordert stattdessen, die Schöp-

---

[2] Vgl. dazu *R. Schulte*, „Schöpfung" und „Natur", in: *S. Haering* (Hg.), In Unum Congregati (FS Augustin Kardinal Mayer OSB), Metten 1991, S. 361-387, bes. S. 362. 370ff. Zur Ausgestaltung der Lehre von der conservatio mundi in der klassischen protestantischen Theologie siehe *C.H. Ratschow*, Lutherische Dogmatik zwischen Reformation und Aufklärung, Teil II, Gütersloh 1966, S. 218ff; *H. Heppe/E. Bizer*, Die Dogmatik der evangelisch-reformierten Kirche, Neukirchen 1958, S. 200ff.

[3] Vgl. *I. Kant*, Kritik der Urteilskraft, § 86: Von der Ethikotheologie, in: *ders.*, Werke, Bd. V, hg. v. W. Weischedel, Darmstadt 1983, S. 567ff.

[4] Siehe *F. Buri*, Theologische Ethik und ethische Theologie, ZEE 22, 1978, S. 262-274; *T. Rendtorff*, Ethik, Bd. I, Stuttgart 1980, S. 14ff.

[5] Zur Diskussion um Schöpfungs-, Umwelt- oder Bioethik siehe den Literaturbericht von *C. Frey*, Theologie und Ethik der Schöpfung, ZEE 32, 1988, S. 47-62; *ders.*, Neue Gesichtspunkte zur Schöpfungstheologie und Schöpfungsethik?, ZEE 33, 1989, S. 217-231.

[6] Siehe *T. Rendtorff*, Vertrauenskrise? Bemerkungen zum Topos „Bewahrung der Schöpfung", ZEE 32, 1988, S. 245-249; *D. Lange*, Schöpfungslehre und Ethik, ZThK 91, 1994, S. 157-188.

[7] D. Lange, a. a. O. (Anm. 6), S. 157, vgl. auch *F. W. Graf*, Von der creatio ex nihilo zur „Bewahrung der Schöpfung", ZThK 87, 1990, S. 206-223.

fung und ihre Erhaltung im strengen Sinne theo-logisch als Handeln Gottes, genauer gesagt, als creatio continua zu denken.[8]

Freilich handelt es sich dabei zunächst um ein reines Postulat.[9] Ob und wie unter den neuzeitlichen Erkenntnisbedingungen ein Handeln Gottes gedacht werden kann, ist doch gerade die entscheidende, spätestens durch Kant aufgeworfene Frage.[10] Der Vorwurf einer hybriden „Ökosoteriologie"[11] liegt gegenüber manchen Vertretern einer Schöpfungsethik, aber auch gegenüber vielen kirchlichen Verlautbarungen zur Umweltzerstörung oder Gentechnologie leicht auf der Hand. Doch selbst noch die Kritik an der Formel von der Bewahrung der Schöpfung kann an der Ethisierung der Schöpfungslehre partizipieren. Dies ist beispielsweise bei T. Rendtorff der Fall, welcher seinerseits die dogmatische Lehre von conservatio mundi auf einen pragmatischen Handlungssinn reduziert. Nach Rendtorff nämlich soll dieser Topos „in erster Linie ein Grundvertrauen ausdrükken, das seinen handlungspraktischen Sinn darin erweisen soll, daß es sich nüchtern und realistisch in der Aufgabe ausspricht, eben die natürliche Umwelt des Menschen zu erhalten. Die *Sorge ums Ganze*, das niemand und keiner ernsthaft und wirksam zu besorgen vermag, muß sich in der *Klugheit des pragmatischen Weltumganges* im einzelnen und ad usum hominem realisieren"[12].

Angesichts der durch Kant bestimmten neuzeitlichen Diskussionslage wie in Anbetracht der heute den Fortbestand der irdischen Biosphäre bedrohenden Gefahren werden zwei verschiedene Wege zur Reinterpretation der Lehre von der Bewahrung der Schöpfung eingeschlagen, welche beide theologisch problematisch sind. Droht im Fall der Ethisierung dieses Lehrstücks die vom Christentum behauptete Unterscheidung zwischen Gott und Mensch, Schöpfer und Schöpfung hinfällig zu werden, so drohen bei einem lediglich affirmativen Insistieren auf dem exklusiv theo-logischen Gehalt der Schöpfungslehre die dogmatische und

---

[8] Ebd.

[9] Ein Postulat ist auch der Satz von T. Rendtorff, a. a. O. (Anm. 6), S. 246: „Die Schöpfung ist Gottes Werk und der Mensch soll [!] sich in dieser Hinsicht als Geschöpf verstehen."

[10] Zu unserem Thema siehe auch *R. Schulte*, Wie ist Gottes Wirken in Welt und Geschichte theologisch zu verstehen?, in: *Th. Schneider/L. Ullrich* (Hg.), Vorsehung und Handeln Gottes (QD 115), Freiburg/Basel/Wien 1988, S. 116-167.

[11] Dieser polemische Begriff stammt von *H. Timm*, Evangelische Weltweisheit, ZThK 84, 1987, S. 345-370, hier S. 352. Zur philosophischen Kritik zeitgenössischer Apokalyptik und Sehnsucht nach neuer Unmittelbarkeit des menschlichen Naturverhältnisses siehe auch *H.-U. Nennen*, Ökologie im Diskurs, Opladen 1991, S. 220ff.

[12] T. Rendtorff, a. a. O. (Anm. 6), S. 249.

die ethische Reflexion völlig beziehungslos zu werden.[13] Daß beide Reflexionsbereiche zueinander in Beziehung stehen, ist aber die Voraussetzung nicht nur für eine dezidiert theologische Ethik, sondern umgekehrt auch für die Berechtigung einer gegenüber der Ethik eigenständigen Dogmatik. Der soteriologischen Hybris mancher Ansätze einer Umweltethik und kirchlicher Appelle zur Schöpfungsverantwortung des Menschen wird nicht schon dadurch überzeugend begegnet, daß auf Gott als Handlungssubjekt der Schöpfung dogmatisch insistiert wird. Die Frage lautet vielmehr, wie das vom christlichen Glauben behauptete Handeln Gottes so zu denken ist, daß sich der Mensch auf dieses Handeln beziehen kann. Ihrer Ethisierung und damit ihrer anthropologischen Auflösung kann die Rede vom Handeln Gottes nur dann entgehen, wenn dieses Handeln *als ein vom menschlichen Handeln unterschiedenes* ein sinnvoller Gegenstand nicht nur dogmatischer, *sondern auch ethischer Reflexion ist.*

2. Bebauen und Bewahren

Die Lehre vom Schöpfungshandeln Gottes wie vom Schöpfungsauftrag des Menschen sind zu unterscheiden wie zu verschränken. Daß sich hierfür die Formel der Bewahrung der Schöpfung anbietet, wird man bei näherem Zusehen allerdings nicht behaupten können. Daß ihre ethische Verwendung durch Gen 2,15 biblisch legitimiert ist, geht am Textbefund vorbei. Auch wenn man wie J. v. Lüpke die Formel von der Bewahrung der Schöpfung ethisch in dem eingeschränkten Sinne gelten lassen will, daß sie „die utilitaristische Orientierung der Ethik durchbricht und zur Wahrnehmung dessen herausfordert, was sich der Kategorie des Nützlichen entzieht"[14], bleibt sie als ethischer Topos fragwürdig.

Die Bewahrung der Schöpfung im Sinne ihrer *conservatio* ist nicht das Thema in Gen 2,15, sondern der Inhalt der göttlichen Verheißung am Ende der Sintfluterzählung in Gen 8,22. Erst dort, und nicht etwa in Gen 2, wird der Bestand der Welt zum eigenen Thema gemacht. Die vorfindliche Welt wird begriffen als durch Gott vor ihrer Vernichtung bewahrte.[15] Allerdings deutet Gen 8,22 ihr zeitliches

---

[13] Vgl. auch *J. v. Lüpke*, Voraussetzungen des Vertrauens. Fragen an Trutz Rendtorff, ZEE 33, 1989, S. 233-235; *ders.*, Anvertraute Schöpfung. Biblisch-theologische Gedanken zum Thema „Bewahrung der Schöpfung" (Vorlagen NF 16), Hannover 1992. Siehe ferner die Kritik von *G. Planer-Friedrich*, Wem ist in der Krise zu trauen?, ZEE 33, 1989, S. 150-152, und als Antwort auf beide Entgegnungen *T. Rendtorff*, Wessen Krise? Zur Diskussion über „Bewahrung der Schöpfung", ZEE 33, 1989, S. 235-237.

[14] J. v. Lüpke, a. a. O. (Anm. 13), S. 235.

[15] Vgl. *C. Westermann*, Genesis I, Kap. 1-11 (BK I/1), Neukirchen-Vluyn ²1976, S. 618.

Fortbestehen weder als creatio continua wie die dogmatische Tradition des Christentums, noch als Segensverheißung, die auf dem in Gen 2,15 benannten Handeln des Menschen läge. Daß die Verheißung von Gen 8,22 durch die menschliche Tätigkeit des Bebauens und Bewahrens der Erde erfüllt würde, liegt der jahwistischen Sintfluterzählung ebenso fern wie der Gedanke, das sündige Menschengeschlecht habe selbst die von Gott im letzten Moment abgewendete Zerstörung der Schöpfung ausgelöst. Beides, ihre mögliche Zerstörung wie ihre Erhaltung werden exklusiv dem Schöpfer zugeschrieben. Weder im einem noch im anderen Fall wird der Mensch als Zweitursache des göttlichen Handelns gedacht. Es sollte daher auch zu denken geben, daß die Vulgata das hebräische שמר, das „bewahren" oder auch „behüten" bzw. „bewachen" heißt, nicht mit „conservare", sondern mit „custodire" übersetzt. Werden die anthropologische Bestimmung in Gen 2,15 und die theologische in Gen 8,22 beidemale auf den Begriff der Bewahrung der Schöpfung gebracht, so verleitet diese Äquivokation zu dogmatischen und ethischen Kurzschlüssen.[16]

Sowenig das zum צבר komplementär zu lesende שמר [17] eine Teilhabe des Menschen an der göttlichen Tätigkeit der conservatio mundi behauptet, so fragwürdig ist außerdem die umstandslose Identifikation des in Gen 2 geschilderten Gartens mit der gesamten Schöpfung. Nach biblischem Verständnis umfaßt die Schöpfung Himmel und Erde. Der von Gott in Eden angelegte Garten aber symbolisiert lediglich den begrenzten Lebensraum, der dem Menschen zugewiesen ist, nämlich das Kulturland, welches auch dann ein begrenzter Teil der gesamten Schöpfung bleibt, wenn der Mensch durch seine Kulturleistung die Grenzen dieses Raumes ausdehnt. Es ist systematisch-theologisch von Belang, daß die Anlegung des Gartens in Gen 2,8 nach Erkenntnis der neueren exegetischen Forschung keineswegs mit der Erschaffung der Welt, auch nicht mit dem Schöpfungswerk des dritten Schöpfungstages in der priesterschriftlichen Erzählung (Gen 1,11 f) gleichgesetzt werden darf.[18]

Die Bewahrung des menschlichen Lebensraumes geschieht nach der Auffassung von Gen 2,15 gleichermaßen durch die Pflege wie durch die kulturelle Bearbeitung der Natur. In heutige Handlungszusammenhänge übertragen spricht Gen

---

[16] Im ökumenischen Sprachgebrauch ist von „integrity of creation" die Rede. Insbesondere unter dem Einfluß prozeßtheologischen Denkens vermischen sich auch in dieser Formel anthropologische bzw. ethische und theologische oder kosmologische Motive.

[17] Vgl. C. Westermann, a. a. O. (Anm. 15), S. 301.

[18] C. Westermann, a. a. O. (Anm. 15), S. 283.

2,15 weder vom Schutz einer unbelassenen Natur, noch lediglich von der Sorge um den Erhalt der natürlichen Lebensgrundlagen des Menschen. Gen 2 schildert ja nicht die Wildnis einer unberührten Natur, deren Ästhetik wohl eher der Romantik unserer urbanen Zivilisation als der Erfahrung des vorneuzeitlichen Kampfes ums Dasein entspricht, sondern spricht mit Bedacht von einem Garten, d.h. aber von der kultivierten bzw. kultivierbaren Natur. Wenn denn überhaupt von einem menschlichen Auftrag zur Bewahrung der Schöpfung geredet werden soll, so besteht er im Anschluß an Gen 2,15 darin, die Natur auf unserem Planeten nicht um ihrer selbst willen, sondern als anthropomorphen Lebensraum zu erhalten. Die anthromorph gedeutete Natur ermöglicht nicht nur, sondern erfordert geradezu die kultivierende Arbeit des Menschen. Die Wahrnehmung der Natur als Schöpfung und die Bestimmung der Arbeit als Wesensbestandteil des Menschen gehören daher nach Gen 2,15 zusammen.[19] Weil sich der Mensch als solchermaßen zur Bearbeitung der Natur und diese damit als zu solcher Kultivierung bestimmte bereits vorfindet, liegen die Schöpfung und das schöpferische Handeln Gottes dem Menschen und seinem Handeln ontologisch voraus. Es ist dieser ontologisch beschreibbare Sachverhalt und nicht etwa die menschliche Sündhaftigkeit, welche nach biblischem Verständnis ausschließen, daß der Mensch die Schöpfung im Sinne der conservatio mundi bewahren kann.[20]

3. Zerstörung der Schöpfung?

Mit den naturzerstörerischen Folgen der neuzeitlichen Technik bricht nun allerdings die Frage auf, ob der Mensch die Schöpfung wenn schon nicht hervorbringen, so doch zerstören könne. Via negativa wird somit die in Gen 8,22 allein Gott vorbehaltene Bewahrung der Schöpfung zum Inhalt einer ethischen Forderung. Während Gen 8,22 voraussetzt, daß der Mensch die Schöpfung gar nicht zerstören kann, wird heutzutage der Auftrag in Gen 2,15 so gelesen, als impliziere er ein göttliches Verbot, wonach der Mensch die Schöpfung nicht zerstören darf.

Diese Lesart ruft bei T. Rendtorff schärfsten Protest hervor. *„Wenn nämlich dem Menschen die Fähigkeit zur ‚Zerstörung der Schöpfung' zugesprochen würde, müßte ihm eben damit auch die Fähigkeit zugestanden werden, in direkter Konkurrenz zu Gott tätig zu werden* und damit über einen Willen und eine Fähigkeit zu

---

[19] C. Westermann, a. a. O. (Anm. 15), S. 302.

[20] M.E. zu einseitig argumentiert mit dem Hinweis auf die Sündhaftigkeit des Menschen *M. Trowitzsch*, Die Freigabe der Welt. Der Gedanke der Schöpfungsmittlerschaft Jesu Christi bei Dietrich Bonhoeffer, ZThK 90, 1993, S. 425-441, hier S. 426. 428.

verfügen, die Gott zumindest ebenbürtig sind und im gegebenen Fall auch überlegen sind. Das zu sagen wäre aber nach Kriterien christlicher Theologie der Fall
einer fundamentalen Irrlehre", weil damit die Gottlosigkeit der Welt und somit
der Atheismus verkündigt würde.[21]

Die Drohung mit dem Ketzerhut verfängt allerdings solange nicht, als die
gegen die inkriminierte Irrlehre vorgebrachten Argumente lediglich den Reflexions-
grad Palmströms erreichen: „Weil, so schließt er messerscharf, nicht sein *kann*,
was nicht sein *darf* ".[22]

Rendtorff blendet offensichtlich den Umstand aus, daß der Atheismus, zumindest in der hypothetischen Form des „etsi Deus non daretur", sowohl zu den
Voraussetzungen als auch zu den Folgen der von ihm positiv gewürdigten säkularen Moderne gehört. Nötigt, wenn die Säkularisierung als Faktum anerkannt wird,
nicht gerade das Festhalten am christlichen Gottesbekenntnis zur Proklamation
eines hypothetischen Atheismus eigener Art, der nun gerade theologisch zu begründen ist? Ist es nicht aus Sicht des Glaubens, wie vor allem D. Bonhoeffer
hellsichtig erkannt hat, Gott selbst, der die Christen zu Bejahung der säkularen
Moderne herausfordert, ihnen damit aber zu wissen gibt, „daß wir leben müssen,
als solche, die mit dem Leben ohne Gott fertig werden"?[23] Und resultiert der von
Rendtorff verworfene ethische Topos der Bewahrung wie der möglichen Zerstörung der Schöpfung nicht auch aus dieser bedrängenden Erfahrung des Glaubens? Ist also nicht das theologische Weiterdenken geboten, wo Rendtorff lediglich ein Denkverbot aufstellt?

Bemerkenswert ist auch, daß Rendtorff sein Denkverbot bei genauerem Hinsehen gar nicht theologisch bzw. dogmatisch, sondern ethisch-pragmatisch begründet: „Der gebotenen [!] Pragmatik des Umgangs mit Risiken und Folge-
problemen wird auf diesem Weg jede vertrauenswürdige Grundlage entzogen".[24]
Um eines geforderten bzw. eines gewünschten Handelns willen wird die Notwendigkeit eines menschlichen Grundvertrauens, christlich gesprochen des Glaubens
postuliert. Wenn es keinen Gott gäbe, so müßte man ihn offenbar erfinden, um
der verbreiteten Weltangst entgegenzuwirken, „damit das kluge und nützlicher-
weise zu Tuende getan werden kann".[25] Auch wenn diese Lektüre seiner Argu-

---

[21] T. Rendtorff, a. a. O. (Anm. 6), S. 247.

[22] *Chr. Morgenstern*, Palmström. Gedichte, München 1985, S. 10.

[23] *D. Bonhoeffer*, Widerstand und Ergebung. Briefe und Aufzeichnungen aus der Haft, hg. v. E.
Bethge, Neuausgabe München [3]1980, S. 394.

[24] T. Rendtorff, a. a. O. (Anm. 6), S. 247.

[25] T. Rendtorff, a. a. O. (Anm. 6), S. 249.

mentation wohl kaum der theologischen Intention Rendtorffs entspricht, so ist doch bei ihm schlußendlich der Gedanke des als Handlungssubjekt zu denkenden Schöpfergottes, der trotz der Subjektivität des Menschen konkurrenzlos bleibt, ein bloßes Postulat der Ethik.

4. Ästhetisierung versus Ethisierung

Rendtorffs Konzept einer ethischen Theologie bietet somit im Grundsätzlichen keine wirkliche Alternative zu der von ihm kritisierten Ethisierung des Topos von der Bewahrung der Schöpfung. Diese verkehrt allerdings die Ethik in unbiblischer Weise zur Soteriologie. Schöpfungs- oder Umweltethik wird zur Heilslehre, die Evolution des Kosmos zur dramatischen Heilsgeschichte. An die Stelle der neutestamentlichen Hoffnung auf einen neuen Himmel und eine neue Erde tritt die chiliastische Hoffnung eines Schöpfungsfriedens, welche lediglich den Wunsch nach dem Fortbestehen der irdischen Biosphäre und einer Verbesserung der Lebensqualität theologisch überhöht. Ursprünglich voneinander unterschiedene theologische und anthropologische Motive geraten mit solchen der Soteriologie und der Eschatologie in eine Gemengelage, welche Gott als Subjekt der Bewahrung der Schöpfung ganz in den Hintergrund treten läßt. In manchen Ansätzen einer zeitgenössischen Schöpfungslehre und Schöpfungsethik verkehrt sich das Verhältnis von Subjekt und Objekt derart, daß nicht länger Gott, sondern der Mensch als derjenige in Erscheinung tritt, welcher allein die Zukunft der Schöpfung und mit ihr diejenige ihres Schöpfers in der Hand hat. Wo mit dem Fortbestand der Welt nicht nur die Existenz der Menschheit, sondern auch diejenige Gottes auf dem Spiel steht, gewinnt der Umweltschutz eine soteriologische Qualität. Die göttliche Verheißung am Schluß der Sintfluterzählung in Gen 8,22 verkehrt sich in einen Imperativ, der als Näherbestimmung des menschlichen Schöpfungsauftrags in Gen 2,15 gelesen wird. Es ist nun der Mensch, welcher den Bestand der gefährdeten Schöpfung garantieren und zugleich den vom Untergang bedrohten Schöpfergott retten soll.

H. Timm lastet diese Metamorphose der traditionellen Lehre von der conservatio mundi einer um Zeitgemäßheit bemühten Theologie an, welche den Akosmismus einer anthropozentrisch verengten Wort-Gottes-Theologie mit Hilfe einer apokalyptischen Geschichtsmetaphysik überwinden will und dabei heutigen Endzeitstimmungen und einem verbreiteten Unbehagen an der technologischen Kultur erlegen ist.[26] Wie Rendtorff ist es auch Timm um eine Entdramatisierung des Umweltschutzes und Technikumgangs zu tun. Zu diesem

[26] H. Timm, a. a. O. (Anm. 11), S. 345ff.

Zweck möchte nun Timm, wie schon im vorigen Kapitel erwähnt wurde, die Weisheitstraditionen des Alten und Neuen Testaments reaktivieren, um die heute allgemein für überfällig gehaltene Erneuerung der Schöpfungsfrömmigkeit vor apokalyptischer und aktionistischer Überhitzung zu schützen.[27] Er plädiert für eine weisheitliche Theologie, welche „den geschöpflichen Lebenskosmos als eine seinsautonome Geltungssphäre ausweist, die Gültiges, ja Endgültiges [sic!] bezeugt, ohne daß von Sünde, Heil, Rettung, Befreiung, Verbesserung, Erlösung, Vollendung usw. die Rede sein könnte".[28]

Während Timm die Ethisierung und apokalyptische Umformulierung der christlichen Schöpfungslehre einem Zuviel an Sünden- und Gnadenpredigt anlastet, möchte ich die gegenteilige These vertreten, daß beides die Folge eines Zuwenig an wirklich begriffener Rechtfertigungslehre ist. Nicht durch das partielle Ausblenden oder Einklammern, sondern gerade umgekehrt durch eine intensivere Auseinandersetzung mit der paulinisch-reformatorischen Rechtfertigungslehre scheint mir der Gedanke der conservatio mundi als ein theologischer wiederzugewinnen sein. Denn die von Timm über weite Strecken mit Recht kritisierte Ökoapokalyptik resultiert im Grunde aus derselben neuzeitlichen Verständnislosigkeit gegenüber der Rechtfertigungslehre, welche zur Ethisierung der Theologie insgesamt geführt hat.

Auf Unverständnis stößt die paulinisch-reformatorische Rechtfertigungslehre deshalb, weil sie dem neuzeitlichen Autonomiegedanken zu widerstreiten scheint. Nicht erst in der Aufklärungszeit, sondern schon im Streit zwischen Luther und Erasmus über die Willensfreiheit ist der Dissens zutage getreten. Das autonome menschliche Subjekt steht zum göttlichen Subjekt der herkömmlichen Rechtfertigungslehre wie auch der Schöpfungslehre in einem aporetischen Konkurrenzverhältnis, das offenbar nur durch die Bestreitung der menschlichen Autonomie oder aber der Existenz eines subjekthaften Gottes aufgelöst werden kann.

Kant, der die herkömmliche Metaphysik einschließlich ihrer Gottesbeweise der erkenntnistheoretischen Kritik unterzieht, sucht den Gottesgedanken aus dem Phänomen der Sittlichkeit herzuleiten und ersetzt die vormalige Kosmologie durch

---

[27] H. Timm, a. a. O. (Anm. 11), S. 361ff.

[28] A. a. O. (Anm. 11), S. 364. Timm beruft sich vor allem auf *G. v. Rad*, Weisheit in Israel, Neukirchen-Vluyn 1970. Dieses Buch hat zwar das eigene Recht von Schöpfungsaussagen neben der Rede vom geschichtlichen Rettungshandeln Gottes betont, gleichwohl aber die Begrenzung der Vernunfterkenntnis in der weisheitlichen Theologie des Alten Testaments herausgestellt. Daß die Welt als Schöpfung ein Geheimnis in sich trägt, öffnet doch, wie in Kapitel I gesehen, die weisheitliche Fragestellung angesichts ihrer nachexilischen Krise für die offenbarungstheologische und christologische Fragestellung.

eine ethische Theologie, welche die traditionellen Schöpfungsaussagen anthropologisch funktionalisiert. Bezeichnenderweise übt Kant nicht nur an der überlieferten Gotteslehre, sondern auch an der Rechtfertigungslehre Kritik, weil sie der autonom zu denkenden sittlichen Vernunft widerstreite. Der reformatorischen Rechtfertigungslehre entnimmt Kant lediglich den paulinischen Gedanken des Christus in nobis, um ihn als Urbild eines Gott wohlgefälligen Menschen zu interpretieren und so ins Ethische zu wenden.[29] Den neutestamentlichen Gerichtsgedanken, welcher bei Paulus wie bei den Reformatoren den Horizont der Rechtfertigungslehre bildet, läßt Kant nur noch als symbolische Vorstellung gelten, dem eine pädagogische und somit die vernunftgemäße Ethik stützende Funktion zukommt.

Die Transformation dogmatischer Gehalte in eine Ethikotheologie hat in der Theologiegeschichte des 19. und 20. Jahrhunderts in unterschiedlichen Ausprägungen ihre Fortsetzung gefunden. Steht das Wort „Gott" für eine bestimmte Weise der Mitmenschlichkeit, wie es in der existentialen Interpretation der neutestamentlichen Rede von Gott bei H. Braun der Fall ist,[30] so ist es nur folgerichtig, wenn Orthopraxie an die Stelle von Orthodoxie tritt.[31]

Die Ethisierung der Theologie zeigt sich parallel in dem modernen Gedanken der Ohnmacht Gottes, welcher variantenreich als Lösung der neuzeitlichen Theodizeefrage vorgetragen wird. Der allmächtige Gott der christlichen Tradition mutiert zum „kummervollen Gott" (M. de Unamuno), „der sein Gewissen reinigen möchte von der Schuld, dem Vorwurf, den Menschen erschaffen zu haben und mit ihm das Böse und das Leid".[32] Hier findet ein fröhlicher Wechsel (Luther) eigener Art statt. Es ist nicht länger der sündige Mensch, sondern der büßende Gott, welcher um Absolution bittet und der Rechtfertigung bedarf. Der ohnmächtige Gott vermag sich nicht selbst zu rechtfertigen; dies können bestenfalls jene, welche noch bereit sind, sich seiner zu erbarmen, eben die, welche, wie es in einem häufig zitierten Gedicht D. Bonhoeffers heißt, bei Gott in seinem

---

[29] Vgl. *I. Kant*, Die Religion innerhalb der Grenzen der bloßen Vernunft, in: *ders.*, Werke, Bd. IV, hg. v. W. Weischedel, Darmstadt 1983, S. 712ff.

[30] *H. Braun*, Die Problematik einer Theologie des Neuen Testaments, in: *ders.*, Gesammelte Studien zum NT und seiner Umwelt, Tübingen ²1967, S. 325-341, hier S. 341.

[31] Zum Begriff der Orthopraxie siehe z.B. *J.M. Lochmann* zu den notae ecclesiae in: *H. Ott/F. Buri/ J.M. Lochmann*, Dogmatisches Gespräch über die Kirche, ThZ 28, 1972, S. 43-74, hier S. 65: „Die wahre Kirche geschieht nicht nur in der Orthodoxie ihrer Lehre, sondern in der Orthopraxie ihrer Nachfolge."

[32] Zitiert nach *R. Schneider*, Unamunos Briefwechsel. Nachwort, Nürnberg 1955, S. 332f. Siehe auch *M. de Unamuno*, Das tragische Lebensgefühl, dt. 1925; im Anschluß daran *J. Moltmann*, Trinität und Reich Gottes. Zur Gotteslehre, München ²1986, S. 51ff.

Leiden stehen.[33] Die ethische Theologie vollendet sich, wo der vom neuzeitlichen Nihilismus totgesagte Gott durch den Menschen vor der Verdammnis gerettet, besser gesagt, nach seinem Tod in der Moderne durch das Tun des Gerechten zu neuem Leben erweckt werden soll.

Ethische Theologie mißt dem Handeln des Menschen, auch seinem Umgang mit der Natur eine soteriologische Qualität bei. Nicht nur die „Hoffnung der Schöpfung",[34] sondern auch diejenige ihres Schöpfers richtet sich ganz auf den Menschen. Wenn der umweltbewußte Mensch zur „Auferstehungshoffnung" der Schöpfung hochstilisiert wird,[35] so ist er gleichzeitig die Auferstehungshoffnung Gottes, den das große Weltgericht der Weltgeschichte im Theodizeeprozeß zum Tode verurteilt hat. Dieser Gedanke ist keineswegs neu. Schon Fr. Hebbel notierte in seinen Tagebüchern: „In der Welt ist ein Gott begraben, der auferstehen will und allenthalben durchzubrechen sucht, in der Liebe, in jeder edlen Tat".[36] Man bedenke, was dies besagt: Nicht nur die Bewahrung der Schöpfung, sondern auch ihre creatio nova ex nihilo ist dem Menschen aufgebürdet.

Indem sich die Verantwortung des Menschen ins Universale ausdehnt, damit freilich auch immer unbestimmter wird, partizipiert eine ethisch gewordene Theologie an jenem neuzeitlichen Phänomen, welches O. Bayer treffend als die „Tribunalisierung der menschlichen Lebenswirklichkeit" bezeichnet hat.[37] Mit der neuzeitlichen Abschaffung des Jüngsten Gerichts ist der Mensch nicht aus der metaphysischen Verfolgung durch die Justiz entlassen worden. Der Zwang, das eigene Dasein zu rechtfertigen, hat sich im Gegenteil verschärft. Nun eben ist die Weltgeschichte das Weltgericht, vor dessen Forum ein jeder Ankläger, Richter und Angeklagter zugleich ist.[38]

Wie sich die Transformation der Lehre von der conservatio mundi in den Prozeß der Ethisierung neuzeitlicher Theologie einfügt, läßt sich am Beispiel von G.D. Kaufmans prozeßtheologischen Überlegungen zur einer „Theologie für das Nuklearzeitalter" beispielhaft studieren.[39] Kaufman äußert die Überzeugung, „daß das, was wir tun, katastrophale Folgen für das göttliche Leben selbst haben kann.

---

[33] Vgl. D. Bonhoeffer, a. a. O. (Anm. 23), S. 382.

[34] Vgl. *W. Bindemann*, Die Hoffnung der Schöpfung. Röm 8,18-27 und die Frage einer Theologie der Befreiung von Mensch und Natur, Neukirchen-Vluyn 1983.

[35] W. Bindemann, a. a. O. (Anm. 34), S. 163.

[36] *Fr. Hebbel*, Tagebücher (1840).

[37] *O. Bayer*, Aus Glauben leben. Über Rechtfertigung und Heiligung, Stuttgart 1984, S. 9ff.

[38] Vgl. *Fr. Schiller*, Resignation. Gedicht, in: *ders.*, Werke, hg. v. H.G. Göpfert, Bd. I, Darmstadt ⁵1984, S. 35-38, hier S. 38.

[39] *G.D. Kaufman*, Theologie für das Nuklearzeitalter (ÖEH 2), München 1987.

Gott zu verehren, bedeutet demnach heute, daß wir ganz und gar rechenschafts-pflichtig sind für die Fortdauer des Lebens auf der Erde".[40] Einerseits appelliert Kaufman im Namen des bedrohten Gottes an den gnädigen Menschen. Anderer-seits steht der Mensch unter Anklage, seinen Umgang mit der Natur zu rechtfer-tigen und wird für das weitere Schicksal Gottes unerbittlich zur Verantwortung gezogen. Unklar ist freilich von wem, da unter prozeßtheologischen Prämissen die Unterscheidung von Schöpfer und Geschöpf, aber auch von Schöpfung und Natur hinfällig wird. Übrig bleibt der moralische Appell, dessen Ursprung und Begründung nicht erklärt werden.

Ihm gegenüber erklärt die traditionelle Lehre von der conservatio mundi, daß der Bestand der Schöpfung dem Menschen als Handlungssubjekt prinzipiell ent-zogen ist. Läßt sich diese Gewißheit aber heute noch so begründen, daß sie mehr ist als ein bloßes theoretisches Postulat und ein der neuzeitlichen Erfahrung wi-dersprechendes sacrificium intellectus bzw. als Beschwörung einer supranaturali-stischen Überlebensgarantie? An welchen Erfahrungen findet der Glaube an die conservatio mundi durch Gott unter heutigen Bedingungen einen Anhalt?

5. Schöpfung und Rechtfertigung

Eine an den biblischen Weisheitstraditionen orientierte Theologie verweist auf den theologisch lange Zeit vernachlässigten Bereich der Ästhetik und sieht in der Ästhetisierung der Schöpfungslehre eine Alternative zu ihrer Ethisierung. So wünschenswert die Ausbildung einer theologischen Ästhetik ist,[41] so problema-tisch wäre ihre Abkopplung von der Rechtfertigungslehre, weil diese in sich die Gefahr birgt, daß der Schöpfungsglaube zu einer diffusen Naturreligiosität verkommt.[42] Fragwürdig ist eine ästhetische Schöpfungslehre außerdem, wenn sie eine religiöse Unmittelbarkeit suggeriert, die nicht mehr gegeben ist. Die aus der unmittelbaren Anschauung abgeleitete Annahme einer in der Natur walten-den Teleologie sieht sich dem naturwissenschaftlichen und erkenntnistheoreti-schen Vorwurf der subjektivistischen Selbsttäuschung ausgesetzt.

Die reformatorische Skepsis gegenüber der Möglichkeit einer theologia naturalis, welche zu einer qualifizierten Gotteserkenntnis führen könnte, findet

---

[40] A. a. O. (Anm. 39), S. 73.

[41] Zur Wiederentdeckung der Ästhetik in der Theologie siehe u.a. *H. Timm*, Das ästhetische Jahr-zehnt. Zur Postmodernisierung der Religion, Gütersloh 1990; *O. Bayer*, Schöpfung als Anrede, Tübingen ²1990; *M. Schlitt*, Umweltethik, Paderborn 1992, S. 234ff; *W. Schoberth*, Geschöpflichkeit in der Dialektik der Aufklärung, Neukirchen-Vluyn 1994

[42] Zu Ansätzen einer synkretistischen Schöpfungsfrömmigkeit siehe z.B. *H. Schleip* (Hg.), Zurück zur Natur-Religion?. Wege zur Ehrfurcht vor allem Leben, Freiburg i.B. 1986.

sich durch die Entwicklung der modernen Naturwissenschaften bestärkt. Luther und Calvin verstanden die Natur zwar als Anrede Gottes an den Menschen,[43] betonten aber, daß diese Anrede vom sündigen Menschen nicht vernommen oder doch mißverstanden werde. Nach Calvin, beispielsweise, wird der Schöpfer keineswegs nur durch Christus und das ihn bezeugende Evangelium erkannt, sondern auf zweifache Weise, nämlich sowohl durch das Zeugnis der Heiligen Schrift als auch durch die der Christusoffenbarung vorgängige Schöpfung. Zwischen Gottes Selbstbekundung in seiner Schöpfung und derjenigen Gottes in seinem Wort besteht nach Calvin freilich ein erheblicher Unterschied. Denn die als Schöpfung gedeutete Natur gibt bestenfalls eine Kunde (notitia) von Gott, führt aber nicht zur vollen und schon gar nicht zur heilschaffenden Erkenntnis (cognitio) Gottes. Schon daß die Natur als Schöpfung erfaßt wird, setzt einen Begriff von Gott als Schöpfer voraus, zu dem der Mensch nach Calvin gelangen *könnte*, wenn Adam nicht gesündigt hätte. Der Irrealis zeigt aber an, daß der faktisch sündige Mensch de facto Gott nicht in rechter Weise als Schöpfer erkennen kann. Damit ist zugleich gesagt, daß auch die Schöpfung dem sündigen Menschen in ihrem wahren Wesen nicht durchsichtig ist. Eben deshalb bedarf der Mensch nach Calvin der Heiligen Schrift als hermeneutischem Schlüssel. Erst dieser Schlüssel erschließt die Natur als Schöpfung und damit die Erkenntnis ihres Urhebers.[44] „Denn so wie alte Leute, schwachsinnige und Augenkranke, wenn man ihnen auch den schönsten Band vor die Augen hält, zwar merken, daß da etwas steht, aber kaum zwei Worte zusammensetzen können, dann aber mit Hilfe einer Brille deutlich zu lesen anfangen – so bringt die Schrift unser sonst so verworrenes Wissen um Gott in die richige Ordnung, zerstreut das Dunkel und zeigt uns so deutlich den wahren Gott".[45] Erst durch die Brille der Bibel wird also die Natur als Schöpfung erkennbar, die auf ihren Schöpfer verweist.

Eine Hermeneutik des Verdachts wirft heute allerdings die Frage auf, ob nicht die Bibel überhaupt die falsche Brille ist, um im Buch der Natur zu lesen, mehr noch, ob es sich bei der Natur überhaupt um ein Buch handelt, das unabhängig vom Menschen existiert, der sie als ein solches deutet und darin zu lesen versucht. Die modernen Naturwissenschaften haben sich jedenfalls vom Urhebermodell und damit von demjenigen des Autors bei ihrer Naturbeschreibung gänzlich gelöst. An die Stelle des subjektivischen ist ein funktionales Paradigma getreten.[46]

---

[43] Zur Schöpfungslehre Luthers siehe vor allem O. Bayer, a. a. O. (Anm. 41), S. 33ff. 45ff.

[44] Vgl. zum Ganzen *J. Calvin*, Institutio (1559), I, 3-5. 6-9.

[45] Inst. I, 6,1.

[46] Vgl. dazu *G. Dux*, Die Logik der Weltbilder. Sinnstrukturen im Wandel der Geschichte (stw 370), Frankfurt a.M. 1982, bes. 275ff.

Damit ist nicht behauptet, daß die Sinnfrage in den Naturwissenschaften gänzlich verabschiedet wäre. Aber der teleonomische Sinn, den evolutionäre Theorien autopoieitischer Systeme aufzuweisen versuchen, darf nicht mit einem teleologischen Sinn verwechselt werden und impliziert keineswegs ein integrales Telos für den sich fortentwickelnden und ausdifferenzierenden Kosmos.[47] Daß heute noch vom Modell des Autors abgeleitete Metaphern verwendet werden, etwa diejenigen des Codes, der Buchstaben, Wörter und Sätze in der Genetik, darf über den grundlegenden Paradigmenwechsel nicht hinwegtäuschen. Erkenntnistheoretisch wird vielmehr gefragt, ob die Lesbarkeit der Welt[48] nichts anderes als die Fiktion unserer menschlichen Lesefähigkeit und Lesewut ist.[49] Andererseits hat die Entwicklung der modernen Naturwissenschaften zu der Erkenntnis geführt, daß die von ihnen beobachtete Natur keineswegs ein unmittelbar vorfindliches, sondern ein artifizielles Objekt ist. Die wissenschaftlich untersuchte Natur ist nicht etwas unabhängig vom Wissenschaftler vorhandenes, sondern ein technisch hergestelltes Objekt. Nicht nur die Versuchsanordnung im Labor, sondern auch das zu untersuchende Objekt ist ein Produkt der angewandten Technik. „Das heißt ganz allgemein, die Welt, die wir erleben, ist so und muß so sein, wie sie ist, weil wir sie so gemacht haben".[50]

Erkenntnis und Verwertung der Natur sind in der Neuzeit zwei Seiten derselben Medaille. Die Technik, welche die Natur verwertet, ist nicht erst der Anwendungsfall der modernen Naturwissenschaften, sondern deren Voraussetzung. Diesen Sachverhalt herausgearbeitet zu haben, ist das Verdienst der Philosophie Heideggers.[51] In der technologischen Zivilisation hat aber auch die Rede von der

---

[47] Vgl. G. Dux, a. a. O. (Anm. 46), S. 303. Zur Diskussionslage innerhalb der Biologie siehe *M. Weingarten*, Organismen - Objekte oder Subjekte der Evolution? Philosophische Studien zum Paradigmenwechsel in der Evolutionsbiologie, Darmstadt 1993, S. 246ff. Eine teleolo-gische „Hermeneutik der Natur" versuchen demgegenüber R. Spaemann und R. Löw neu zu begründen. Siehe u.a. *R. Spaemann/R. Löw*, Die Frage Wozu?, München 1981. Ein teleolo-gisches Natur-verständnis vertreten auch *H. Jonas*, Das Prinzip Verantwortung. Versuch einer Ethik für die technologische Zivilisation, Frankfurt a.M. 1984; *V. Hösle*, Philosophie der ökologischen Krise. Moskauer Vorträge, München 1991, bes. S. 69ff.

[48] Vgl. *H. Blumenberg*, Die Lesbarkeit der Welt, Frankfurt a.M. 1981. Zur Metaphorik des Codes und seiner Leser in der Genetik siehe dort S. 372ff. Zur Metapher vom Buch der Natur vgl. auch *H.K. Kohlenberg*, Art. Buch der Schöpfung, HWP 1, Darmstadt 1971, S. 959f.

[49] Vgl. *U. Eco*, Das Foucaultsche Pendel, München 1989.

[50] *E. v. Glaserfeld*, Einführung in den radikalen Konstruktivismus, in: *P. Watzlawick* (Hg.), Die erfundene Wirklichkeit, München 1984, S. 16-38, hier S. 29.

[51] Siehe vor allem *M. Heidegger*, Die Zeit des Weltbildes, in: *ders.*, Holzwege (GA I/5), Frankfurt a.M. 1977, S. 75-113; *ders.*, Die Frage nach der Technik, in: *ders.*, Vorträge und Aufsätze, Pfullingen 1954, S. 13-44. Zur Interpretation der Technikdeutung Heideggers siehe *M. Trowitzsch*, Technokratie und Geist der Zeit, Tübingen 1988, S. 83-195.

Bewahrung der Schöpfung keine unmittelbare Evidenz mehr. Die funktionalistische Beschreibung der Natur und ihre technisch-industrielle Funktionalisierung bedingen sich gegenseitig, weshalb es kein Zufall ist, wenn sich neuere Theorien der Evolution am Modell der Maschine orientieren, um das Prinzip der Selbstorganisation zu erklären, welches auf die Hypothese eines Schöpfers völlig verzichtet.[52] Nicht die Bewahrung der Schöpfung durch ihren Schöpfer, sondern ihre Bedrohung durch den technisch-industriellen Komplex entspricht der heutigen Erfahrungswelt. Der bloße Tatbestand ihrer Bedrohung aber stellt den göttlichen Ursprung der Schöpfung und also das Phänomen Schöpfung als solches in Abrede.

Neuzeitliche Interpretationen der paulinisch-reformatorischen Rechtfertigungslehre sehen sich dem Vorwurf ausgesetzt, zum Weltverlust christlicher Theologie geführt zu haben. Daß es in der jüngeren Theologiegeschichte akosmistische Tendenzen gegeben hat, soll keineswegs in Abrede gestellt werden. Heutzutage stehen wir aber vor der bedrohlichen Lage, daß nicht der christliche Glaube, sondern die Herrschaft der neuzeitlichen Technik zum Weltverlust und gleichzeitig zum Selbstverlust führt. Nicht der heute so viel gescholtene Anthropozentrismus, sondern gerade dessen Verlust ist eine der wesentlichen Ursachen der Naturzerstörung. Soll ihr entgegengewirkt werden, kommt es entscheidend darauf an, ein anthropozentrisches Naturverständnis zurückzugewinnen.

In den Naturwissenschaften spricht man vom anthropischen Prinzip, welches sich in dem Satz zusammenfassen läßt: „Wir sehen das Universum, wie es ist, weil wir existieren"[53]. Dieses anthropische Prinzip ist nicht nur erkenntnistheoretisch, sondern auch ethisch unhintergehbar. Ein den Menschen als ethisches Subjekt transzendierender Naturbegriff oder Physiozentrismus erleichtert nicht, sondern erschwert es, zu gesicherten Erkenntnissen über eine ökologische Ethik zu gelangen.[54] Ethisch gewendet besagt das anthropische Prinzip, daß es heute darum geht, ein „Ethos ökologisch orientierter Humanität" zu entwickeln.[55]

Das Problem der Schöpfungslehre erweist sich somit erkenntnistheoretisch wie ethisch als Problem der Anthropologie. Es ist aber nun gerade die Rechtfertigungslehre, welche eindringlich die Frage nach der konkreten Verfaßtheit des die Schöpfung erkennenden wie in ihr lebenden und handelnden menschli-

---

[52] Vgl. M. Weingarten, a. a. O. (Anm. 47), S. 283ff.

[53] Vgl. S. *Hawking*, Eine kurze Geschichte der Zeit. Die Suche nach der Urkraft des Universums, Reinbek 1991, S. 157-161.

[54] Vgl. H. *Ruh*, Argument Ethik, Zürich 1991, S. 22.

[55] Vgl. B. *Irrgang*, Christliche Umweltethik. Eine Einführung (UTB 1671), München 1992, S. 35ff. 50ff; M. Schlitt, a. a. O. (Anm. 41), S. 123ff.

chen Subjektes aufwirft. Im Vollzug des Glaubens an den den sündigen Menschen rechtfertigenden Gott, d.h. aber soteriologisch und christologisch vermittelt, wird die Wirklichkeit der Schöpfung und ihrer Bewahrung als ein streng
theo-logischer, nicht etwa ethischer Sachverhalt in neuer und letztgültiger Weise
zugänglich. Das bewahrende Handeln Gottes an seiner Schöpfung ist nicht exklusiv, wohl aber primär als Erfahrung des Glaubens, d.h. aber als eine Weise der
Selbsterkenntnis zu beschreiben. Die christologisch vermittelte conservatio mundi,
„seltsam zu sagen, beginnt mit mir. Die Bewahrung der Schöpfung, wie Jesus
Christus sie vollzieht, bewahrt mich als Geschöpf, vermittelt mich an mein
geschöpfliches Dasein und läßt mich so wahrhaft Mensch sein, unbefangen und
entkrampft"[56]. Zur Vermittlung des Rechtfertigungsglaubens an das geschöpfliche
Dasein gehört das Verwiesenwerden an die Mitgeschöpfe.

In seiner Auslegung des ersten Credoartikels formuliert Luther die schöpfungstheologischen Konsequenzen des Rechtfertigungsglaubens folgendermaßen: „Ich
glaube, daß *mich* Gott geschaffen hat *samt allen Kreaturen*, mir Leib und Seele,
Augen, Ohren und alle Glieder, Vernunft und alle Sinne gegeben hat *und noch
erhält*." Gott ist es, der den so in der ersten Person singular Sprechenden „reich-
lich und täglich versorgt, wider alle Fährlichkeit beschirmt und vor allem Übel
behütet und bewahrt, und das alles aus lauter väterlicher, göttlicher Güte und
Barmherzigkeit *ohn all mein Verdienst und Würdigkeit*".[57] Die Bewahrung der
Schöpfung als exklusives Handeln Gottes wird von Luther also als Implikat des
Rechtfertigungsglaubens bekannt. Von dieser Erfahrung, die zunächst nicht als
Theorem, sondern als Bekenntnis formuliert werden muß, erschließt sich die
Mitwelt als Schöpfung Gottes, deren Erhaltung nicht das Werk des Menschen,
sondern Gottes ist.

Wie aber ist dieses Handeln Gottes zu denken? Semantisch betrachtet, ist die
Rede vom Handeln Gottes metaphorisch. Genauer gesagt handelt es sich um eine
absolute Metapher, die begrifflich umschrieben, jedoch nicht in einen
unmetaphorischen Begriff aufgelöst werden kann.[58] Allgemein läßt sich sagen,
daß die Rede vom Handeln Gottes, oder was dasselbe ist, vom handelnden Gott
eine metaphorische Beschreibung des Vonwoher der uns Menschen eigentümlichen Daseinsstruktur ist. Diese Daseinsstruktur, welche im vierten Kapitel genauer untersucht werden soll, ist aber nicht eine naturhaft vorfindliche und durch
die Rede von Gott nachträglich gedeutete, sondern eine solche, die sich allererst

---

[56] M. Trowitzsch, a. a. O. (Anm. 20), S. 23.

[57] *M. Luther*, Der Kleine Katechismus, BSLK, S. 510 (Hervorhebungen von mir).

[58] Zum hier vorliegenden Verständnis des Begriffs der absoluten Metapher siehe *H. Braun/
G. Figal/U. Körtner*, Meinen religiöse Sätze, was sie sagen?, WuD 19, 1987, S. 221-235.

im Vollzug des Glaubens konstituiert. In I Kor 8,6 formuliert Paulus den Gedanken, daß alle Dinge der geschöpflichen Welt durch Christus gemacht seien. In ähnlicher Weise sprechen auch Joh 1,3; Hebr 1,2; Kol 1,16 und Apk 3,14 von einer Schöpfungsmittlerschaft Christi. Das besagt aber nichts anderes, als daß ein zur Wahrheit seiner selbst gelangendes Bewußtsein der eigenen Geschöpflichkeit christologisch vermittelt ist. Wir können demnach sagen, daß die Rede vom Handeln Gottes im Zusamenhang der Rechtfertigungslehre das Geschick Jesu als gleichermaßen rechtfertigendes wie schöpferisches und bewahrendes Handeln Gottes deutet. Sowohl das Handeln Gottes und damit das Vonwoher gläubiger Existenz wie auch diese selbst als Vollzug des Daseins sind also christologisch vermittelt. Gottes Handeln, welches die Existenz der Glaubenden konstituiert, ist kein anderes als sein kerygmatisch vermitteltes Handeln an und durch Jesus von Nazareth.

Christologisch ist die Rede vom Handeln Gottes eine in zweifacher Richtung auszulegende Metapher. Denn die neutestamentliche Überlieferung spricht von einem Handeln Gottes sowohl durch als auch an Jesus von Nazareth. Die absolute Metapher vom Handeln Gottes in und durch Jesus von Nazareth deutet dessen Geschick als Aussage über unsere Existenz, die durch den ständigen Versuch gekennzeichnet ist, unser Dasein widersinnigerweise durch unser eigenes Handeln zu konstituieren und so tätig zu bestreiten, daß unser Dasein in Wahrheit unserem Handeln entzogen ist, diesem vielmehr immer schon vorausliegt. Jesu Kreuzestod ist Ausdruck nicht nur unserer menschlichen Grundpassivität, welche sich in unserer Geburtlichkeit und Sterblichkeit und fundamentalen Lebensvollzügen wie dem Rhythmus von Wachsein und Schlafen, Stoffwechsel und Affekten zeigt, sondern ist Passion: völliges Scheitern des eigenen Handelns. Insofern besagt das Geschick Jesu, daß jeder Versuch, sich durch das eigene Handeln zu konstituieren, widersinnig und zum Scheitern verurteilt ist.

Die metaphorische Rede, nach welcher Gott an Jesus von Nazareth gehandelt hat, spricht von dessen Auferweckung von den Toten. Als Anrede an die Glaubenden besagt die Verkündigung der Auferstehung Jesu, daß unsere Existenz trotz unserer tätigen Bestreitung ihrer Daseinsbedingungen uns nicht entzogen wird. Was christlicherseits unter Offenbarung verstanden wird, ist demnach das In-Erscheinung-Treten unseres Vonwoher als das von uns immer schon geleugnete und in seiner Unaufhebbarkeit aktiv Bestrittene und dennoch als das trotz dieser Bestreitung unser Vonwoher Bleibende. Gedeutet als Handeln Gottes wird im Geschick Jesu unsere eigene Existenz sich selbst durchsichtig. Das kerygmatisch vermittelte Geschick Jesu macht unsere Existenz durchsichtig als eine gegen unseren widersinnigen Widerstand getragene; derart, daß wir erkennen und anerkennen, daß Heil oder Gnade, erfüllte Existenz für uns ausschließlich in der Beja-

49

hung unseres Vonwoher und damit der dergestalt durchsichtig gewordenen Verfaßtheit unserer Existenz besteht. Im gläubigen Vollzug der solchermaßen zur Wahrheit gelangten Existenz aber geschieht an den Glaubenden die Bewahrung der Schöpfung.

6. Rechtfertigungslehre und Umweltethik

Die Konsequenzen der Rechtfertigungslehre für eine Umweltethik können hier nur noch kurz umrissen werden. Wie wir gesehen haben, erschließt sich der Gedanke der göttlichen Bewahrung der Schöpfung über die Erfahrung des Rechtfertigungsglaubens gleichermaßen anthropozentrisch wie theo-logisch. Sowenig nach unserer Interpretation die Anthropozentrik der Rechtfertigungslehre zum Akosmismus führen muß, sowenig legitimiert das theo-logische Verständnis der Bewahrung der Schöpfung einen umweltethischen Quietismus. Vielmehr ist gerade von der Rechtfertigungslehre aus, welche die Grundsituation des Menschen als eine forensische beschreibt, der Ansatz einer die außermenschliche Mitwelt einschließenden Verantwortungsethik zu begründen.

Eine grundlegende Einsicht des Rechtfertigungsglaubens für das Verhältnis des Menschen zur Natur ist diejenige der Begrenzung, und zwar in mehrfacher Hinsicht. Der Glaubende sieht sich an den Schöpfungsauftrag des Menschen in Gen 2,15 zurückverwiesen, der aber durch die Rechtfertigungslehre von allen soteriologischen Ansprüchen befreit wird. Weder die Rettung noch die technokratische Vervollkommnung der Welt sind die Sache des Menschen. Die Rechtfertigungslehre steht daher sowohl ökologischen Unheilsprophetien wie politischen und technologischen Utopien kritisch gegenüber.[59]

Die Einsicht in die Begrenzung unseres Handelns bezieht sich ferner auf das Maß menschlicher Verantwortung für die Zukunft der Erde und der Menschheit. Die heute immer wieder behauptete globale Verantwortung der gesamten Menschheit für die Zukunft unseres Planeten ist merkwürdig unbestimmt und subjektlos und läßt sich daher nur schwer in zielgerichtetes Handeln überführen. Die Rechtfertigungslehre führt zu einem Verständnis von konkreter, das heißt gleichermaßen subjektiver wie begrenzter Verantwortung. Nur eine solche kann überhaupt wahrgenommen und übernommen werden. Das sich seiner Verantwortung bewußte Subjekt muß sich in seinem konkreten Lebensbereich für das Ganze, aber nicht für alles verantwortlich fühlen.

[59] Vgl. *H. Ringeling*, Leben im Anspruch der Schöpfung. Beiträge zur Fundamental- und Lebensethik, Freiburg/Schweiz und Freiburg i.B. 1988, S. 37.

Die Einsicht der Begrenzung betrifft schließlich auch die Endlichkeit unserer selbst wie unserer Lebenswelt. Eine rechtfertigungstheologisch begründete Umweltethik deutet den menschlichen Umgang mit der Natur im Spannungsbogen von Gen 2,15 und I Kor 7,31. Der Rechtfertigungsglaube erschließt die Wirklichkeit als Schöpfung Gottes, die einerseits von Gott bewahrt wird, andererseits aber im Begriff ist zu vergehen. Der in Gen 8,22 implizierte Gedanke, daß der Fortbestand der Welt ein zeitlich befristeter ist, drängt sich im Neuen Testament ganz in den Vordergrund. Wenn Paulus in Röm 8,18-24 eine eschatologische Hoffnung auch für die außermenschliche Schöpfung formuliert,[60] so richtet sich diese gerade nicht auf ihren Fortbestand, sondern auf ihre Teilhabe an der den Glaubenden zugesagten Neuschöpfung (καινὴ κτίσις),[61] die im Glauben anbricht. Der bloße Fortbestand der Schöpfung ist nach neutestamentlicher Auffassung kein Ziel des göttlichen Heilshandelns. Wie die Bewahrung der vorfindlichen Schöpfung steht darum auch das geschöpfliche Tun und Arbeiten des Menschen im Neuen Testament unter eschatologischem Vorbehalt. Nicht nur Ehe und Fortpflanzung, sondern auch Arbeit und Handel stehen bei Paulus unter dem Vorbehalt des ὡς μή (I Kor 7,25ff). Nicht um die Erde zu bebauen und zu bewahren, sondern um von der ungläubigen Umwelt ökonomisch unabhängig zu sein, werden die Christen von Paulus zur Erwerbsarbeit angehalten.[62] Der unbegrenzte Fortbestand der Menschheit, ihres Lebensraumes und ihrer Kultur sind weder der Gegenstand einer neutestamentlichen Verheißung noch der Handlungszweck des Glaubens. Heilslehren zur Rettung der bedrohten Schöpfung wie technokratische Utopien einer vom Menschen konstruierten Welt und gänzlich manipulierten Natur suggerieren den Traum von der Unsterblichkeit der menschlichen Gattung. Im Kontrast zu dieser Utopie führt der Rechtfertigungsglaube zur Anerkennung unserer Endlichkeit und Sterblichkeit und in der Folge zur Selbstbescheidung unseres Handelns und seiner Ziele. Gerade so lernen wir, was es heißt, die Erde zu bebauen und zu bewahren.

---

[60] Röm 8,18ff spricht von κτίσις, im Unterschied zu I Kor 7,31, wo das Vergehen des κόσμος angekündigt wird. Zur Exegese des in der gegenwärtigen schöpfungstheologischen und umweltethischen Diskussion überstrapazierten Textes Röm 8,18ff siehe z.B. *E. Käsemann*, An die Römer (HNT 8a), Tübingen ³1974, S. 222ff.

[61] II Kor 5,17.

[62] Vgl. I Thess 4,12. Siehe auch I Kor 9,1ff, bes. V. 19.

III. Schöpfung und Autopoiesis
Zur Auseinandersetzung der Theologie mit dem Programm der Kritischen Evolutionstheorie

> Es ist das geistige und kulturelle
> Gesamtklima, das in die Biologie einwirkt
> und die Grundkategorien bestimmt,
> die auch jeder experimentellen Arbeit
> zugrunde liegen. Biologie ist immer
> – auch in den experimentellen Fächern –
> Geisteswissenschaft.
>
> Wolfgang Friedrich Gutmann/Klaus Bonik

1. Theologie und Naturwissenschaften

Neben der im vorigen Kapitel kritisch beleuchteten Diskussion zu Aufgabe und Programm einer sogenannten Schöpfungsethik im Zeichen globaler Bedrohung[1] wendet sich die Theologie in den letzten Jahren wieder verstärkt den Fragen des naturwissenschaftlichen Weltbildes, namentlich der Kosmologie und der Evolutionstheorie zu. Es kommt wohl nicht von ungefähr, daß das naturwissenschaftliche Interesse der Theologie gerade jetzt so groß ist, wo einerseits eine frei flottierende Naturfrömmigkeit ein eigenartiges Gemisch aus populärwissenschaftlicher Kosmologie und diffuser Spiritualität produziert, andererseits auf dem Gebiet seriöser Wissenschaft der von G. Ebeling hypothetisch angenommene „Grenzfall naturwissenschaftlicher Infragestellung des Schöpfungsglaubens" zum Normalfall geworden ist.[2]

Nicht genug damit, daß die gesellschaftlich anerkannte Kompetenz in Fragen des Weltbildes schon längst im Gefolge der Aufklärung von Theologie und Kirche an die Naturwissenschaften verlorenging, fallen die mit den Begriffen „Schöpfung" und „Natur" verbundenen Perspektiven auf die Wirklichkeit derart auseinander, daß sie sich offenbar nicht mehr in einem einheitlichen Weltbild zusammenfügen wollen.

---

[1] Aus der Literaturfülle zum Thema einer Schöpfungsethik siehe u.a. *M. Schlitt*, Umweltethik, Paderborn 1992; *B. Irrgang*, Christliche Umweltethik. Eine Einführung, München 1992; sowie den Literaturbericht von *Chr. Frey*, Theologie und Ethik zur Schöpfung, ZEE 32, 1988, S. 47-62; *ders.*, Neue Gesichtspunkte zur Schöpfungstheologie und Schöpfungsethik?, ZEE 33, 1989, S. 217-231.

[2] Vgl. *G. Ebeling*, Dogmatik des christlichen Glaubens, Bd. I, Tübingen ²1982, S. 303f.

Die unterschiedlichen Weisen, in welchen die nachaufklärerische Theologie auf das Auseinanderfallen der Perspektiven reagiert hat, laufen im wesentlichen auf den Rückzug der Theologie aus der Kosmologie und ihre Beschränkung auf die Deutung menschlicher Existenz und Geschichte hinaus. Schleiermachers strikte Trennung von Metaphyik und bewußtseinsphilosophisch als Gefühl schlechthinniger Abhängigkeit interpretierter Religion hat im Resultat zu einer „Schöpfung ohne Natur" geführt.[3] Das interdisziplinäre Gespräch verlor damit nicht nur für die Naturwissenschaften, sondern auch für die Theologie an Bedeutung.

Wenn heute vor allem von theologischer Seite Bemühungen im Gange sind, das Gespräch mit den Naturwissenschaften neu zu beleben, so hat dies seinen Grund in der Einsicht, daß das mit dem Schöpfungsgedanken Gemeinte „zwar von der Natur unterschieden, aber an der Natur identifiziert werden" muß.[4] Es stellt sich aber die Frage, ob dieser Identifikationsversuch unter den heutigen Verstehensbedingungen gelingen kann. Es darf bezweifelt werden, daß „allenfalls eine tiefgreifende Umformulierung des Schöpfungsglaubens" genügt, um weiterhin intellektuell redlich von Gott dem Schöpfer sprechen zu können.[5] Führt eine kritische Durchsicht heutiger theologischer Versuche „der naturwissenschaftlichen Vernunft die *Welt* als Schöpfung und die *Geschichte* der Welt als Wirken Gottes verständlich zu machen",[6] nicht eher zu der Vermutung, daß sich, wie schon J.G. Fichte überzeugt war, eine Schöpfung in welcher Form auch immer „gar nicht ordentlich denken" läßt?[7]

Ein besonders schwieriger Punkt im Gespräch zwischen Theologie und Naturwissenschaften ist die Theorie der Selbstorganisation des Lebendigen wie des Kosmos, die sich als grundlegendes Paradigma in den unterschiedlichen Disziplinen durchzusetzen scheint. Dieses interdisziplinäre Paradigma verabschiedet endgültig den Gedanken der Teleologie, welcher als metaphysische wie natürlichtheologische Kategorie die Brücke zwischen traditioneller Schöpfungslehre und naturwissenschaftlichem Denken schlug. Der Verlust dieses Verbindungsgliedes ist nicht leicht zu überschätzen. Keineswegs läßt sich nämlich der an die Stelle des

[3] G. *Liedtke*, Im Bauch des Fisches. Ökologische Theologie, Stuttgart ⁵1988.

[4] Chr. Frey, a. a. O. (Anm. 1), S. 222f (im Original kursiv).

[5] G. Ebeling, a. a. O. (Anm. 2), S. 304.

[6] *Chr. Link*, Schöpfung, Bd. 2 (HST 7/2), Gütersloh 1991, S. 347.

[7] *J.G. Fichte*, Die Anweisung zum seligen Leben (1806), in: *ders.*, Ausgewählte Werke in sechs Bänden, hg. v. F. Medicus, Bd. 5, Darmstadt 1962, S. 191f; im Anschluß daran *F. Wagner*, Gott – der Schöpfer der Welt?, in: *ders.*, Zur gegenwärtigen Lage des Protestantismus, Gütersloh 1995, S. 89-113, hier S. 106ff.

Teleologiebegriffs getretene Teleonomiebegriff umstandslos mit der Vorstellung eines personalen Schöpfergottes in Einklang bringen, indem man die im Zufallsprozeß der Evolution sich teleonom aufbauende Ordnung als Ergebnis eines alles Naturgeschehen umfassenden göttlichen Willens interpretiert.[8] Der erst im Rahmen einer Theorie der Selbstorganisation seinen präzisen Sinn erlangende Teleonomiebegriff schließt sowohl die theistische Annahme eines handelnden Gottes als auch die vitalistische einer göttlichen Kraft des Universums aus.

Auch die äußerst differenzierte Studie des katholischen Theologen S.N. Bosshard zum Begriff der Selbstorganisation[9] scheint mir dessen religionskritische Implikationen zu unterschätzen. Sie ist von der Zuversicht getragen, „daß Schöpfungstheologie, biblische, systematische, aber auch theologische Ethik mit einer Welt des Werdens und Vergehens, des selbsttätigen Aufbaus und Zerfalls von Strukturen *grundsätzlich kompatibel* sind und daß Probleme vorzugsweise dort auftreten, wo sichere Erkenntnis sowohl in den Naturwissenschaften wie auch in der Theologie noch aussteht"[10]. Selbst wenn man wie Bosshard die Selbsttranszendenz der Natur als Abbild der innertrinitarischen Dynamik und Selbsttranszendenz Gottes zu begreifen versucht[11] und die Selbstorganisation des Lebendigen „als ein Wirken Gottes *durch* die Kreatur" interpretiert,[12] bleibt dieser Versuch einer Synthese fragwürdig, insofern der thomistische Gedanke der Zweitursachen in die modernen Naturwissenschaften eingetragen wird, ohne daß die Rede vom „Plan Gottes mit seiner Schöpfung"[13] mit dem naturwissenschaftlichen Denken theoretisch vermittelt wird.

Die Auseinandersetzung mit der naturwissenschaftlichen Theoriebildung erübrigt sich freilich nicht schon durch ihre Abgrenzung gegenüber der Theologie mit Hilfe der Sprachspieltheorie Wittgensteins, so daß es für die Sinnhaftigkeit der Rede vom Schöpfergott und seinem Handeln „völlig unerheblich" wäre, ob die Welt als den Naturwissenschaften zugängliche Erscheinung, „d.h. unter den Bedingungen von Raum und Zeit, ein geschlossener Kausalzusammenhang oder ein Prozeß im Sinne der Prozeßphilosophie oder ein Offenes System mit den Merkmalen der Selbstorganisation und Selbsttranszendenz ist".[14] Kant folgend

---

[8] Vgl. *Chr. Frey*, Weder Monismus noch Dualismus, GlLern 9, 1994, S. 101-105, hier S. 110.

[9] *S.N. Bosshard*, Erschafft die Welt sich selbst? (QD 103), Freiburg/Basel/Wien 1985.

[10] S.N. Bosshard, a. a. O. (Anm. 9), S. 144f.

[11] Vgl. a. a. O. (Anm. 9).

[12] A. a. O. (Anm. 9), S. 192.

[13] S.N. Bosshard, a. a. O. (Anm. 9), S. 210.

[14] *J. Fischer*, Kann die Theologie der naturwissenschaftlichen Vernunft die Welt als Schöpfung verständlich machen?, FZPhTh 41, 1994, S. 491-514, hier S. 495f.

begründet J. Fischer die Differenz zwischen Schöpfungsglaube und naturwissenschaftlichem Denken mit der fundamentalen Differenz von Kausalität und Freiheit, deren Perspektiven sich prinzipell nicht aufeinander abbilden oder ins Verhältnis setzen lassen, aber auch nicht in einer dritten Perspektive aufgehoben werden können.[15] Fischer verdeutlicht seine Unterscheidung und Zuordnung der Sprachspiele am Beispiel einer menschlichen Armbewegung: „In der Perspektive der einen Kommunikation sehen wir diese als Handlung (z.b. als ein Zeigen oder Winken), in der Perspektive der anderen Kommunikation als kausal (durch Muskelkontraktionen, auslösende Reize im zentralen Nervensystem) bedingtes Ereignis".[16] Nun liegt es auf der Hand, daß *menschliches* Handeln polydimensional beschrieben werden muß und auf der Ebene kausaler Beschreibungen, was bereits der Begriff der Handlung impliziert,[17] gar nicht als Handlung erfaßt werden kann. Die schöpfungstheologisch entscheidende Frage aber, was uns dazu nötigt, Vorgänge in der Natur als *Handlungen eines Schöpfergottes* zu deuten, welcher Handlungsbegriff hier eigentlich in Rede steht und was man sich überhaupt unter einem Handeln Gottes vorzustellen hat, bleibt bei Fischer unbeantwortet.[18] Wenn sich aber, wie Fischer ausführt, die Perspektiven der säkularen Vernunft und des christlichen Glaubens nicht mehr in einer einheitlichen Konzeption der Wirklichkeit vermitteln lassen,[19] bleibt dem Schöpfungsglauben nur noch der Rückzug ins Reservat binnenkirchlicher Sprachspiele.

Diesem entkommt die Theologie nicht schon mit dem Versuch, die Sinnhaftigkeit des Schöpfungsglaubens auf dem Weg einer alltagsweltlichen Naturästhetik zu begründen. Dieser Ansatz hat zwar, wie wir im ersten Kapitel sahen, die zeitgenössische Hinwendung zu Ästhetik und Weisheit sowie die biblische Weisheitstradition für sich. Doch wurde bereits im vorigen Kapitel darauf aufmerksam gemacht, daß keineswegs eine unmittelbare Evidenz des Schöpfungsglaubens durch das Erleben der Natur besteht, zumal das Naturerleben sozial vermittelt und geschichtlichem Wandel unterworfen ist. Die vorgefundene Natur ist kulturell überformt, der Umgang mit ihr ebenfalls kulturell – und das heißt auch naturwissenschaftlich-technisch – vermittelt. Im übrigen bleibt eine rein ästhetisch gewonnene Antwort auf die Frage nach der Sinnhaftigkeit der Natur dieser äußerlich, insofern sie dazu neigt, die der Natur innewohnende Widersprüchlichkeit von

[15] A. a. O. (Anm. 14), S. 500.

[16] A. a. O. (Anm. 14), S. 499.

[17] Zum Handlungsbegriff siehe einführend *J. Derbolav*, Art. Handeln, Handlung, Tat, Tätigkeit, HWP 3, Darmstadt 1974, Sp. 992-994.

[18] J. Fischer, a. a. O. (Anm. 14), S. 510.

[19] A. a. O. (Anm. 14), S. 514.

Leben und Tod, des Schönen und Grausamen auszublenden.[20] Die *Wahrnehmung* der Natur *als Schöpfung* ist nur dann nicht äußerlich, wenn sie als *Anrede* vernommen wird.[21] Die vom Glaubenden vernommene Anrede aber erschließt sich nicht über die unmittelbare Wahrnehmung der Natur, freilich auch nicht über ihre naturwissenschaftliche Analyse. Gleichwohl bleibt das Gespräch mit den Naturwissenschaften für die Theologie unerläßlich, weil deren Sicht der Natur auch ihre lebensweltliche Wahrnehmung mitbestimmt.

Jeder Versuch eines Gespräches zwischen Theologie und Naturwissenschaften bleibt solange fruchtlos und überflüssig, wie nicht einsichtig gemacht werden kann, daß der Dialog für beide Seiten einen wirklichen Gewinn an *Erkenntnis* bringt. Die bloße Feststellung, daß es einen Pluralismus von Wirklichkeitskonzepten gibt oder bestimmte theologische und naturwissenschaftliche Perspektiven der Wirklichkeit einander nicht widersprechen müssen, bleibt freilich noch an der Oberfläche.[22] Ein weiterreichender Erkenntnisgewinn ist allerdings nicht von theologischen Überbietungsansprüchen zu erwarten, wie sie etwa J. Moltmann an die Adresse der Naturwissenschaften richtet. Nach Moltmann ist der Schöpfungsbegriff zum Evolutionsbegriff nicht nur komplementär, sondern sogar notwendig, um die Begründungsproblematik der naturwissenschaftlichen Theoriebildung zu lösen: „Es gibt eine *Schöpfung der Evolution*, weil Evolution nicht aus sich erklärbar ist"[23]. Theologisch fragwürdig ist aber auch das von Chr. Link postulierte Ziel einer Synthese, bei welcher „theologisches und naturwissenschaftliches Erkennen spannnungslos [!] ineinanderruhen"[24]. Wenn denn die Verborgenheit Gottes ein theologisch gültiges Argument ist, läßt sich auf vermeintlichen Theoriedefiziten der Naturwissenschaften keine Apologetik der christlichen Schöpfungslehre aufbauen. Sofern aber der christliche Gottesglaube und mit ihm auch die Sicht der Welt als Schöpfung Gottes zu allen Zeiten ein durch die Verborgenheit Gottes angefochtener Glaube bleibt, der gerade durch die unaufhebbare

---

[20] Vgl. *T. Koch*, Das göttliche Gesetz der Natur, (ThSt 136), Zürich 1991, S. 40f.

[21] Vgl. *O. Bayer*, Schöpfung als Anrede. Zu einer Hermeneutik der Schöpfung, Tübingen ²1990.

[22] So mit Recht T. Koch, a. a. O. (Anm. 20), S. 52.

[23] *J. Moltmann*, Gott in der Schöpfung. Ökologische Schöpfungslehre, München ³1987, S. 32. Zur Kritik Moltmanns siehe u.a. *G. Altner*, Die Überlebenskrise in der Gegenwart, Darmstadt 1987, S. 142ff. Altners eigene schöpfungstheologische Position läuft freilich ebenfalls auf die These hinaus, daß die Sicht der Natur im Sinne einer Theorie offener Systeme auf theologische Annahmen nicht verzichten kann.

[24] Chr. Link, a. a. O. (Anm. 6), S. 347, der an dieser Stelle *G. v. Rad*, Theologie des Alten Testaments, Bd. I, München ⁴1962, S. 161 zitiert. Rads Aussage ist auf die alttestamentlichen Schöpfungsaussagen gemünzt.

Spannung zwischen Bekenntnis und Welterfahrung gekennzeichnet ist,[25] können theologische und naturwissenschaftliche Deutung der Welt niemals spannungslos ineinanderfallen.

Fruchtbar scheint mir das interdisziplinäre Gespräch daher dann zu sein, wenn das Ziel nicht in der Harmonisierung, sondern in der wechselseitigen *Kritik* besteht. Dabei geht es nicht um die einseitige Anpassung des Schöpfungsglaubens an das vorherrschende naturwissenschaftliche Denken, sondern auch um kritische Rückfragen der Theologie an dessen erkenntnistheoretischen Voraussetzungen wie seinen Vollzug in Forschung und technischer Nutzung.[26]

Möglich und sinnvoll aber ist der Dialog zwischen Theologie und Naturwissenschaften deshalb, weil ihre Sprachspiele keineswegs so strikt voneinander getrennt sind, daß sie völlig autark wären. Zumindest die Biologie, um die es im folgenden gehen soll, ist, wie W. F. Gutmann und G. Bonik in Erinnerung rufen, „immer – auch in den experimentellen Fächern – Geisteswissenschaft"[27]. Als solche aber steht sie innerhalb der abendländischen Tradition mit der Philosophie wie auch der Theologie in einem komplizierten Wechselspiel, das auch durch die mit dem Stichwort der Säkulisierung benannte Ausdifferenzierung und Segmentierung sozialer Systeme nicht vollständig abgebrochen ist. Zwar lassen sich eine naturwissenschaftliche und eine geisteswissenschaftliche oder auch theologische Perspektive nicht ineinander überführen oder aufeinander abbilden, aber aufgrund der gemeinsamen Tradition der Begriffsbildung existieren nach wie vor Wechselwirkungen, welche unter anderem in den nicht zu beseitigenden Philosophemen naturwissenschaftlicher Hintergrundtheorien bestehen.[28]

Unter dieser Voraussetzung sollen im folgenden nicht kritiklos die Konsequenzen einer Theorie der Selbstorganisation bzw. Autopoiesis für eine zeitgemäße Schöpfungslehre bedacht, sondern theologische Rückfragen an dieses Paradigma gerichtet werden. Dazu müssen wir uns auf das Gespräch mit der Evolutionstheorie einlassen. Allerdings gilt es zu beachten, daß die evolutionstheoretische

---

[25] Vgl. *D. Lührmann*, Glaube im frühen Christentum, Gütersloh 1976.

[26] Mit einem von J.G. Hamann herrührenden Begriff O. Bayers kann die genannte Aufgabe durchaus als schöpfungstheologische *Metakritik* der Naturwissenschaften bestimmt werden, wobei freilich nochmals auf das *wechselseitig* kritische Verhältnis von Theologie und Naturwissenschaften hinzuweisen ist. Zum Begriff der Metakritik siehe u.a. *O. Bayer*, Theologie (HST 1), Gütersloh 1994, S. 426ff.

[27] *W.F. Gutmann/K. Bonik*, Kritische Evolutionstheorie, Hildesheim 1981, S. 159. Zur geisteswissenschaftlichen Dimension der Physik vgl. *W. Heitler*, Naturwissenschaft ist Geisteswissenschaft, 1972.

[28] Vgl. W.F. Gutmann/K. Bonik, ebd.

Diskussion innerhalb der Biologie derzeit stark im Fluß ist und recht unterschiedliche, teilweise miteinander konkurrierende Evolutionstheorien diskutiert werden.[29] Schon deshalb ist eine schlüssige Verhältnisbestimmung von Schöpfungslehre und *„der* modernen Evolutionstheorie" vorerst gar nicht möglich.[30] Für die Theologie kann es zunächst nur darum gehen, die theoretische Gemengelage auf dem Gebiet der Evolutionstheorie zur Kenntnis zu nehmen.

Ein relevantes evolutionsbiologisches Konzept ist die sogenannte Kritische Evolutionstheorie der Forschergruppe um den Biologen W. F. Gutmann. An ihm sollen im folgenden die interdisziplinären Probleme des Gespräches zwischen Theologie und moderner Biologie exemplarisch verdeutlicht werden.

2. Grundzüge der Kritischen Evolutionstheorie

Der Evolutionsgedanke gehört zum Grundbestand nicht nur der heutigen Biologie, sondern hat Eingang bis in die physikalische Kosmologie gefunden. Nahezu alle naturphilosophischen Entwürfe der vergangenen Jahrzehnte operieren mit dem Begriff der Evolution. Seine begriffliche Herleitung und inhaltliche Füllung, insbesondere seine Verhältnisbestimmung zum Begriff der Entwicklung ist freilich schwierig und uneinheitlich.[31] Uns hat an dieser Stelle nur der Umstand zu beschäftigen, daß es heute innerhalb der Biologie verschiedene Evolutionstheorien gibt, weil die Frage nach den Abläufen und vor allem den Mechanismen der Evolution recht unterschiedlich beantwortet wird. Vor allem die unterschiedliche Beurteilung der Evolutionsmechanismen führt zu verschiedenenartigen Theorien, die in manchen Teilaspekten zur Deckung gebracht werden können, im übrigen aber klar voneinander zu trennen sind. Im groben lassen sich monistische und pluralistische Evolutionstheorien unterscheiden, wobei die heute diskutierten durchweg pluralistische Theorien sind, welche das Evolutionsgeschehen auf mehrere zusammenwirkende Faktoren zurückführen.

Die gegenwärtig vorherrschende Evolutionstheorie wird als Synthetische Theorie bezeichnet.[32] Sie ist hervorgegangen aus der Theorie Darwins und des Neodarwinismus, welche neben der klassischen Vererbungslehre um die Aspekte der

[29] Zur Einführung in die gegenwärtige Diskussionslage siehe *F.M. Wuketits*, Evolutionstheorien (Dimensionen der modernen Biologie 7), Darmstadt 1995.

[30] Vgl. J. Moltmann, a. a. O. (Anm. 23), S. 197ff; Chr. Link, a. a. O. (Anm. 6), S. 415ff.

[31] Zur Geschichte des Evolutionsgedankens siehe *W. Stegmüller*, Hauptströmungen der Gegenwartsphilosophie, Bd. II, Stuttgart [6]1979, S. 497-724; *W. Wieser* (Hg.), Die Evolution der Evolutionstheorie, Heidelberg 1994.

[32] Vgl. F.M. Wuketits, a. a. O. (Anm. 29), S. 59ff.

Populationsgenetik und der Molekulargenetik erweitert worden ist. Der synthetischen Evolutionstheorie zufolge müssen Selektion und Mutation als grundlegende Mechanismen des Evolutionsgeschehens gesehen werden. Inzwischen wird freilich die Selektionstheorie klassischer Prägung mehr und mehr als unvollständig erkannt.[33] Kritik wird vor allem am Anpassungsparadigma geübt, demzufolge die Entwicklungsgeschichte der Lebewesen vor allem durch Umweltbedingungen gesteuert werden soll. Es gehört zu den Einsichten der neueren Biologie, daß Lebewesen keineswegs einseitig von ihrer jeweiligen Außenwelt gesteuert werden, sondern ihrerseits aktiv auf die Umwelt einwirken.

So zeichnet sich in der gegenwärtigen Diskussion ein gewisser Konsens darüber ab, daß eine künftige Evolutionstheorie eine *organismuszentrierte* Theorie des Lebendigen sein muß. Postuliert wird also eine Evolutionstheorie, welche den evolvierenden Organismus ins Blickfeld rückt und neben dem systemischen Wechselspiel von Organismus und Umwelt auch den Aspekt der sogenannten inneren Selektion berücksichtigt. Dies setzt voraus, Organismen nicht als additive Aggregate, sondern als autonome Systeme zu betrachten, deren Autonomie durch Begriffe wie Selbstorganisation, Autopoiese und Selbstreferenz beschrieben werden kann.[34] Bereits 1914 veröffentlichte der Begründer der experimentellen Embryologie bzw. Entwicklungsmechanik, Wilhelm Roux eine einflußreiche Schrift über die „Selbstregulation", die der Untertitel als einerseits charakteristisches, andererseits aber nicht notwendig vitalistisches Vermögen aller Lebewesen bezeichnete.[35] Da die vitalistische Annahme eines geistigen Faktors im Evolutionsprozeß heute allgemein abgelehnt wird, gelangt man zum Konzept der Selbstorganisation der Organismen.

Herrscht bis dahin noch weitgehende Einigkeit unter den Biologen, so ist nun allerdings strittig, ob eine organismuszentrierte Evolutionstheorie auf dem Wege einer Erweiterung der bisherigen Synthetischen Theorie gewonnen werden kann oder ob nicht vielmehr die Evolutionstheorie insgesamt auf eine völlig neue Grundlage gestellt werden muß. Letzteres ist die dezidierte Ansicht der Vertreter der

---

[33] Vgl. F.M. Wuketits, a. a. O. (Anm. 29), S. 98ff.

[34] Zur Verwendung der Begriffe „Selbstorganisation", „Autopoiese" und „Selbstreferenz" siehe u.a. *H.R. Maturana/F.J. Varela/R. Uribe*, Autopoiese: die Organisation lebender Systeme, ihre nähere Bestimmung und ein Modell, in: *H.R. Maturana*, Erkennen: Die Organisation und Verkörperung von Wirklichkeit. Ausgewählte Arbeiten zur biologischen Epistemologie, Braunschweig/ Wiesbaden 1982, S. 157-169; *W. Krohn/G. Küppers* (Hg.), Selbstorganisation. Aspekte einer wissenschaftlichen Revolution, Braunschweig/Wiesbaden 1990; *I. Prigogine/I. Stengers*, Dialog mit der Natur, München/Zürich 1981.

[35] *W. Roux*, Die Selbstregulation. Ein charakteristisches und nicht notwendig vitalistisches Vermögen aller Lebewesen, Nova Acta Leopoldina 100 (2), 1914, S. 1-91.

sogenannten Kritischen Evolutionstheorie, welche nichts Geringeres als einen grundlegenden Paradigmenwechsel in der Evolutionsbiologie und der Biologie insgesamt fordern und eine völlig neue Theorie vorgelegt haben.

Die Kritische Evolutionstheorie wurde in den vergangenen zwanzig Jahren von W. F. Gutmann und einer Arbeitsgruppe im „Forschungszentrum Senckenberg" entwickelt. Abweichend vom gängigen evolutionstheoretischen Konzept wie auch von Versuchen seiner Erweiterung gehen seine Vertreter davon aus, daß Evolution „aus strikten physikalischen Gründen zwangsläufig und deswegen mit Hilfe unserer Kenntnisse von biologischen Leistungen, also von Physiologie, Biochemie, Biomechanik etc., in einer neuen Weise zu begründen" ist. Wohl gehen überkommene Ideen in ihren Entwurf ein, „aber die Gründe für die Annahme von Evolution sind neu zu begründen"[36]. Während die Anhänger der Synthetischen Theorie wie auch die Vertreter einer neuen Synthese in Gestalt einer Systemtheorie der Evolution[37] an die Erkenntnisse Darwins und des Neodarwinismus anknüpfen wollen, demonstrieren Gutmann und Bonik nach eigener Überzeugung, „daß Evolution als notwendige Theorie gar nicht über den bisherigen Weg der Biologie, auf den ausgetretenen Pfaden des Darwinismus zu gewinnen ist"[38].

Die Kritische Evolutionstheorie enthält nun drei Grundelemente. Zum ersten basiert sie auf einem neuen, am Energieaspekt ausgerichteten Verständnis von Organismen. Organismen werden definiert als „energie- und materialzehrende Systeme, die von den Eltern jeweils in einer übergroßen Anzahl produziert werden. Ihre Fähigkeit, zu überleben und Nachkommen zu produzieren, hängt davon ab, daß sie durch Energiewandel innerhalb ihrer organismischen Konstruktion in die Lage versetzt werden, erneut Material und Energie aus der Umwelt zu gewinnen"[39]. Die energetische Leistungsfähigkeit von Organismen bezeichnen Gutmann und Bonik in Anlehnung an K.E. Rothschuh als „Bionomie"[40]. Der Begriff soll jeden metaphysischen Gedanken der Zweckmäßigkeit, der nicht nur im Begriff der Teleologie, sondern auch noch verdeckt in demjenigen der

---

[36] W.F. Gutmann/K. Bonik, a. a. O. (Anm. 27), S. 10. Vgl. auch *W.F. Gutmann*, Das neue Evolutionskonzept: Erweiterung oder Neubegründung?, Biologische Rundschau 23, 1985, S. 225-239.

[37] Zur systemtheoretischen Fortentwicklung der Evolutionsbiologie siehe F.M. Wuketits, a. a. O. (Anm. 29), S. 127-156, bes. S. 149ff.

[38] W.F. Gutmann/K. Bonik, a. a. O. (Anm. 27), S. 10. Zum Programm der Kritischen Evolutionstheorie siehe auch *M. Weingarten*, Organismen - Objekte oder Subjekte der Evolution? Philosophische Studien zum Paradigmawechsel in der Evolutionstheorie, Darmstadt 1993.

[39] W.F. Gutmann/K. Bonik, a. a. O. (Anm. 27), S. 14.

[40] Ebd., vgl. *K.E. Rothschuh*, Theorie des Organismus, München/Berlin 1959.

Teleonomie enthalten sein könnte,[41] ausschließen. Bionomie meint schlicht die Funktionstüchtigkeit von Organismen, welche nach dem Modell von Maschinen erklärt wird. Evolution ist demnach „ein Ökonomisierungsgeschehen", welches durch die „Konkurrenz um begrenzte Ressourcen" in Gang gehalten wird.[42] „Im Verlauf von Evolution gibt es somit Vereinfachung durch Abbau nicht mehr benötigter Elemente und durch Komplizierung solcher Systemteile, die Vorteile bringen"[43]. Immer aber setzt die Selektion am Energieaufwand ein, was nebenbei bedeutet, daß es nach Auffassung der Kritischen Evolutionstheorie keine selektiv neutralen Strukturen oder Eigenschaften geben kann.[44]

Das zweite Grundelement der Kritischen Evolutionstheorie ist der Destruktionsaspekt. Die durch die Bedürfnisse von Energiezufuhr und Energieumwandlung bedingte Bionomie von Organismen existiert nicht zwangsläufig. Vielmehr treten immer bionomische Varianten auf. Die Variabilität aber bringt Veränderungen in Gestalt von Mißbildungen und Fehlentwicklungen hervor, die zum Absterben führen können. Dieses Absterben läßt sich nun aber nicht als Resultat äußerer, sondern nur als vor allem in der Embryonalentwicklung ablaufende innere Selektion verstehen. Die innere Selektion ist darum für das Verständnis der Evolution entscheidend, weil gerade durch sie die grundlegende Funktionstüchtigkeit der Lebewesen gesichert wird. „Weitere Auslese im Lebensraum und in der Konkurrenz kann dann nur auf grundsätzlich funktionstüchtige Mitglieder von Organismen-Gesellschaften einwirken"[45]. Stammesgeschichtlicher Wandel verläuft demnach „über allmähliche Veränderungen bei Verdrängung weniger leistungsfähiger Varianten und eingebettet in einen Hof von Destruktion durch völlige Entgleisung der Lebensprozesse"[46].

---

[41] Zur Geschichte und Verwendung des Teleonomiebegriffs, der von Colin Pittendrigh in die moderne Biologie eingeführt worden ist, sowie zu seiner Abgrenzung vom Teleologiebegriff siehe *W. Bröker*, Teleologie und Teleonomie, in: *L. Scheffczyk* (Hg.), Evolution. Probleme und neue Aspekte ihrer Theorie, Freiburg/München 1991, S. 97-121; *H. Penzlin*, Das Teleologie-Problem in der Biologie, Biologische Rundschau 25, 1987, S. 7-26. Verteidigt wird der Teleologiebegriff dagegen von *R. Spaemann/R. Löw*, Die Frage Wozu? Geschichte und Wiederentdeckung des teleologischen Denkens, München 1981.

[42] W.F. Gutmann/K. Bonik, a. a. O. (Anm. 27), S. 14f.

[43] A. a. O. (Anm. 27), S. 15.

[44] Vgl. ebd. Im Unterschied zu Gutmann und Bonik rechnet die sogenannte Neutralitätstheorie der molekularen Evolution des japanischen Genetikers Motoo Kimura mit selektionsneutralen Mutationen zumindest auf der genetischen Ebene. Vgl. F.M. Wuketits, a. a. O. (Anm. 29), S. 105ff.

[45] W.F. Gutmann/K. Bonik, a. a. O. (Anm. 27), S. 14.

[46] A. a. O. (Anm. 27), S. 15.

Das dritte Theorieelement der Kritischen Evolutionstheorie ist die Beschreibung und Erklärung von Organismen als maschinenhaften Systemen. Näherhin müssen alle lebenden Systeme als hydraulische Gebilde verstanden werden, „die Bewegung und Wachstum durch Verformung erbringen. Bewegung und Wachstum bedeuten kontrollierte Wandlung der Form durch hydraulische Einflüsse; da fast keine Form von selbst bestehen bleibt, kann sie nur über mechanische Kontrolle eine Wandlung erfahren"[47]. Weil alles Leben an wässrige Lösungen gebunden ist, muß auch das Auftreten und die Form von steifen und damit nichthydraulischen Skelettelementen auf hydraulischer Grundlage erklärt werden.

Von der Synthetischen Evolutionstheorie unterscheidet sich die Kritische Evolutionstheorie auch in wissenschaftstheoretischer Hinsicht. Während in der heutigen Biologie, zumindest im deutschen Sprachraum, weitestgehend ein induktives Wissenschaftsverständnis vorherrscht, welches an der positivistischen Vermehrung von Daten interessiert ist und neue Theorien als kombinatorische Resultate von intensiver Einzelbeobachtung begreift, betont die Kritische Evolutionstheorie den Primat der Theorie gegenüber der Einzelbeobachtung, weil es der jeweilige Theorierahmen, mit Th.S. Kuhn gesprochen das jeweilige Paradigma einer Wissenschaft ist, welches über den Wert und die Bedeutung von Beobachtungen entscheidet.[48] Das gilt namentlich für die Paläontologie und die Verwendung fossiler Funde zur morphologischen Rekonstruktion der Stammesgeschichte. „Der Zuwachs an Erkenntnis, d.h. die Erklärung für Befunde muß zählen, nicht die Ansammlung von Fakten." Denn: „Um mehr Belege in einen Zusammenhang zu bringen, benötigt man nicht mehr Fakten, sondern genauere Theorien und einen Zuwachs an Hypothesen."[49]

Der Theorierahmen der Kritischen Evolutionstheorie ist nun einerseits organismuszentriert und versucht andererseits das Wesen lebender Organismen durch das Modell evolvierender (hydraulischer) Maschinen zu erklären. Seine Vertreter betonen allerdings den Modellcharakter ihrer Theorie. „Das Konzept des Organismus ist eine physikalisch und damit letztlich naturwissenschaftlich nicht voll faßbare Idee"[50]. Wie überall in der Wissenschaft muß man sich darum auch in der Biologie mit Modellen begnügen, die letztlich nur einen begrenzten Erklärungswert haben, weil sie zwar mit innerer Stringenz ganz bestimmte Aspekte abbilden und einsichtig machen können, andere jedoch außer acht lassen oder als

---

[47] Ebd.

[48] Vgl. *Th.S. Kuhn*, Die Struktur wissenschaftlicher Revolutionen (stw 25), Frankfurt a.M. 1973, auf den sich Gutmann und Bonik a. a. O. (Anm. 27), S. 148 ausdrücklich berufen.

[49] Beide Zitate bei W.F. Gutmann/K. Bonik, a. a. O. (Anm. 27), S. 129.

[50] A. a. O. (Anm. 27), S. 156.

feststehende Randbedingungen stillscheigend voraussetzen.[51] Dies gilt es zu beachten, wenn etwa Gutmann und Bonik das Maschinenmodell zur Erklärung
organismischer Systeme heranziehen. Es geht den Autoren gerade um die Wider-
legung einer reduktionistischen oder monistischen Naturerklärung. Weder soll
wie bei Descartes und Lamettrie oder in der medizinischen Tradition der Jathro-
mechanik die Eigenart des Lebens durch das Maschinenmodell vollständig erklärt werden,[52] noch soll die Biologie vollständig auf physikalische und chemi-
sche Gesetze reduziert werden. Das ist aus grundsätzlichen Erwägungen gar nicht
möglich, denn „jedes Lebewesen, das man chemisch untersuchen will, muß man
dazu erst töten. Leben selbst ist damit prinzipiell nicht chemisch zu erklären.“[53]
Diese Feststellung ist unter anderem für die Molekularbiologie folgenreich.[54] Aber
auch auf Hydraulik und Mechanik kann das Verständnis lebender Organismen
nicht reduziert werden. Ohnehin handelt es sich bei dem Maschinenmodell um
einen theoretischen Annäherungsversuch, denn die induktivistische Vorstellung,
man könne die Mechanik sehen, ist völlig abwegig.[55] Kriterium für die wissenschaftliche Tauglichkeit eines Modells ist aber folgende Regel: „Alle Modelle müssen
in beobachtbare lebende oder fossile Organismen überleiten. Dabei kommt es
nicht darauf an, ob eine gestalthafte Ähnlichkeit besteht, ob die Modell-Abbil-
dungen den ausgestorbenen und existierenden Lebewesen ähnlich sehen, sondern
ob konstruktive, funktionelle, physiologische und biomechanische Übereinstimmungen bestehen, die gleichermaßen in Natur und Modell vorkommen.“[56] Modelle aber sind grundsätzlich nicht beweisbar.[57]

Das Maschinenmodell erscheint den Vertretern der Kritischen Evolutionstheorie deshalb am besten geeignet für die biologische Erklärung lebender Systeme, weil Maschinen einzig durch ihre Funktion verständlich werden, somit nur
als eine Ganzheit erklärbar sind, welche immer mehr ist als die Summe ihrer
Teile. Andererseits läßt sich die Ganzheit nicht statisch, sondern nur dynamisch
beschreiben. Und schließlich kann sie nicht auf einer einzigen Ebene, etwa derje-

---

[51] Vgl. W.F. Gutmann/K. Bonik, a. a. O. (Anm. 27), S. 135.

[52] Vgl. W.F. Gutmann/K. Bonik, a. a. O. (Anm. 27), S. 26: „Es wird keine Identität lebender Systeme mit Maschinen behauptet, sondern nur Übereinstimmung mit bestimmten Aspekten.“ Zur
mechanistischen Organismustheorie Lamettries siehe vor allem *J.O. de Lamettrie*, L'homme
machine (1748), dt. Ausgabe von M. Brahn, 1909.

[53] W.F. Gutmann/K. Bonik, a. a. O. (Anm. 27), S. 151.

[54] Vgl. a. a. O. (Anm. 27), S. 120ff.

[55] Vgl. a. a. O. (Anm. 27), S. 64.

[56] A. a. O. (Anm. 27), S. 139.

[57] Vgl. ebd.

nigen der Physik oder der Chemie erklärt werden. „Der Ingenieur muß bei der Erstellung einer Maschine ganz differente Bauteile, die zudem ganz unterschiedlichen Naturgesetzen gehorchen, in einen Zusammenhang bringen."[58] Analog verbietet sich daher jeder Monismus in der Biologie. Organismen funktionieren nur als polydimensionale Ganzheiten; Ganzheit aber ist im physikalischen Sinne eigentlich gar nicht darstellbar.[59] Gerade das auf den ersten Blick mechanistisch-monistisch erscheinende Maschinenmodell impliziert, „weil ja Maschinenkonstruktionen in ihren Einzelteilen nach verschiedensten, teilweise inkompatiblen Gesetzmäßigkeiten funktionieren und deswegen nicht vollständig erklärbar sind", daß auch Organismen prinzipiell nicht vollständig naturwissenschaftlich erklärt werden können.[60]

Funktion und Konstruktion einer Maschine erschließen sich über den Energieaspekt, der sich wiederum in der Sprache der Ökonomie beschreiben läßt.[61] Auch die Evolution erscheint unter energetischen Gesichtspunkten als ein Ökonomisierungsgeschehen. Die Formulierung der Analogie zu Ökonomie hat im Rahmen der Kritischen Evolutionstheorie aber primär „didaktische Zwecke und soll keine normativen oder bewertenden Ziele verfolgen"[62]. Die Analogie ist freilich insofern erkenntnistheoretisch bedeutsam, als es in der Ökonomie um Wertschöpfungen geht. „Rein physikalisch ist also Ökonomie und Leistungsverbesserung nicht zu definieren".[63] Analoges gilt folglich für lebende Organismen.

Ein zentraler Begriff des in der Kritischen Evolutionstheorie herrschenden Organismusverständnisses ist derjenige der Bionomie, welcher der theoretischen Biologie K.E. Rothschuhs entnommen ist. Er bezeichnet die Funktions- und damit Lebensfähigkeit von Organismen, wobei das Funktionieren der Maschine und ihre Rolle und Funktion auseinandergehalten werden müssen.[64] Die Bionomie ist also kein allgemeines Naturgesetz, sie beruht nicht auf einer eingebauten Zweckmäßigkeit, sondern stellt ein Ergebnis der Selektion dar,[65] wobei Destruktion und Dysfunktion die antithetischen Begriffe zur Bionomie darstellen. „Mit diesem diametralen Gegensatz sind nicht nur ältere einseitige Vorstellungen wie das Kon-

---

[58] A. a. O. (Anm. 27), S. 26.

[59] Vgl. a. a. O. (Anm. 27), S. 55.

[60] A. a. O. (Anm. 27), S. 51.

[61] Vgl. a. a. O. (Anm. 27), S. 14 u.ö.

[62] A. a. O. (Anm. 27), S. 26.

[63] Ebd.

[64] Vgl. a. a. O. (Anm. 27), S. 34.

[65] Vgl. a. a. O. (Anm. 27), S. 32.

zept der Zweckmäßigkeit der Organismen vermieden, sondern auch neuere wie der Begriff der Teleonomie und der der Selbstorganisation".[66] Gutmann und Bonik begründen ihre Begriffswahl wie folgt: „Während die Teleologie- und Teleonomie-Vorstellungen meist zu einseitig auf die Umweltanpassungen der Lebewesen ausgerichtet sind und die Autonomie der Organismen, ihre interne Organisation und ihren Material- und Energiedurchfluß kaum oder gar nicht berücksichtigen, ist das Konzept der Selbstorganisation [...] fast ebenso einseitig auf den Bereich der Thermodynamik, Biochemie und Molekularbiologie beschränkt, so daß dabei die nicht reduzierbaren, ökologischen und historischen Vorbedingungen von Organismen nicht erfaßt werden. Außerdem wird in dem Selbstorganisationskonzept der interne Selektionseinfluß, der Aspekt von Destruktion und Absterben, nicht hinreichend deutlich."[67]

Das skizzierte organismuszentrierte Maschinenmodell hat Konsequenzen für alle Bereiche der Biologie, nicht zuletzt für die Genetik und Molekularbiologie. Nach Ansicht der Kritischen Evolutionstheoretiker beruht nicht nur die Unterstellung, im Erbgut liege das Programm für den Organismus nach Analogie eines Bauplans vor, auf einem logischen Fehler.[68] Sie weisen vor allem darauf hin, daß bei der normalen Entwicklung eines Lebewesens nie allein die sogenannte Erbinformation vorliegt, „sondern immer eine ganze lebende Zelle"[69]. Rein chemisch läßt sich daher weder die Ontogenese, noch die Phylogenese und auch nicht die Entstehung von Leben auf der Erde überhaupt erklären.

Die Kritische Evolutionstheorie, so läßt sich zusammenfassen, ist eine konsequent organismuszentrierte Theorie des Lebendigen. Das Maschinenmodell beschreibt Organismen als autonome Subjekte der Evolution, die analog zu Wienerschen Maschinen – zumindest auf der Ebene ihres Verhaltens – nicht determiniert sind.[70] Wiewohl indeterminiert handelt es sich bei Organismen um mechanisch geschlossene Systeme. Sie operieren, wie sich im Anschluß an die Systemtheorie N. Luhmanns hinzufügen läßt, „als umweltoffene Systeme, weil und soweit sie selbstreferentiell geschlossen operieren"[71].

---

[66] A. a. O. (Anm. 27), S. 35f.

[67] A. a. O. (Anm. 27), S. 37.

[68] „Wenn wir sicher nachweisen können, daß ohne Erbgut kein Lebewesen denkbar und ohne Erbgutveränderung keine Evolution möglich ist, so können wir den Schluß nicht umdrehen, aus Erbgut und Erbgutveränderung alleine lasse sich die Erklärung für den Aufbau des Organismus und seine Leistungen gewinnen" (a. a. O. [Anm. 27] S. 123).

[69] A. a. O. (Anm. 27), S. 123.

[70] Vgl. M. Weingarten, a. a. O. (Anm. 38), S. 290.

[71] *N. Luhmann*, Neuere Entwicklungen in der Systemtheorie, Merkur 42, 1988, S. 292-300, hier S. 294.

In neueren Veröffentlichungen wie etwa von M. Weingarten wird die Kritische Evolutionstheorie im Sinne einer Theorie autopoietischer Systeme weiterentwickelt, für welche vor allem H.R. Maturana die wesentlichen Grundlagen geschaffen hat.[72] Zwischen dem von der Kritischen Evolutionstheorie kritisierten Begriff der Selbstorganisation und demjenigen der Autopoiese ist insofern zu unterscheiden, als Selbstorganisationstheorien von Haus aus physikalische Theorien sind, wogegen es sich bei der Theorie autopoietischer Systeme zunächst ausschließlich um eine biologische Theorie handelt. Ihre Erweiterung zu einer generellen Organisationstheorie, wie sie unter anderem von Matuarana selbst vorgenommen wird, stößt bei anderen Vertretern einer Theorie autopoietischer Systeme auf Kritik.[73] Andererseits erklärt auch Maturana die Eigenart lebender Organismen mit Hilfe des Maschinenmodells und hält wie die Vertreter der Kritischen Evolutionstheorie nicht nur den Teleologie-, sondern auch den Teleonomiebegriff für entbehrlich.[74]

Maturana bestimmt autopoietische Systeme als durch ein Netzwerk der Produktion von Bestandteilen definierte Einheiten, „die 1. rekursiv an demselben Netzwerk der Produktion von Bestandteilen mitwirken, das auch diese Bestandteile produziert, und die 2. das Netzwerk der Produktion als eine Einheit in dem Raum verwirklichen, in dem die Bestandteile sich befinden"[75]. „Die distinktive Erscheinungsform der autopoietischen Organisation ist die der Autonomie: die Verwirklichung der autopoietischen Organisation ist das Produkt ihres Funktionierens."[76] Von solchermaßen definierten autopoietischen Systemen unterscheidet Maturana allopoietische Systeme, „deren Organisation die Bestandteile und Prozesse, die sie als Einheiten verwirklichen, nicht erzeugt, und bei denen daher das Produkt ihres Funktionierens von ihnen selbst verschieden ist."[77] Während

---

[72] Siehe vor allem *H.R. Maturana*, Der Baum der Erkenntnis. Die biologischen Wurzeln des menschlichen Erkennes, Bern 1987; *ders.*, Biologie der Kognition, Paderborn 1977; ders., a. a. O. (Anm. 34), passim.

[73] Vgl. *G. Roth*, Selbstorganisation - Selbsterhaltung - Selbstreferentialität. Prinzipien der Organisation der Lebewesen und ihre Folgen für die Beziehung zwischen Organismus und Umwelt, in: *A. Dress/H. Hendrichs/G. Küppers* (Hg.), Selbstorganisation. Die Entstehung von Ordnung in Natur und Gesellschaft, München 1986, S. 149-180; M. Weingarten, a. a. O. (Anm. 38), S. 265. Zu Begriff und Theorie der Selbstorganisation siehe auch *K.W. Kratky/F. Wallner* (Hg.), Grundprinzipien der Selbstorganisation, Darmstadt 1990.

[74] Vgl. H.R. Maturana, a. a. O. (Anm. 34), S. 170ff; 190ff.

[75] A. a. O. (Anm. 34), S. 158.

[76] A. a. O. (Anm. 34), S. 159.

[77] Ebd.

der in der evolutionstheoretischen Diskussion verwendete Begriff der Selbstorganisation kein spezifisch biologischer ist, charakterisiert Autopoiese nach Maturana gerade die Organisation des Lebendigen im Unterschied zu nichtlebenden Systemen.[78]

Maturanas Theorie der Autopoiese ist also mit der Kritischen Evolutionstheorie grundsätzlich kompatibel. Im Unterschied zu Maturana begnügt sich die Kritische Evolutionstheorie jedoch nicht mit der typologischen Unterscheidung von autopoietischen und allopoietischen Maschinen, sondern differenziert darüber hinaus zwischen Konstruktion und Organisation. Die für die Kritische Evolutionstheorie grundlegende, über den energetischen Aspekt erklärte mechanische Kohärenz autopoietischer Organismen „verweist im weiteren nicht so sehr auf den Aspekt der Organisation (dafür würde der Terminus ‚Kohärenz' alleine ausreichen), *sondern auf einen bestimmten Konstruktionstypus*, der eben mechanischen Prinzipien genügt"[79].

Wir fassen nochmals die wichtigsten Gesichtspunkte der Kritischen Evolutionstheorie zusammen, welche im interdisziplinären Gespräch zwischen Biologie, Philosophie und Theologie zu diskutieren sind. Zum einen ist die Kritische Evolutionstheorie ein keineswegs unbestrittener, jedoch relevanter Entwurf einer heute allseits geforderten organismuszentrierten Theorie des Lebendigen. Näherhin kann er als spezifische Variante einer Theorie autopoietischer Systeme charakterisiert werden. Wie Maturanas Theorie der Autopoiesis gibt die Kritische Evolutionstheorie den Teleologiegedanken konsequent preis. Auch in seiner abgeschwächten Form der Teleonomie wird er für irreführend gehalten. Andererseits führt die Kritische Evolutionstheorie explizit den Autonomiebegriff und mit ihm den Begriff des Subjekts in die Biologie ein. Weingarten gebraucht den Subjektbegriff „nach dem Prinzip des kollektiven Individuums, d.h. der Gegenstand ist nur in der Einheit von Gegenstand und Verhalten (= gegenständliches Verhalten) zu fassen [...]. In genau dieser Hinsicht müssen Reproduktionseinheiten sowohl als Gegenstand der Wissenschaft der Biologie begriffen werden als auch als die Subjekte evolutionärer Entwicklungen."[80]

Bevor nach den theologisch relevanten Aspekten der vorgestellten Theorie gefragt wird, sollen im folgenden Abschnitt die erkenntnistheoretischen Prämissen der Kritischen Evolutionstheorie dargelegt werden.

---

[78] Vgl. ebd.

[79] M. Weingarten, a. a. O. (Anm. 38), S. 293.

[80] A. a. O. (Anm. 38), S. 302.

3. Erkenntnistheoretische Grundlagen

Die Selbstbezeichnung der Kritischen Evolutionstheorie leitet sich nicht etwa nur aus ihrem kritischen Verhältnis zum Darwinismus und zur Synthetischen Theorie her, sondern auch von ihrer philosophischen und wissenschaftstheoretischen Affinität zur Philosophie Poppers und des Kritischen Rationalismus.[81] Unter ausdrücklicher Berufung auf Popper wird eine induktivistische Wissenschaftstheorie der Biologie verworfen, weil alle Beobachtungen immer schon in Deutungen eingebettet sind und die Auslese theorierelevanter Beobachtungen immer schon eine theorieartige Vorentscheidung über die Wirklichkeit voraussetzt. Insofern gilt auch für die Biologie, daß wir im Sinne Poppers die Realität, deren Existenz wir unterstellen, nur durch Theorien kennen.[82] Nur beiläufig sei darauf hingewiesen, daß auch Popper selbst die auf Darwins Forschungen beruhende Synthetische Evolutionstheorie für grundlegend revisionsbedürftig erklärt hat.[83]

Popper folgend kritisieren Gutmann und seine Mitarbeiter die Annahme, daß die Biologie eine Wissenschaft der Naturgesetze sei, durch welche Leben und seine Entwicklung zutreffend erklärbar sei. Die Vorstellung deterministischer Naturgesetze läuft dem Evolutionsgedanken a priori zuwider. „Erst durch die Verknüpfung des Evolutionsgedankens mit dem Energie- und Materialfluß im Organismus, der eine gedankliche Zerlegung in Geschehensebenen verlangt, ist es möglich, wirklich biologische Erklärungen auf Naturgesetze zurückzubeziehen. Diese Gesetze treten aber stets als begrenzende Prinzipien, als Limitationen oder als notwendige Bedingungen auf, eine zulängliche Erklärung im Sinne einer deterministischen Begründung für das Sosein eines Organismus läßt sich jedoch nicht geben."[84] Biologie muß mit den physikalischen und chemischen Naturgesetzen kompatibel sein. Sowohl das Konzept des Organismus wie der Begriff des Lebens und der Entwicklungsgedanke sind aber theoretische Prämissen, die keineswegs rein naturwissenschaftlich begründet werden können. „Leben können

---

[81] Vgl. W.F. Gutmann/K. Bonik, a. a. O. (Anm. 27), S. 17. 145ff. 159ff. Unter den Werken Poppers siehe vor allem *K.R. Popper*, Logik der Forschung, Tübingen ³1969; *ders.*, Conjectures and Refutations. The Growth of Scientific Knowledge, London ²1965.

[82] Vgl. a. a. O. (Anm. 27), S. 146f.

[83] Vgl. *K.R. Popper*, Auf der Suche nach einer besseren Welt. Vorträge und Aufsätze aus dreißig Jahren, München/Zürich 1984, sowie seine erste „Medawar Lecture" aus dem Jahre 1986, auf die F.M. Wuketits, a. a. O. (Anm. 29), S. 112 verweist.

[84] W.F. Gutmann/K. Bonik, a. a. O. (Anm. 27), S. 152; vgl. dort auch S. 97.

und wollen wir nicht erklären."[85] Aber auch der Organismus als Gegenstand der Biologie ist letztlich eine vorwissenschaftliche Grundannahme, um nicht zu sagen eine „Fiktion".[86] Und ebenso ist die Annahme, es gebe eine phylogenetische Entwicklungsgeschichte des Lebens, eine „metaphysische Hintergrundannahme", welche „als eine naturphilosophische Denkmatrix" gleichwohl plausibel ist.[87] Letztlich „nur metaphysisch zu beantworten" ist außerdem die für das Konzept der Kritischen Evolutionstheorie wie dasjenige autopoietischer Systeme grundlegende Frage, „ob Organismen vollständig als Energiewandler erklärbar sind oder nicht"[88]. Zusammenfassend ergibt sich für die Vertreter der Kritischen Evolutionstheorie, „daß das Verstehen von Evolution als ein Prozeß von naturphilosophischen Vorentscheidungen abhängt, die nur der allgemeinen Erkenntnislehre und Philosophie entnommen werden können"[89].

Parallel zur Kritik der Synthetischen Evolutionstheorie üben die Kritischen Evolutionstheoretiker scharfe Kritik am Konzept der sogenannten evolutionären Erkenntnistheorie, dem sie mit Recht einen problematischen, um nicht zu sagen abwegigen Umgang nicht nur mit der Evolutionstheorie, sondern auch mit der Erkenntnistheorie Kants und Poppers vorwerfen.[90] Abgewiesen wird die die evolutionäre Erkenntnistheorie leitende Abbildtheorie, nach welcher Erkenntnis das durch Außendruck entstehende Abbild der Umwelt im von diesem durch Selektionsdrücke hervorgebrachten Organismus sei. Das gilt auch für die informationstheoretische Interpretation genetischer Vorgänge. Insofern ist die Kritische Evolutionstheorie an die Erkenntnistheorie Maturanas anschlußfähig, welche Erkenntnis als eine Erscheinungsform organismischer Autopoiese begreift.[91]

Maturanas biologische Epistemologie ist dem radikalen Konstruktivismus zuzuordnen. In seinen philosophischen Studien zur Kritischen Evolutionstheorie geht M. Weingarten über die älteren Arbeiten von Gutmann und Bonik hinaus, insofern er nicht mehr auf Popper und den Kritischen Rationalismus verweist, sondern erkenntnistheoretisch konsequent den Anschluß an den radikalen Konstruktivismus sucht.[92] Hierin ist eine erkenntnistheoretische Weiterentwicklung der Kritischen Evolutionstheorie zu sehen.

---

[85] A. a. O. (Anm. 27), S. 167.

[86] A. a. O. (Anm. 27), S. 98.

[87] A. a. O. (Anm. 27), S. 157.

[88] A. a. O. (Anm. 27), S. 27.

[89] A. a. O. (Anm. 27), S. 13.

[90] Vgl. a. a. O. (Anm. 27), S. 161ff; M. Weingarten, a. a. O. (Anm. 38), S. 180ff.

[91] Vgl. H.R. Maturana, a. a. O. (Anm. 34), passim, bes. S. 32ff. 125ff. 236ff. 272ff.

[92] Vgl. M. Weingarten, a. a. O. (Anm. 38), S. 275ff.

Die Position des radikalen Konstruktivismus besagt nun für das Problem der Evolutionstheorie, daß nicht nur der Gegenstand biologischer Forschung, sondern auch der diesen beobachtende Forscher als autopoietisches Subjekt zu deuten ist, welches die Wirklichkeit lebender Systeme keineswegs bloß in Form von Theorien abbildet, sondern diese allererst konstruiert. Nach Maturana kann sich bereits der Begriff der Natur „allein auf die sprachlichen Handlungen des Beobachters als menschlichem Wesen beziehen, und seine Erfahrungen erklären, und er kann sich daher auf nichts beziehen, das als unabhängig von dem, was der Beobachter tut, gedacht wird. Natur ist ein Vorschlag zur Erklärung unserer Erfahrungen mit Elementen unserer Erfahrung."[93] Dem entspricht die These E. v. Glaserfelds, nach welcher Natur nicht etwas von uns unabhängig Existierendes ist, auf das wir uns lediglich in unserem Handeln beziehen, sondern ein spezifischer Operationsraum, den wir selbst dadurch konstituieren, daß wir uns handelnd in ihm bewegen. „Das heißt ganz allgemein, die Welt, die wir erleben, ist so und muß so sein, wie sie ist, weil wir sie so gemacht haben."[94] Die Autonomie des durch sein Handeln erkennenden Subjektes wird lediglich durch eine gewisse Widerständigkeit der Natur eingeschränkt, welche sich im Scheitern-Können einer Handlung zeigt.[95] Der dadurch bewirkte Prozeß des Lernens ist freilich wiederum ein Vorgang autopoietischer Konstruktion der Wirklichkeit. Niemals führt die Abfolge von Versuch und Irrtum durch permanente Optimierung zu einem wahren Abbild der Wirklichkeit im erkennenden Subjekt.

Die Verbindung von Kritischer Evolutionstheorie und radikalem Konstruktivismus belegt nochmals die bereits weiter oben getroffene Feststellung, daß die Biologie keineswegs eine rein mathematisch exakte Naturwissenschaft, vielmehr in letzter Konsequenz eine Geisteswissenschaft ist, welche in ihren Grundlagen wie in ihrer experimentellen Einzelforschung durch philosophische Traditionen wie auch durch das geistige und kulturelle Gesamtklima ihrer Zeit beeinflußt wird.[96] Dieser Umstand gestattet es der Theologie, mit der Biologie in ein kritisches Gespräch einzutreten.

---

[93] *H.R. Maturana*, Wissenschaft und Alltagsleben. Die Ontologie der wissenschaftlichen Erklärung, in: W. Krohn/G. Küppers (Hg.), a. a. O. (Anm. 34), S. 107-138, hier S. 130.

[94] *E. v. Glaserfeld*, Einführung in den radikalen Konstruktivismus, in: *P. Watzlawik* (Hg.), Die erfundene Wirklichkeit, München 1984, S. 16-38, hier S. 29. Zum Denken des Konstrukti-vismus siehe auch *S.J. Schmidt/G. Rusch* (Hg.), Konstruktivismus: Geschichte und Anwendung, Frankfurt a.M. 1992; *S.J. Schmidt* (Hg.), Der Diskurs des Radikalen Konstruktivismus, Frankfurt a.M. ⁴1991.

[95] Vgl. *P. Janich*, Natur und Handlung, in: *O. Schwemmer* (Hg.), Vernunft, Handlung und Erfahrung, München 1981, S. 69-84.

[96] Vgl. W.F. Gutmann/K. Bonik, a. a. O. (Anm. 27), S. 159.

4. Kritische Evolutionstheorie und theologische Schöpfungslehre

Bei oberflächlicher Betrachtung mag es den Anschein haben, als stünde gerade die Kritische Evolutionstheorie der traditionellen Schöpfungslehre näher als andere biologische Konzepte. Der Biologe E. Mayr jedenfalls rückt die Kritische Evolutionstheorie in die Nachbarschaft der vormodernen Physikotheologie: „Mit ihrer These, daß physikalische Notwendigkeiten das technologische Design des Organismus dominieren, kommen Gutmann und seine Gruppe in erstaunliche Nähe zu den Physikotheologen, für die der Plan (Design), als gottgewollter, ebenfalls optimal zu sein hatte." [97] Mayr, der sich offensichtlich gegen jede Kritik am herkömmlichen Anpassungsparadigma der Darwinschen Selektionstheorie zur Wehr setzen möchte und die Parallele zur Physikotheologie als naturwissenschaftlich entlarvend verstanden wissen will, übersieht jedoch dreierlei. Zum einen schließt der von Gutmann und seinen Mitstreitern verwendete Begriff der Bionomie jede metaphysische Zwecksetzung aus. Zum anderen wird der Wert- und Zweckbegriff innerhalb der Organismustheorie der Kritischen Evolutionsbiologen am Modell der Ökonomie gewonnen. Und schließlich betonen Gutmann und seine Arbeitsgruppe den Modellcharakter und die Begrenztheit ihres Maschinenkonzeptes, dessen Identität mit lebenden Organismen gerade nicht behauptet wird.

Insofern aber die der Kritischen Evolutionstheorie zugrunde liegende Erkenntnistheorie konstruktivistisch ist, scheint sie viel eher zu einer fundamentalen Kritik als zur Verteidigung der theologischen Schöpfungslehre beizutragen. Das Konzept autopoietischer Organismen gestattet es jedenfalls keinesfalls mehr, einen Schöpfergott zu denken, der von außen in die Natur eingreift oder sie im Sinne deistischer Vorstellungen so angelegt hat, daß sie einem der Natur und ihren Lebewesen fremden, äußerlich beigelegten Zweck dient. Der christliche Schöpfergott erscheint stattdessen als Konstrukt einer sich selbst nicht durchschauenden Subjektivität, welche die Welt nach ihrem eigenen Bilde, nämlich dem „subjektivischen Paradigma" formt, dessen phylogenetische Herkunft ontogenetisch aufzuklären ist. [98] So sehr Gutmann und Bonik betonen, daß eine biologische Theorie des Lebens und seiner Entwicklungsgeschichte nur partielle Erklärungskraft besitzt, und außerhalb des Bereiches der Wissenschaft „große Felder sehen, in denen nach nicht-naturwissenschaftlichen Gesichtspunkten Entwürfe, Ziele und

---

[97] *E. Mayr*, Darwinistische Mißverständnisse, in: *K. Bayertz/B. Heidtmann/H.-J. Rheinberger* (Hg.), Darwin und die Evolutionstheorie, Köln 1982, S. 44-57, hier S. 51.

[98] Vgl. *G. Dux*, Die Logik der Weltbilder. Sinnstrukturen im Wandel der Geschichte (stw 370), Frankfurt a.M. 1982, bes. S. 275ff.

Sinndeutungen gegeben werden müssen", lassen sie doch keinen Zweifel daran, daß solche Sinndeutung „die Begrenzungen durch naturgesetzliches Geschehen zu beachten haben".[99]

Die Behauptung des Theologen J. Moltmann, daß die Evolution nicht vollständig aus sich heraus erklärbar ist, findet in der Kritischen Evolutionstheorie zwar einen gewissen Anhalt, insofern ihre Vetreter deutlich machen, daß jede naturwissenschaftliche Theorie von außerwissenschaftlichen Grundannahmen abhängt. Der christliche Schöpfergott gehört zu diesen Prämissen aber keineswegs. Im Gespräch mit der Kritischen Evolutionstheorie besteht die theologische Aufgabe daher auch nicht einfach darin, einen theologischen Schlüssel zur Theorie der Selbstorganisation oder Autopoiesis zu finden und die Schöpfungslehre dem neuen naturwissenschaftlichen Denkmuster anzugleichen.[100] Vielmehr müssen die erkenntnistheoretischen Prämissen der verschiedenen Selbstorganisationstheorien nicht nur einer philosophischen, sondern auch einer theologischen Überprüfung unterzogen werden.

Kritische Rückfragen sind von theologischer Seite nicht erst hinsichtlich der Gottesfrage zu stellen, sondern bereits an das naturwissenschaftliche Verständnis des erkennenden menschlichen Subjektes zu richten. Dies trifft in besonderem Maße auf die Kritische Evolutionstheorie und die Theorie autopoietischer Systeme zu, insofern beide über den Begriff des Subjektes zu einer Theorie der Wirklichkeit gelangen wollen, welche den diesen beschreibenden Beobachter in die Erklärung einbeziehen und so die cartesianische Subjekt-Objekt-Spaltung überwinden wollen.

Wenn der Schöpfungsgedanke im Gespräch mit der Biologie plausibel gemacht werden soll, so kann dies nur über eine Kritik des radikalen Konstruktivismus und des der Theorie autopoietischer Systeme zugrundeliegenden Subjektbegriffs geschehen. Die entscheidende Frage im interdisziplinären Gespräch zwischen Theologie und Biologie lautet also nicht, welche Elemente einer Schöpfungslehre mit welchen Elementen der evolutionsbiologischen Theoriebildung kompatibel oder konvertierbar sind, sondern ob ein gemeinsamer Begriff des erkennenden Subjekts gewonnen werden kann, der die Möglichkeit wie die Notwendigkeit einer polydimensionalen Sicht der Wirklichkeit begründet, ohne die Wirklichkeit in eine zusammenhangslose Vielzahl autarker Sprachspiele und Welten zerfallen zu lassen, zwischen denen keine Kommunikation mehr stattfinden kann.

---

[99] W.F. Gutmann/K. Bonik, a. a. O. (Anm. 27), S. 167.
[100] Vgl. Chr. Link, a. a. O. (Anm. 6), S. 421.

5. Statt Schöpfung Autopoiesis?

Nun sieht sich Maturanas konstruktivistische Theorie autopoietischer Systeme bzw. seine konstruktivistische Biologie des Erkennens sowohl philosophischer als auch biologischer, speziell neurobiologischer Kritik ausgesetzt.[101] Die Kritik betrifft zunächst den Zusammenhang von Biologie und Erkenntnistheorie. Nach Maturana ist das Erkennen von Wirklichkeit gleichbedeutend mit ihrer Erzeugung. Dies gilt nicht etwa nur für die Aufstellung wissenschaftlicher Theorien, sondern für alles Leben, von welchem der dieses untersuchende Beobachter ein Teil ist. Daher gilt nach Maturana auch umgekehrt, daß alles Leben als Erzeugung von Wirklichkeit und somit als Erkennen zu bestimmen ist. Die radikalkonstruktivistische Erkenntnistheorie Maturanas, auf welche sich zumindest M. Weingarten als Vertreter der Kritischen Evolutionstheorie bezieht, ist folglich zirkulär.[102]

Die Zirkelstruktur der erkenntnistheoretischen Argumentation beruht nicht nur auf einer Überdehnung des Begriffs der Erkenntnis, sondern auch auf der Vermengung der Begriffe Prozeß, Tätigkeit und Handlung. Der Begriff der Handlung impliziert Zwecksetzung, Wahlfreiheit und Wahlfähigkeit. Er ist daher zunächst nur auf menschliches Verhalten sinnvoll anwendbar. Inwiefern man auch außerhalb menschlicher Interaktionszusammenhänge sinnvoll von Handlungen sprechen kann, hängt davon ab, ob man auch anderen Lebewesen Freiheit und Subjektivität unterstellen kann. Diese Frage wird von Maturana überspielt statt überzeugend beantwortet. Sein Begriff der Autopoiesis setzt voraus, was allererst zu begründen wäre. Theologisch ist an dieser Vorgangsweise zu kritisieren, daß der von Hause aus theologische Begriff der Schöpfung entleert und unreflektiert in die Naturphilosophie und Naturwissenschaft eingetragen wird.

Sodann verwischt der Begriff der Autopoiesis die Unterschiede zwischen *poiesis* und *techne*.[103] Was Maturana als Erzeugung von Wirklichkeit und Selbsterzeugung im Blick hat, wäre im Sinne der begrifflichen Unterscheidung Platons eher als *techne* denn als *poiesis* anzusprechen. Streng genommen wäre nämlich Autopoiesis in der Sprache traditioneller Theologie und vormoderner Metaphysik gleichbedeutend mit einer *creatio ex nihilo*. Da Maturana aber in Wahrheit die Existenz

---

[101] Siehe dazu *H.R. Fischer* (Hg.), Autopoiesis. Eine Theorie im Brennpunkt der Kritik, Heidelberg 1991.

[102] Vgl. *H.R. Fischer*, Murphys Geist oder die glücklich abhanden gekommene Welt, in: ders. (Hg.), a. a. O. (Anm. 101), S. 9-37, hier S. 26f.

[103] Vgl. *H.R. Fischer*, Information, Kommunikation und Sprache. Fragen eines Beobachters, in: ders. (Hg.), a. a. O. (Anm. 101), S. 67-97, hier S. 91ff.

autopoietischer Systeme immer schon voraussetzt, geht es ihm eigentlich nicht um *poiesis* im strengen Sinne des Wortes, sondern um *techne* im Sinne von Herstellung, Zusammenfügung und Umwandlung von Materie bzw. Energie zum Zweck der Erhaltung des Organismus.

Ob aber Organismen im eigentlichen Sinn des Wortes als Subjekte zu bezeichnen sind, ist nicht nur philosophisch, sondern auch innerhalb der biologischen Forschung umstritten. Olaf Breidbach und Detlef Bernhard verweisen auf Beispiele aus der Welt der Insekten, die darauf hindeuten, daß sich Insekten keineswegs selbstbezüglich („selbstreferentiell"), sondern im Gegenteil ausgesprochen selbst-los verhalten. „Individualität in den Verhaltensäußerungen wird konsequent dann nur mehr als Ausfluß entsprechender in der Vergangenheit begründeter Prädispositionen verstanden, die sich zumindest im Prinzip – als eine Folge von Reaktionsmechanismen verstehen lassen. Für ein analytisches Verständnis der betrachteten Reaktionseigentümlichkeiten gibt es somit keinen Grund, ein Reaktionszentrum, ein ‚Selbst', zu postulieren".[104]

Die Rede von einem nichtmenschlichen Selbst läßt sich offenbar allenfalls evolutionstheoretisch rechtfertigen, sofern klar bleibt, daß es sich streng genommen um eine analoge Redeweise handelt. Der Begriff des Selbst bezeichnet dann die mögliche Reaktionsstrategie eines Organismus als eine Einheit, die das Resultat komplexer, im einzelnen nicht mehr rekonstruierbarer Selektionsprozesse ist.[105]

Daß der Begriff des Selbst nur in einem höchst eingeschränkten Sinne innerhalb der Biologie verwendet werden kann, geht bereits aus Kants Kritik der teleologischen Urteilskraft hervor. Im Rahmen ihrer Analyse hat Kant den Begriff des Naturzwecks geprägt, der folgendermaßen erklärt wird: „ein Ding existiert als Naturzweck, *wenn es von sich selbst [...] Ursache und Wirkung ist*".[106] Weiter führt Kant aus: „In einem solchen Produkte der Natur wird ein jeder Teil, so wie er nur *durch* alle übrige da ist, auch als *um der andern* und des Ganzen *willen* existierend, d.i. als Werkzeug (Organ) gedacht: welches aber nicht genug ist (denn es könnte auch Werkzeug der Kunst sein, und so nur als Zweck überhaupt möglich vorgestellt werden); sondern als ein die andern Teile (folglich jeder den andern wechselseitig) *hervorbringendes* Organ, dergleichen kein Werkzeug der Kunst, sondern nur der allen Stoff zu Werkzeugen (selbst der Kunst) liefernden Natur sein

---

[104] *O. Breidbach/D.B. Linke*, Selbstorganisation ohne Selbst. Über das Autopoietische der Autopoiesis, in: H.R. Fischer (Hg.), a. a. O. (Anm. 101), S. 187-197, hier S. 195.

[105] Vgl. ebd.

[106] *I. Kant*, Kritik der Urteilskraft, § 64, in: *ders.*, Werke in sechs Bänden, hg. v. W. Weischedel, Bd. V, Darmstadt 1983, S. 482.

kann: und nur dann und darum wird ein solches Produkt, als *organisiertes* und *sich selbst organisierendes Wesen*, ein *Naturzweck* genannt werden können".[107] Kant gibt nun aber zu bedenken, daß der autopoietische Naturzweck kein objektiver Tatbestand, sondern „eine *Maxime* der Beurteilung der inneren Zweckmäßigkeit organisierter Wesen" für den erkennenden Verstand ist.[108] Es handelt sich folglich um ein zwar von Erfahrung abgeleitetes, jeder Beobachtung andererseits schon a priori vorausliegendes Prinzip bzw. eine Regel der Reflexion. So ist der sich selbst produzierende und organisierende Organismus eine keineswegs aus der Empirie induktiv gewonnene Vorstellung. Vorstellen kann aber, wie T. Koch zutreffend anmerkt, „offensichtlich nur ein ‚Subjekt', ein bewußtes Wesen. Da *dies* in der Natur nicht zu denken ist, so läßt sich Kants Schluß rekonstruieren: Es kann nur eine *subjektive* Vorstellung unseres Beurteilens sein." [109]

Maturanas Theorie der Autopoiesis und Biologie der Kognition sucht die cartesianische Aufspaltung der Wirklichkeit in die res cogitans und die res extensa, welche auch die Erkenntnistheorie Kants bestimmt, zu überwinden, indem das erkennende Subjekt des wissenschaftlichen Beobachters seinerseits erkannt werden soll. Tatsächlich aber bleibt die cartesianische Aufspaltung weiter bestehen, insofern nämlich der autopoietische Begriff des Selbst am Beobachter gewonnen und analog auf das Objekt seiner Beobachtung übertragen wird. Es ist das Subjekt naturwissenschaftlicher Beobachtungen und Theoriebildungen, welches sich selbst als autopoietischen Ursprung des Universums voraussetzt, wobei der radikale Konstruktivismus der Ich-Philosophie Fichtes näher steht als der Transzendentalphilosophie Kants. Während nämlich Kant noch das erkennende Subjekt als Anwender allgemeiner, Objektivität garantierender Begriffe bzw. Kategorien auf subjektive Wahrnehmung verstanden hat, erklärt Fichte es aufgrund seiner Gleichsetzung des tätigen Subjekts mit Kants transzendentalem Ich auch noch zum Erfinder seiner Verstandeskategorien. Das Ich setzt daher nicht nur sich selbst, sondern mit den von ihm hervorgebrachten Begriffen auch die durch diese begriffene Welt. Dieses Verständnis der Einheit von Subjekt und Welt wird durch den radikalen Konstruktivismus lediglich pluralisiert, was die Folge der über Fichte hinausgehenden modernen Ineinssetzung von empirischem und transzendentalen Ich Kants ist.[110]

---

[107] Kritik der Urteilskraft, § 65 (a. a. O., Anm. 106, S. 485f).

[108] Kritik der Urteilskraft, § 66 (a. a. O., Anm. 106, S. 488f).

[109] T. Koch, a. a. O. (Anm. 20), S. 28.

[110] Vgl. dazu *I. U. Dalferth*, Subjektivität und Glaube. Zur Problematik der theologischen Verwendung einer philosophischen Kategorie, NZSTh 36, 1994, S. 18-58, hier S. 34.

Für den heute diskutierten Begriff der Autopoiesis, der von demjenigen der Selbstorganisation nochmals zu unterscheiden ist, ist neben Fichte auf die Erkenntnistheorie George Berkleys hinzuweisen, auf den sich H. R. Maturana gelegentlich bezieht.[111] Berkleys Grundprinzip lautet: esse est percipi vel percipere.[112] Maturana wie auch der radikale Konstruktivismus präzisieren: percipere est agere, wobei der Begriff der Autopoiesis zwischen den aus der metaphysischen Tradition bekannten Begriffen causa sui und Emanation zu stehen kommt.[113]

Zu den erkenntnistheoretischen Schwierigkeiten der Kritischen Evolutionstheorie wie der Theorie autopoietischer Systeme gehört auch, daß das Teleologieproblem, welches mit Hilfe des Bionomiebegriffs aus der Biologie verbannt wird, durch die Hintertür des Subjektbegriffs wieder hereinkommt. Die der Kritischen Evolutionstheorie immanente Teleologie ist freilich nicht mehr eine theologisch-metaphysische, sondern eine anthropologische. Die Teleologievorstellung ist, wie E. Mayr richtig bemerkt, durchaus im Maschinenmodell der Kritischen Evolutionstheorie enthalten. Indem aber von Gutmann und seinen Mitarbeitern dessen Modellcharakter wie auch die Analogiehaftigkeit der von ihnen gebrauchten Sprache der Ökonomie betont wird, ist ersichtlich, daß es sich um eine anthropozentrische Teleologie handelt, die konstruktivistisch durchschaut ist. Andererseits macht die konsequente Anwendung des Maschinenmodells deutlich, daß die Technik, welche die Theorie wie die Methode experimenteller Forschung bestimmt, nicht in den Bereichen von Physik und Chemie, sondern auch auf dem Gebiet der modernen Biologie „die anthropozentrische Teleologie der Naturwissenschaft" ist.[114] Erkenntnis und Verwertung der Natur sind in der Neuzeit zwei Seiten ein und derselben Medaille. Die Technik und ihre die Natur verwertenden Konstrukte sind nicht erst der nachträgliche Anwendungsfall der modernen Naturwissenschaften, sondern, wie Heidegger einsichtig gemacht hat, schon deren Voraussetzung.[115] Die der Technik innewohnende Teleologie aber entspringt nicht der göttlichen Vernunft, sondern menschlicher Zweckrationalität. Der antiteleologische

---

[111] Vgl. dazu H.R. Fischer, a. a. O. (Anm. 102), S. 28. 31ff.

[112] Vgl. *G. Berkley*, Eine Abhandlung über die Prinzipien der menschlichen Erkenntnis (PhB 20), Hamburg 1979.

[113] Vgl. *H.Radermacher*, Zur Grammatik autopoietischer Systeme, in: H.R. Fischer (Hg), a. a. O. (Anm. 101), S. 53-66, hier S. 55.

[114] T. Koch, a. a. O. (Anm. 20), S. 40.

[115] Siehe vor allem *M. Heidegger*, Die Zeit des Weltbildes, in: *ders.*, Holzwege (GA I/5), Frankfurt a.M. 1977, S. 75-113; *ders.*, Die Frage nach der Technik, in: *ders.*, Vorträge und Aufsätze, Pfullingen 1954, S. 13-44.

Begriff der Bionomie wird also wie derjenige der Autopoiesis am Modell der neu-zeitlichen Autonomie menschlicher Subjektivität gewonnen.

Wie gesehen, ist der im Zusammenhang mit der Kritischen Evolutionstheorie zu diskutierende Begriff der Autopoiesis sowohl erkenntnistheoretisch und natur-philosophisch als auch hinsichtlich seiner empirischen Grundlagen problematisch. Aber auch als theologischer Begriff eignet er sich schlecht. Weder vermag er den Begriff der Schöpfung sinnvoll zu ersetzen, noch kann dieser einfach im Sinne der Theorie autopoietischer Systeme umgedeutet werden. Sowohl die Theorie autopoietischer Systeme wie die organismuszentrierte Kritische Evolutionstheo-rie verweisen allerdings auf einen theologisch bedeutsamen Sachverhalt, der sich als die relative Selbständigkeit der Geschöpfe gegenüber ihrem Schöpfer bezeich-nen läßt. Diese ist nicht nur vom Menschen, sondern von allen Geschöpfen aus-zusagen. Darin besteht ein theologisches Desiderat. Um es einzulösen ist aber das subjektivitätstheoretische Denken der Neuzeit, in welchem sich, wie gesehen, auch die Theorie autopoietischer Systeme bewegt, nicht bloß zu modifizieren, sondern einer fundamentalen Kritik zu unterziehen.

6. Schöpfungsglaube und neuzeitliche Subjektivität

Der in der Kritischen Evolutionstheorie wie in der Theorie autopoietischer Systeme vorausgesetzte Begriff des autonomen Subjektes ist nun insofern kritik-würdig, als er letztlich auf einer defizienten, reduktionistischen Anthropologie beruht. Es wiederholt sich auf dem Gebiet der Naturwissenschaften der Fehler neuzeitlicher Subjektivitätsphilosophie, menschliches Dasein ausschließlich als Tätigsein zu begreifen. Gerade diese Engführung des Subjektbegriffs ist aus theo-logischer Sicht kritikwürdig. Über die Kritik der Gleichsetzung von Menschsein und Tätigsein erschließt sich heute der Sinn der christlichen Schöpfungslehre, nicht etwa, wie es sich in der Nachfolge Kants nahelegt, auf dem Weg einer ethi-schen Transformation der Schöpfungslehre. Denn auch eine solche folgt dersel-ben subjektivitätstheoretischen Logik wie der zu kritisierende Konstruktivismus.

Dies läßt sich gerade an der Kritischen Evolutionstheorie verdeutlichen. Ihre Selbstbescheidung gegenüber Philosophie und Religion ist nämlich zwiespältig. Zwar unterscheiden Gutmann und Bonik zwischen biologischer und kultureller Evolution. Die kulturelle Evolution des Menschen ist einerseits „sprunglos aus der biologischen Selektion hervorgegangen", andererseits von grundsätzlich „an-derer Art, obgleich oder gerade weil sie über Selektion die Entwicklung des Men-schen und zum Teil der übrigen Lebenswelt mitbestimmt"[116]. Weil aber jegliches

[116] W.F. Gutmann/K. Bonik, a. a. O. (Anm. 27), S. 169.

evolutionäre Geschehen keine Ziele kennt, „können natürlich die ethischen Normen und Handlungsanweisungen nicht dem Evolutionsgeschehen selbst entnommen", sondern „nur außerhalb des evolutionären Mechanismus gewonnen werden"[117]. Die Hoffnung aber, daß über die dem Evolutionsprozeß transzendente Ebene ethischer Werte und Normen ein Freiraum für die Religion und damit eine Basis für eine Synthese von Kritischer Evolutionstheorie und christlicher Schöpfungslehre gewonnen würde, ist trügerisch. Denn im Sinne der Theorie autopoietischer Systeme legt sich der Schluß nahe, daß es das menschliche Subjekt kultureller Evolution ist, welches autopoietisch moralische Werte und mit ihnen gegebenenfalls Gott als moralische Instanz setzt.

Auch der prozeßtheologische Versuch einer Synthese von Schöpfungsglauben und Evolutionstheorie entgeht dieser Konsequenz nicht. Wenn Gott dem biologischen wie dem kulturellen Evolutionsprozeß immanent ist, ist es nur folgerichtig, daß nicht Gott, sondern der Mensch das Subjekt der Evolution ist. Wenn das, was wir Menschen tun, wie es G. D. Kaufman formuliert, „katastrophale Folgen für das göttliche Leben selbst haben kann", Gott zu verehren heute demnach bedeutet, „daß wir ganz und gar rechenschaftspflichtig für die Fortdauer des Lebens auf der Erde sind",[118] wird Gott vom Subjekt zum Objekt der Schöpfung. Sofern es also wahr wäre, daß die mit dem Subjektbegriff bezeichnete Struktur ausschließlich selbsttätig wäre, wäre dies für jeden denkbaren Gottesbegriff ruinös. Der Gottesbegriff bezeichnete dann, wie L. Feuerbach behauptet hat, tatsächlich nichts anderes als das Wesen des Menschen.

Nun sieht sich aber der neuzeitliche Subjektbegriff nicht nur theologischer, sondern schon philosophischer Kritik ausgesetzt, worauf in jüngster Zeit besonders I. U. Dalferth hingewiesen hat.[119] Der im Anschluß an Descartes variantenreich behauptete erkenntnistheoretische, genauer gesagt begründungstheoretische Primat des Subjekts läßt sich unter anderem deshalb bezweifeln, weil jeder epistemologische Versuch, Subjektivität zu erklären und zu begründen, dieselbe als fundamentale Gegebenheit immer schon in Anspruch nehmen muß. Auch

---

[117] Ebd.

[118] *G.D. Kaufman*, Theologie für das Nuklearzeitalter (ÖEH 2), München 1987, S. 73. Zum prozeßphilosophischen und -theologischen Begriff der Subjektivität, welche nicht nur dem Menschen, sondern allen Teilen des Universums bis in den atomaren und subatomaren Bereich zugesprochen wird, und seiner Abgrenzung von der nachcartesianischen Subjektivitätsphilosophie siehe *A.N. Whitehead*, Prozeß und Realität. Entwurf einer Kosmologie, Frankfurt a.M. 1987, S. 57ff. 294ff. 352ff; *J.B. Cobb/D.R. Griffin*, Prozess-Theologie. Eine einführende Darstellung, Göttingen 1979, S. 25ff.

[119] Vgl. I.U. Dalferth, a. a. O. (Anm. 110), passim.

ihre Bestimmung als jede Passivität oder Rezeptivität ausschließende Aktivität ist keineswegs zwingend.[120] Namentlich Schleiermacher und Kierkegaard haben bereits die Aporie der epistemologischen Selbstbegründung einer sich selbst setzenden Subjektivität aufgezeigt und einsichtig gemacht, daß die Selbstbezüglichkeit und Selbsterkenntnis des Subjekts und seiner Struktur nur unter einer Voraussetzung möglich ist, über welche das Subjekt nicht verfügt.

Selbst wenn noch alles Erkennen und Denken als Handeln beschrieben werden sollte, läßt sich philosophisch einsichtig machen, daß menschliches Dasein keineswegs ausschließlich durch das Handeln des Subjektes konstituiert ist. Alles Handeln gründet vielmehr in einem handlungsfreien Raum, der keineswegs durch das Subjekt selbst erzeugt, sondern von diesem immer schon vorgefunden wird. Dieser in jedem Tätigsein mitgesetzte Sachverhalt läßt sich mit Schleiermacher als schlechthinnige Abhängigkeit oder auch als reine Rezeptivität bezeichnen.[121] Der Vollzug des Selbstseins ist von dessen Hervorbringung zu unterscheiden. Es ist vornehmlich dieser Sachverhalt, welcher zur philosophischen Kritik des radikalen Konstruktivismus und somit der erkenntnistheoretischen Prämissen der Kritischen Evolutionstheorie nötigt.

Diese Kritik ist nun theologisch von Belang, ihrerseits jedoch noch keine theologische Argumentation. Keineswegs nämlich läßt sich vom Phänomen reiner Rezeptivität auf einen Schöpfergott zurückschließen. So gewiß sich der Schöpfungsgedanke auf das Phänomen reiner Rezeptivität bezieht, so wenig ergibt er sich zwingend aus diesem.[122] Wohl ist die Sinnhaftigkeit der christlichen Schöpfungslehre nicht unmittelbar kosmologisch oder evolutionsbiologisch, sondern nur über die kritische Reflexion epistemologischer Bedingungen naturwissenschaftlicher Wirklichkeitsbeschreibung und das heißt über die Anthropologie zur Sprache zu bringen. Eine allgemeine Anthropologie und Phänomenologie reiner Rezeptivität enthalten jedoch noch nicht in nuce den Gottesgedanken und eine Schöpfungslehre.

Unter neuzeitlichen Bedingungen läßt sich m.E. der christliche Schöpfungsgedanke weder unmittelbar kosmologisch noch auch allgemein anthropologisch, sondern nur über den soteriologisch und christologisch gefüllten Offenbarungsbegriff, d.h. aber über die als Handlungstheorie zu rekonstruierende Rechtfertigungslehre erschließen. Es ist nämlich die christliche Erlösungslehre, genauer gesagt die paulinisch-reformatorische Rechtfertigungslehre, welche ihrem Gehalt

---

[120] Vgl. I.U. Dalferth, a. a. O. (Anm. 110), S. 27. 29.

[121] Siehe dazu unten Kap. 4.

[122] So mit Recht I.U. Dalferth, a. a. O. (Anm. 110), S. 36ff.

nach den Handlungsbegriff subjektivitätskritisch thematisiert. Genauer gesagt besteht der Beitrag der Rechtfertigungslehre zum Problem einer Handlungstheorie wie einer handlungstheoretisch fundierten Erkenntnistheorie in der Behauptung, daß wirklichkeitsgerecht nur dann vom Handeln des Menschen und somit des die Wirklichkeit konstruktivistisch erkennenden Subjektes gesprochen werden kann, wenn zugleich vom Handeln Gottes gesprochen wird, und zwar so, daß der handelnde Mensch als Sünder und der handelnde Gott als der diesen Sünder Rechtfertigende ausgesagt wird. Dies wird im folgenden Kapitel noch näher aus-zuführen sein. Nicht über eine allgemeine Analyse reiner Rezeptivität als Voraus-setzung menschlicher Handlungs- und Erkenntnisfähigkeit, sondern durch den Vollzug des Glaubens an den den sündigen Menschen rechtfertigenden Gott wird die Welt als Schöpfung zugänglich. Im Anschluß an Schleiermacher läßt sich wohl allgemein sagen, daß die Rede vom Handeln Gottes, oder was dasselbe ist, vom handelnden Gott eine metaphorische Beschreibung des Vonwoher der uns Men-schen eigentümlichen Daseinsstruktur ist. Diese Daseinsstruktur ist aber nicht eine naturhaft vorfindliche und durch die Rede von Gott nachträglich gedeutete, sondern eine solche, die sich allererst im Vollzug des Glaubens konstituiert.[123] Dies ist auch der sachliche Kern der neutestamentlichen Aussagen über die Schöpfungsmittlerschaft Christi.[124] Sie besagen nichts anderes, als daß ein zur Wahrheit seiner selbst gelangendes Bewußtsein der eigenen Geschöpflichkeit, welches die Geschöpflichkeit der übrigen Welt impliziert, christologisch vermit-telt ist.

Angefochten aber wird dieser Glaube nicht nur durch das Widerfahrnis per-sönlichen Leidens, sondern auch durch das Entwicklungsgesetz alles Lebendigen, wie es die Evolutionsbiologie erfaßt. Gerade die Kritische Evolutionstheorie kann einsichtig machen, daß die Kräfte der Destruktion nicht etwa das Andere der Kreativität des Lebens sind, sondern Mißbildungen, Fehlentwicklungen und Tod die Voraussetzung für die Lebensfähigkeit der verbleibenden Lebewesen sind. Diese Einsicht erlaubt es nicht, im Sinne der traditionellen Schöpfungslehre von einem Status integritatis zu sprechen. „Auch das Paradies kennt also Untergang durch Fehlbildung und Krankheit, solange es von Lebewesen bevölkert ist, die abhängig von Naturgesetzen sind und jene Wandlungsfähigkeit zeigen, die wir von Lebe-wesen unserer Welt gewohnt sind."[125] Wenn der Satz aus der Genesis: „Und sie-he, es war sehr gut",[126] mit welchem der Schöpfungsglaube sein Einverständnis

[123] Vgl. dazu oben Kap. 2.

[124] Vgl. I Kor 8,6; Joh 1,3; Hebr 1,2; Kol 1,16; Apk 3,14.

[125] W.F. Gutmann/K. Bonik, a. a. O. (Anm. 27), S. 43.

[126] Gen 1,31.

mit der vorfindlichen Welt zum Ausdruck bringt, auch von der Natur gelten soll, wie sie sich der Evolutionsbiologie darstellt, dann sind auch Destruktion und Tod als Elemente des schöpferischen Handelns Gottes zu bejahen.

Theologisch stellt sich damit das Problem des Gesetzes und die alte Frage, inwiefern die lex naturalis mit dem göttlichen Gesetz identifiziert werden kann. In der Theologie des 20. Jahrhunderts hat vor allem W. Elert die Gesetzmäßigkeiten natürlichen Lebens und Sterbens wie der physikalischen Welt als Gottesgesetz interpretiert. Dieses Gottesgesetz sei im Unterschied zum Dekalog „Weltgesetz", durch welches der Mensch mit dem Zorn Gottes konfroniert werde.[127] Die Erkenntnis der Natur führt also zum Gedanken des Deus absconditus. In ähnlicher Weise, wenn auch mit anderer Schlußfolgerung deutet T. Koch das bionome Gesetz der Evolution als „das göttliche Gesetz der Natur", nämlich als der Naturwissenschaft nicht zugängliches „Gesetz der in der Natur *verschlossenen* Vernünftigkeit der Natur"[128]. Während Elert die destruktive Seite des natürlichen Lebensgesetzes scharf akzentuiert,[129] hebt Koch auf die „Übermacht des Lebens" im Prozeß der Evolution ab, deren Sinn mit dem Sinn zusammenstimme, „der Gott selber ist"[130]. So ist die Übermacht des Lebendigen nicht nur ein Hinweis auf den Sinn der Schöpfung, sondern auch auf das Evangelium von der Auferstehung.[131] „Denn in der ihr eigenen Lebendigkeit überwindet die Natur ihre Widersprüchlichkeit selbst, freilich nur als hartes Gesetz."[132]

Abgesehen davon, daß dieser Gedankengang die Zuordnung des Naturgesetzes zur theologischen Lehre und Unterscheidung von Gesetz und Evangelium im Unklaren läßt, bleibt es fraglich, ob Einsicht in die Übermacht des Lebens dieses selbst in seiner bionomischen Verfaßtheit schon als vernünftig erscheinen läßt.[133] Nicht von ungefähr versucht Koch die Vernünftigkeit der Natur im Anschluß an Hegel zu denken, in deren Prozeß des Werdens und Vergehens Gott selbst den Tod erleidet und durch ihn hindurch sich erhält.[134] Wird aber die dann aufbre-

---

[127] *W. Elert*, Der christliche Glaube. Grundlinien der lutherischen Dogmatik, Erlangen ⁶1988, S. 252.

[128] T. Koch, a. a. O. (Anm. 20), S. 66. 69.

[129] Vgl. *A. Peters*, Gesetz und Evangelium (HST 2), Gütersloh 1981, S 186: „Ähnlich wie auch bei *Karl Heim* dürfte hierbei ein *romantischer Nihilismus*, der von *Schopenhauer* über *Nietzsche* zu *Spengler* tradiert wurde, Pate gestanden haben."

[130] T. Koch, a. a. O. (Anm. 20), S. 57.

[131] Vgl. T. Koch, a. a. O. (Anm. 20), S. 81.

[132] T. Koch, a. a. O. (Anm. 20), S. 55.

[133] Vgl. T. Koch, a. a. O. (Anm. 20), S. 80.

[134] Vgl. T. Koch, a. a. O. (Anm. 20), S. 67f.

chende Abgründigkeit desSchöpfungsglaubens dadurch gemildert, daß seine Bejahung des Lebens der „ *‚Idee'* des Lebens" gilt,[135] welche idealistisch vom Aspekt der Zerstörung freigehalten wird?[136] Es sind dies offene Fragen, welche das Problem eines sachgerechten theologischen Zugangs zur Natur in die Problematik einer Eschatologie überführen, welche im letzten Kapitel des vorliegenden Buches behandelt werden soll. Zunächst aber haben wir uns dem im bisherigen Verlauf unserer Überlegungen aufgeworfenen Problem einer der Schöpfungslehre kompatiblen Handlungstheorie zuzuwenden.

---

[135] T. Koch, a. a. O. (Anm. 20), S. 80 (Hervorhebung von mir).

[136] Vgl. T. Koch, a. a. O. (Anm. 20), S. 55, welches argumentiert, „daß Destruktives, Leben Zerstörendes in dieser endlichen, vom Tode gezeichneten Welt *ist*, obgleich es doch *nicht sein* soll. Denn Gott will das Leben und nicht das Verderben."

IV. Reine Rezeptivität
Über die menschliche Grundpassivität
als Element einer theologischen Handlungstheorie

Seid aber Hörer des Wortes
und nicht Täter allein,
womit ihr euch selbst betrügt.

1. Rechtfertigungslehre und Handlungstheorie

Neuere theologische Interpretationen der paulinischen bzw. reformatorischen Rechtfertigungslehre erschließen diese als Metaethik oder auch als Handlungstheorie, welche den Grund personaler, das heißt aber handlungsfähiger Existenz erschließt.[1] Subjektivitätstheoretisch läßt sich die Grundfrage der Rechtfertigungslehre rekonstruieren als diejenige nach den Konstitutionsbedingungen des handelnden Subjekts. Zu einem solchen wird der Mensch nach Aussage der Rechtfertigungslehre dadurch, daß er als Sünder von Gott gerechtfertigt wird. Indem aber die Rechtfertigungslehre von Gott als einem handelnden Subjekt spricht, wird der Sache nach ein Wirklichkeitsverständnis kritisiert, welches das menschliche Dasein und die korrespondierende Wirklichkeit ausschließlich über den Begriff menschlichen Handelns erschließen will. Von der Rechtfertigungslehre als *theologischer* Handlungstheorie läßt sich mit G. Bader feststellen: „Theologische Handlungstheorie ist die in innerer Teleologie zu Ende gebrachte Handlungstheorie. Zu Ende gebracht insofern, als [...] das Phänomen Handlung aus sich selbst heraus nicht vollendet werden kann, sondern nach einer neuen Ebene der Betrachtung ruft".[2]

Im strengen Sinne theologisch ist die mit der Rechtfertigungslehre implizierte Handlungstheorie, weil sie den Akzent gerade nicht, wie etwa W. Härle und E. Herms meinen,[3] auf die *Selbst*konstitution des Subjekts durch eigenes Handeln – und sei es auch durch den als Grund-Handlung begriffenen Glauben – legt, sondern auf die Rechtfertigung des Sünders durch den ihm gnädigen Gott, das heißt aber auf das Handeln eines *anderen.* Eine Metaethik oder Handlungstheorie ist die Rechtfertigungslehre also nur, insofern sie vom *Handeln Gottes* spricht, wel-

---

[1] So z.B. *W. Härle/E. Herms*, Rechtfertigung. Das Wirklichkeitsverständnis des christlichen Glaubens, Göttingen 1980, bes. S. 161ff.

[2] *G. Bader*, Römer 7 als Skopus einer theologischen Handlungstheorie, ZThK 78, 1981, S. 31-56, hier S. 56.

[3] Vgl. W. Härle/E. Herms, a. a. O. (Anm. 1), S. 169ff.

ches alles menschliche Handeln sowohl begründet als auch begrenzt. Das Menschsein wird folglich begründet, indem nicht etwa nur der Glaube kategorial von allen sonstigen menschlichen Handlungen, sondern indem vor allem das Handeln Gottes kategorial vom Handeln des Menschen unterschieden wird. Solche Unterscheidung führt zu einer Umkehrung der Subjekt-Objekt-Struktur jeder vorgängigen Erkenntnistheorie, da sich der Mensch, welcher sich als handelndes Subjekt erkennt und neuzeitlich als solches selbst autonom zu konstituieren glaubt, im Rechtfertigungsglauben als Objekt des Handelns Gottes begreift. Der Beitrag der Rechtfertigungslehre zu dem Problem einer Handlungstheorie besteht – so sagten wir bereits – in der Behauptung, daß wirklichkeitsgerecht nur dann vom Handeln des Menschen geredet werden kann, wenn zugleich vom Handeln Gottes gesprochen wird, und zwar so, daß der handelnde Mensch als Sünder und der handelnde Gott als der diesen Sünder Rechtfertigende ausgesagt wird.

Das Problem jeder Handlungstheorie besteht darin, den Begriff des handelnden Subjekts so zu fassen, daß dasjenige, was begründet werden soll, nicht schon zur Voraussetzung gemacht wird. Es stellt sich die Frage, ob die Rechtfertigungslehre so formuliert werden kann, daß sie der Aporie des neuzeitlichen Autonomiebegriffs entgeht, die darin besteht, die zu begründende Freiheit im Begriff des handelnden Subjektes bereits vorauszusetzen. Insofern auch die theologische Beschreibung der Genesis personaler Subjektivität bei Härle und Herms „schon als Gegebenheit voraussetzt, was sie in seinem Zustandekommen zu erklären beansprucht, nämlich die sich in ihrer Praxissituation realisierende endliche Freiheit"[4], vermag ihre Interpretation der Rechtfertigungslehre nicht zu befriedigen. Aber auch der Verweis auf das Handeln Gottes scheint nicht weiterzuführen, setzt doch auch er offenbar das zu Begründende voraus, nämlich den Begriff des Handelns.

Es stellt sich nun aber die Frage, ob die Rede vom Handeln Gottes tatsächlich derart aporetisch ist, daß sie einen bereits feststehenden Handlungsbegriff univok auf den Menschen wie auf Gott anwendet. Die jüngere semantische Debatte zur Metaphorik religiöser Rede führt im Gegenteil zu dem Schluß, daß es sich bei der Rede vom Handeln Gottes, wiewohl sie in der traditionellen Dogmatik im Rahmen der Lehre von den Eigenschaften Gottes begrifflich expliziert worden ist,[5] in

---

[4] *W. Gräb/D. Korsch*, Selbsttätiger Glaube. Die Einheit der Praktischen Theologie in der Rechtfertigungslehre, Neukirchen-Vluyn 1985, S. 13.

[5] Vgl. dazu *H. Cremer*, Die christliche Rede von den Eigenschaften Gottes (BFChTh 1, H. 4), Gütersloh 1897, sowie die neueren Beiträge in: *W. Härle/R. Preul* (Hg.), Marburger Jahrbuch für Theologie I. Vom Handeln Gottes, Marburg 1987; *Th. Schneider/L. Ullrich* (Hg.), Vorsehung und Handeln Gottes (QD 115), Freiburg/Basel/Wien 1988.

Wahrheit um eine *absolute Metapher* handelt.[6] Absolute Metaphern lassen sich nicht begrifflich auflösen, wohl aber in der Sprache der Begriffe nach ihrer *metaphorischen Wahrheit* befragen, wie P. Ricoeur es genannt hat.[7]

Als absolute Metapher verstanden, thematisiert die Rede vom Handeln Gottes dasjenige, was K. Barth als „reine Rezeptivität" des Menschen bezeichnet hat[8] und was sich mit E. Jüngel oder G. Ebeling als Grundpassivität[9] oder mit F. Schleiermacher schlechthinnige Abhängigkeit nennen läßt.[10] Wo vom Handeln Gottes gesprochen wird, wird in der Sprache der Metapher nach den unser Handeln und uns als Handelnde überhaupt konstituierenden Bedingungen gefragt. Die Bedingungen handlungsfähiger Personalität und Freiheit können ihrerseits nicht weniger denn Freiheit sein. Eben deshalb bleibt die Metapher vom *Handeln* Gottes aussagekräftiger als die Rede vom *Wirken* Gottes, für welche W. Härle eintritt.[11] Zwar schließt auch diese Redeweise personale Konnotationen nicht aus, sofern auf die Analogie des Terminus „Lebenswerk" hingewiesen wird. Problematisch ist aber, daß der Begriff des Wirkens Gottes Konnotationen des Mechanischen oder Automatischen zuläßt, wie Härle selbst einräumen muß.[12] Bei genauerem Hinsehen zeigt sich, daß Härles Verständnis der Rede vom Wirken Gottes in Wahrheit den kritisierten Handlungsbegriff selbst impliziert. Das von Härle als Analogon herangezogene Wirken eines Menschen besteht nämlich in der Wirkung seiner Handlungen. Um die das Menschsein konstituierende Rezeptivität auszusagen, ist daher die absolut metaphorische Rede vom Handeln Gottes ange-

---

[6] Zum Begriff der absoluten Metapher vgl. *H. Blumenberg*, Paradigmen zu einer Metaphorologie, ABG 6, 1960, S. 7-142; *H. Weinrich*, Art. Metapher, HWP 5, Sp. 1179-1186, hier Sp. 1184.

[7] Vgl. *P. Ricoeur*, Stellung und Funktion der Metapher in der biblischen Sprache, in: *ders./E. Jüngel*, Metapher. Zur Hermeneutik religiöser Sprache. Mit einer Einführung von P. Gisel, München 1974, S. 45-70, hier S. 53.

[8] Vgl. *K. Barth*, KD III/2, S. 207.

[9] Vgl. *E. Jüngel*, Tod, Gütersloh ²1983, S. 116. *G. Ebeling*, Luther. Einführung in sein Denken, Tübingen ⁴1981, S. 177 spricht von der unser „Sein konstitutierenden Passivität".

[10] Vgl. *F. Schleiermacher*, Der christliche Glaube nach den Grundsätzen der evangelischen Kirche im Zusammenhange dargestellt (²1830), 2 Bde, hg. v. M. Redeker, Berlin 1960, § 4 (Bd. I, S. 23ff).

[11] Vgl. *W. Härle*, Dogmatik, Berlin/New York 1995, S. 283-285.

[12] W. Härle, a. a. O. (Anm. 11), S. 284.

messener als diejenige von seinem Wirken.[13] Welche Phänomene aber lassen die angesprochene Grundpassivität in Erscheinung treten? Und wie ist diese näher zu charakterisieren? Das ist die Frage, der wir im folgenden nachgehen wollen.

2. Phänomenologie der Geschöpflichkeit

Die Rede vom Handeln Gottes, zumal die von seinem den Sünder rechtfertigenden Handeln, thematisiert die angesprochene Grundpassivität derart, daß sie jedes Verständnis des Menschen zurückweist, welches Menschsein ausschließlich als Tätigsein begreift. In einer solchen Anthropologie trifft sich bemerkenswerterweise K. Barth mit prominenten Vertretern neuzeitlicher Philosophie. „Denn der Mensch", lautet Barths grundsätzliche Feststellung, „existiert als Person, indem er handelt."[14] Anders ausgedrückt: „Als Mensch existieren heißt ja handeln. Und Handeln heißt wählen, heißt sich entscheiden."[15] Bei Barth ist darum – ähnlich wie z.B. im Existentialismus – die Anthropologie unmittelbar mit der Ethik verschränkt. Existieren heißt nach Barth „also ethisch existieren"[16]. Folgerichtig interpretiert Barth unsere Existenz phänomenologisch als Akt, dessen autonomes Subjekt der Mensch ist.

Diese an Barth exemplarisch veranschaulichte neuzeitliche Anthropologie hält freilich schon rein phänomenologisch der Kritik nicht stand. Fundamentale Einwände gegen eine Deutung des Menschseins ausschließlich als Tätigsein ergeben sich keineswegs erst, wenn auf die Grundpassivität des Menschen an den Rändern des Lebens, in Gestalt also unserers Geborenseins und unserer Sterblichkeit verwiesen wird.[17] Die menschliche Grundpassivität zeigt sich vielmehr in

---

[13] Härle kritisiert am Begriff des Handelns Gottes, daß der Handlungsbegriff nicht nur Absicht, Wahl und Kausalität impliziere, sondern darüber hinaus die Körperlichkeit des Handlungssubjekts und die Vorgegebenheit von Handlungsalternativen. Dies sei ein unzulässiger, die Freiheit Gottes verletzender Anthropomorphismus. Vgl. auch *R. Preul*, Problemskizze zur Rede vom Handeln Gottes, in: W. Härle/R. Preul (Hg.), a. a. O. (Anm. 5), S. 3-11. Demgegenüber entwickelt Chr. Schwöbel einen weitergefaßten Handlungsbegriff, der ohne die Elemente der Körperlichkeit und der Abhängigkeit von Wahlmöglichkeiten auskommt. Vgl. *Chr. Schwöbel*, Die Rede vom Handeln Gottes im christlichen Glauben, in: W. Härle/R. Preul (Hg.), a. a. O. (Anm. 5), S. 56-81. Man sollte aber nicht übersehen, daß die biblische Tradition auch Metaphern einer Leiblichkeit Gottes kennt. So wird beispielsweise von der Hand Gottes bzw. seinen Händen (Ps 139,5; Ps 92,5 u.ö.), von Gottes Auge (Gen 6,11; 18,3 u.ö.), von Gottes Herz (Jer 31,20 u.ö.), ja sogar von Gottes Füßen (Mt 5,35) gesprochen.

[14] KD II/2, S. 572; vgl. KD III/2, S. 109ff. 216.

[15] KD II/2, S. 594.

[16] KD III/2, S. 108.

[17] Hierauf konzentriert sich die Analyse bei Ebeling und Jüngel.

(all)täglichen, in der philosophischen wie in der theologischen Debatte zumeist vernachlässigten Lebensvorgängen, ohne welche der Mensch nicht zu existieren vermag, die sich aber weder in der Kategorie des Aktiven noch derjenigen des Passiven begrifflich fassen lassen. Insofern ist der Begriff der Grundpassivität sogar irreführend, weil er antithetisch auf denjenigen der Aktivität bezogen ist. Schleiermachers Begriff der schlechthinnigen Abhängigkeit verdient unter diesem Gesichtspunkt den Vorzug.

Bei den angesprochenen Lebensvollzügen handelt es sich um Vorgänge, die einem Subjekt zuzuschreiben sind, ohne – wie es der Begriff der Handlung voraussetzt – Selektionsakte zu sein. Sie werden sprachlich durch aktive Verbformen ausgedrückt, ohne daß durch sie eine wirkliche Handlung, ein intentionaler Selektionsakt beschrieben würde. Andererseits handelt es sich um Lebensvollzüge von als Subjekt benannten Personen, also nicht um subjektlose Vorgänge. Analog zu Handlungen werden sie durch aktive Verbformen einer Person zugeschrieben. Daß es sich gleichwohl nicht um wirkliche Handlungen handelt, wird auf der semantischen Ebene dadurch angezeigt, daß anstelle personaler Wendungen neutrische Formulierungen treten können, wie auch dadurch, daß manche dieser Lebensvollzüge nicht in der 1. Person singular oder plural Indikativ Präsens ausgesagt werden können.

Wir wollen einige Beispiele näher untersuchen. Zu den angesprochenen Lebensvollzügen jenseits von menschlicher Aktivität und Passivität gehört das *Schlafen*.[18] Gegen die These, der Mensch existiere ausschließlich, indem er handle, ist einzuwenden: Der Mensch existiert auch, wenn er schläft. Schlafend existiert er immerhin acht oder gar mehr Stunden am Tage! Diese Lebenszeit und damit ein erheblicher Teil menschlichen Daseins wird ausgeblendet, wenn man das Menschsein nur nach seiner Aktivität bemißt. Umgekehrt ist der Schlaf eine grundlegende Voraussetzung dafür, daß der Mensch überhaupt handeln kann. Eine Person, die nicht ausgeschlafen oder völlig übernächtigt ist, ist, wie jeder weiß, nur noch bedingt oder gar nicht mehr entscheidungs- und handlungsfähig.

Sprachlich fällt auf, daß man von sich selbst das Schlafen zwar aktivisch, jedoch niemals in der 1. Person Singular Präsens aussagen kann. Der Satz: „Ich schlafe zur Zeit", ist vielleicht eine scherzhafte Behauptung, kaum aber eine sinnvolle Aussage. Wer umgekehrt jemanden, von dem er nicht sicher ist, ob er schläft, fragt: „Schläfst du?", wird im Ernst ja wohl nicht als Antwort ein Ja erwarten. Über unseren eigenen Schlaf können wir im Präsens stets nur in der Verneinung, sonst aber nur imperfektisch, futurisch, optavisch oder konjunktivisch sprechen.

---

[18] Zur religionsgeschichtlichen Sicht des Schlafes vgl. *G. Lanczkowski*, Art. Schlaf, RGG³ V, Tübingen 1961, Sp. 1418f.

Wenn also der Schlaf keine Handlung ist, so ist er darum doch kein subjektloser naturhafter Vorgang. Er wird nicht nur einem anderen Menschen prädikativ zugesprochen, sondern auch von diesem selbst als ihm eigener *Lebensvollzug* verstanden. Das Schlafen ist nämlich, solange der Schlaf noch nicht eingetreten ist, durchaus Gegenstand des Wollens oder Wünschens. Wir können vom Schlafen als von etwas sprechen, das wir *tun* möchten, ohne daß der *Vollzug* des Schlafens selbst eine wirkliche Handlung ist. Es ist aber auch nicht das Resultat einer Handlung, können wir doch das Einschlafen nicht erzwingen, sondern bestenfalls durch geeignete Mittel stimulieren. Der Schlaf wird nicht durch einen Akt der Entscheidung bewirkt, sondern „tritt ein", wie wir sagen. Die mit dem Einschlafen verbundene Passivität wird durch entsprechende Metaphern ausgedrückt, die davon sprechen, daß wir „vom Schlaf übermannt" werden (passive Wendung!) oder „in tiefen Schlaf fallen" (das Fallen ist keine Handlung, sondern ein Widerfahrnis).

Ein mit dem Schlaf nicht selten verbundener Lebensvollzug ist das *Träumen.*[19] Auch dies kann, wenn nicht im uneigentlichen Sinne der Tagträume oder des Ausmalens künftiger Ereignisse, selbstreflexiv nicht im Präsens ausgesagt werden. Daß der Traum nicht eigentlich eine Handlung ist, bringt unsere Sprache zum Ausdruck, die feinsinnig davon reden kann, daß *es* uns geträumt hat. Wiewohl der Traum ein höchst individuelles Erlebnis ist, bleibt es ein Widerfahrnis. Träume lassen sich durch geeignete Mittel (z. B. Drogen) stimulieren, nicht aber durch einen Willensakt hervorrufen. Das Träumen ist kein Selektionsakt, gleichwohl aber ein personales Geschehen.

Gerade der Schlaf macht deutlich, daß der Mensch keineswegs nur existiert, indem er handelt. Umgekehrt aber kann der Mensch nur handeln, indem er existiert. Und dafür ist der Schlaf als Regenerationsphase eine lebenswichtige Voraussetzung. Der Schlaf ist freilich keine hinreichende oder gar notwendige Bedingung menschlichen Handelns. Im Gegenteil sind ja alle Handlungsmöglichkeiten während des Schlafens ausgeschlossen. Sich im Schlaf herumzudrehen, zu sprechen (oder zu schnarchen), gar schlafzuwandeln sind keine bewußten, intentionalen Wahlakte, per definitionem also keine Handlungen. In der Religionsgeschichte ist daher die Vorstellung verbreitet, daß im Schlaf die Seele, das Zentrum der handlungsfähigen Person, den Körper verlasse.

Der Schlaf ist eine tägliche Erfahrung der Endlichkeit. In der griechischen Antike ist Hypnos, der Gott des Schlafes, bekanntlich der Zwillingsbruder des Todesgottes Thanatos. Wo die Vorstellung vom Entweichen der Seele aus dem Körper beim Eintritt des Schlafes herrscht, schwebt der Schlafende in höchster

---

[19] Zur Traumforschung und religiösen Traumdeutung siehe *Th. Wagner-Simon/G. Benedetti* (Hg.), Traum und Träumen, Göttingen 1984.

Gefahr. Er könnte so plötzlich geweckt werden, daß die Seele nicht rechtzeitig zurückkehren kann; dann müßte der aus dem Schlaf Gerissene unweigerlich sterben. Lebensgefahr besteht nach einer bei Naturvölkern vertretenen Vorstellung auch, wenn die Lage oder das Äußere des Schlafenden so verändert wird, daß seine Seele den Körper nicht wiederfindet oder vor ihm zurückschreckt.[20]

Religiös gesprochen ist es darum eine Gnade, ungestört schlafen und gesund und neu zu Kräften gekommen vom Schlaf aufzustehen. Ps 127,2 betrachtet den ungestörten Schlaf als eine Gabe Gottes.[21] Kulturgeschichtlich gesehen ist der Tiefschlaf, worauf H. Blumenberg aufmerksam macht, eine Errungenschaft des Höhlenmenschen. „Sowohl der Urwald als auch die Savanne sind Gegenden diffuser Aufmerksamkeit, der gedämpften Wachsamkeit noch im Schlaf. [...] Im Schutz der Höhlen beginnt der Frühmensch mit einer neuen Form des Schlafs, dem geborgenen Tiefschlaf, einer Kulturform des Schlafes, den sich kein anderes ‚feindbezogenes' Lebewesen leisten kann."[22]

Handlungstheoretisch betrachtet ist der Schlaf keine Handlung, sondern eine lebensnotwendige Unterbrechung unseres Tätigseins. Notwendige, wenngleich nicht hinreichende Bedingung menschlichen Handelns ist dagegen das *Wachsein*. Menschliches Leben vollzieht sich grundlegend im Wechsel zwischen Wachen und Schlafen. Aber auch das Wachsein ist ja keine Handlung. Wir sind es vielmehr oder sind es nicht. Ebensowenig wie wir auf Grund einer Wahl den Schlaf herbeiführen können, können wir uns für das Erwachen und das anschließende Wachsein entscheiden. Wer schläft, kann sich nicht selber wecken.

Weitere Lebensvollzüge, die die Existenz eines Menschen mit ausmachen, ohne doch Handlungen zu sein, sind das gewöhnliche *Atmen* (man kann freilich die Atmung auch bewußt steuern), unsere *Triebe* und *Affekte*. Nur eine künstliche Trennung kann sie vom eigentlichen Selbst abspalten. Sie sind aber auch nicht dadurch zu beseitigen, daß sie vom denkenden Subjekt vollständig in Handlungen überführt werden könnten. Man nehme nur den Hunger oder den Durst als

---

[20] Vgl. G. Lanczkowski, a. a. O. (Anm. 18), Sp. 1418.

[21] Luther übersetzt: „Seinen Freunden gibt er [der Herr] es *im* Schlaf." Wörtlich aber heißt es: „Seinen Freunden gibt Jahwe Schlaf"! Zu einer Theologie des Schlafes siehe auch *U. Körtner*, Liebe, Schlaf und Tod. Ein theologischer Versuch zu Robert Schneiders Roman *Schlafes Bruder*, in: *R. Moritz* (Hg.), Über „Schlafes Bruder". Materialien zu Robert Schneiders Roman, Leipzig [2]1996, S. 92-100.

[22] *H. Blumenberg*, Höhlenausgänge, Frankfurt a.M. 1989/1996, S. 27f. Siehe auch *R. Bilz*, Paläoanthropologie I, Frankfurt a.M. 1971, S. 181f, der die Vermutung äußert, der Selektivschlaf der Ammen sei ein Rest eines objektbezogenen wachsamen Schlafes. Die phylogenetisch dem Höhlenschlaf vorausliegende Disposition kehre auch dann wieder, wenn jemand, wie wir sagen, „vor Sorgen nicht schlafen kann".

Beispiel, von denen wir wie vom Träumen neutrisch sagen können, daß es uns hungert oder dürstet. Ebenfalls keine Handlungen, gleichwohl wesentliche Konstitutionsbedingungen menschlicher Existenz sind die *Stimmungen*. Seit Kierkegaard ist vor allem die Stimmung der Angst vielfältig beschrieben und analysiert worden. Zum Menschsein gehören aber auch die Hoffnung, die Freude oder das Gefühl des Glücks.

Einen weiteren Bereich der sogenannten Grundpassivität oder Rezeptivität des Menschseins bilden die *sinnlichen Wahrnehmungen*. Sehen, hören, riechen, schmecken, fühlen, das alles sind Lebensvollzüge, ohne die kein Mensch handlungsfähig wäre, die selbst aber keine Handlungen darstellen. Sinneseindrücke sind andererseits aber auch nicht, wie das Wort „Eindruck" nahelegt, bloße Formen des Erleidens. Die Sprache wechselt auch in diesen Fällen zwischen aktivischen und neutrischen Wendungen: „Ich friere" – „mich friert".

Die bisher angeführten *Lebensvollzüge* unterscheiden sich deutlich von kontingenten *Vorgängen* anderer Art wie denjenigen des Fallens, Umfallens, Stolperns, Stürzens, Anstoßens. Bei diesen handelt es sich um Vorgänge oder Widerfahrnisse akzidentieller Art. Sie können gelegentlich vorkommen, müssen es aber nicht notwendigerweise. Anders dagegen die zuvor untersuchten Lebensvollzüge. Sie sind dem menschlichen Dasein wesentlich. Ohne sie gibt es keine menschliche Existenz und somit keine Subjekte möglicher Handlungen.

Die von uns so genannten Lebensvollzüge sind, wie gesehen, zwar keine Handlungen. Wohl aber können wir uns zu ihnen handelnd verhalten. Dies bedeutet jedoch nicht, daß sich die Nicht-Handlungen der angesprochenen Lebensvollzüge vollständig in Handlungen überführen lassen. Wäre dies möglich, so würde sich der Mensch allerdings durch sein eigenes Handeln konstituieren und somit zum Schöpfer seiner selbst. Dies aber ist eine Illusion, welche das neuzeitliche Weltverhältnis auf das Selbstverhältnis überträgt.

Kierkegaard hat das menschliche Dasein beschrieben als ein Verhältnis, das sich zu sich selbst verhält. In dieses dialektische Selbstverhältnis ist der Leib einbezogen, damit aber wachen und schlafen, hungern und dürsten, sich ängstigen und freuen, schmecken und fühlen, hören, sehen und riechen. Diese Lebensvollzüge können nicht vollständig, wohl aber teilweise in Handlungen überführt, d.h. vom Subjekt intentional und zweckhaft gewählt werden. Man kann z. B. müde sein und sich doch *entscheiden* noch eine Weile wachzubleiben. Man kann sich wachhalten, z. B. wenn man Wache halten muß. Wir können willentlich hungern oder zumindest mit dem Essen warten. Wir können willentlich auf das Trinken verzichten. Wir können ganz allgemein gesprochen Askese üben. Wir können auch versuchen, die Angst zu überwinden oder uns zumindest nicht in sie hineinzusteigern. Wir können willentlich etwas oder jemanden anschauen, können hinsehen und beobachten, hinhören, aufmerksam lauschen oder zuhören. Wir können willentlich riechen oder etwas abschmecken, etwas berühren und abtasten. Wir können uns warm anziehen oder Kühlung verschaffen.

Indem solchermaßen die angesprochenen Lebensvollzüge zum Gegenstand von Handlungen werden, werden sie auch zum *moralischen* Problem. Wer sich beispielsweise übermüdet hinter das Lenkrad seines Fahrzeugs setzt und einen Unfall verursacht, macht sich *schuldig*. Das bewußte Verhältnis zu unseren grundlegenden Lebensvollzügen ist unter Umständen mithin auch eine Frage des *Rechts*. Wer sich als Wachhabender nicht wachzuhalten versucht, verletzt seine Pflicht. Wer weiß, daß er demnächst Wache halten muß, hat dafür zu sorgen, daß er zu diesem Zeitpunkt ausgeschlafen ist. Auch der Umgang mit der Angst ist insofern eine moralische Frage, als Angst nicht zur Feigheit führen darf. Und schließlich ist auch die Triebbefriedigung einer moralischen Bewertung zugänglich. Das gilt nicht etwa nur für den Sexualtrieb, sondern auch von Hunger und Durst, wo nicht nur das Ob, sondern auch das Was ein Gegenstand moralischer Reflexion sein kann, die bis zu der sozialen Dimension der Sattheit der Reichen und des Hungers der Armen reicht. Der moralischen Beurteilung zugänglich ist ferner unsere sinnliche Wahrnehmung, gibt es doch das verantwortungslose Wegschauen und Überhören ebenso wie das schamlose Hinsehen, den Voyeurismus oder die Sensationslust.

Auch wenn somit die grundlegenden Lebensvollzüge zum Gegenstand der Ethik werden, lassen sie sich doch nicht vollständig in Handlungen überführen. Wir können zwar in bestimmten Fällen willentlich hinschauen oder wegsehen, aber das Sehen nicht an sich aufgeben, ebensowenig wie das Hören oder das Atmen. Wir können die Triebbefriedigung hinauszögern oder unsere Triebe umgekehrt prophylaktisch befriedigen, sie aber nicht dauerhaft abstellen. Wir können die Zeiten des Schlafens und Wachseins beeinflussen, den grundlegenden Lebensrhythmus von Schlafen und Wachen aber weder hervorrufen noch unterbinden.

Daß sich die unseren grundlegenden Lebensvollzügen innewohnende Grundpassivität nicht gänzlich in unser Handeln überführen läßt, gilt nun aber auch von unserem Geborensein, unserem Leiden und unserer Mortalität. Es ist eine gängig gewordene Interpretation, wonach selbst das Leiden und Sterben als Wahlakte des Menschen verstehbar seien. In der Tat können wir, selbst noch als Todkranke, uns zu beidem verhalten. Wir können freiwillig leiden, das Leiden bejahen, eine Krankheit erdulden, eine unheilbare Krankheit annehmen, wobei im Umgang mit Leiden und Krankheit eine Fülle von Entscheidungen (z. B. medizinischer Art) zu treffen sind. Das Leiden ist eine Tat, wo es Menschen willentlich auf sich nehmen. Dessen ungeachtet kann das Leiden aber auch ein ausschließliches Widerfahrnis sein, zumal dort, wo das Bewußtsein eingeschränkt, teilweise oder gar vollständig ausgeschaltet ist. Auch das Sterben kann eine menschliche Tat sein, sei es, daß es bejaht, sei es, daß es willentlich herbeigeführt wird. Aber im Vorgang des Sterbens selbst – und das gilt auch für die Selbsttötung – ist dieses zumeist ein reines Erleiden.

Erstaunlicherweise wird viel über das Sein des Menschen zum Tode, aber nur wenig über sein Sein von der Geburt her nachgedacht. Darum sei auf die Nativität des Menschen an dieser Stelle besonders eingegangen.[23] Wie das Sterben, so sind auch Zeugung und Geburt immer mehr in die Verfügungsgewalt des Menschen geraten. Seine eigene Geburtlichkeit ist jedem Menschen jedoch gänzlich entzogen. Anders als unseren Tod können wir unsere eigene Geburt nicht herbeiführen. Sie ist niemals als Tat eines Subjekts beschreibbar, sondern liegt im Moment, wo sich das Subjekt seiner selbst als eines Handlungsträgers bewußt wird, längst schon als einmaliges und unwiderrufliches Ereignis zurück. Das Geborensein ist durch keine Tat des Menschen reproduzierbar. Im Blick auf den Anfang des je eigenen Lebens ist noch deutlicher als im Blick auf dessen Ende eine Grund-*passivität* erkennbar, die *jedes* aktive Moment ausschließt.

Gleichwohl haben wir uns auch zu unserer Geburtlichkeit zu verhalten, ohne sie nachträglich zu einer Handlung machen zu können. Wir feiern beispielsweise unseren Geburtstag und messen die Länge unseres Lebens, indem wir die Jahre seit unserer Geburt zählen. Wir können uns mit unserer Herkunft auseinandersetzen. Unser Verhalten den Eltern gegenüber ist schließlich eine Weise, sich zur eigenen Nativität zu verhalten, durch welche diese eine soziale Dimension gewinnt.

Das Daß unseres Daseins aber bleibt unserem Handeln entzogen. Das gilt ohne Einschränkung, wie wir uns vergegenwärtigt haben, von unserer Geburtlichkeit. Es trifft aber ebenso auf unsere Sterblichkeit zu, die auch durch eine Selbsttötung nicht herbeigeführt, sondern lediglich vollendet bzw. beendet wird. Dasein ist Geborensein, das in Gewesensein überführt wird. Das Gewesensein aber ist durch keine Tat begründbar und vor allem durch keine Tat aufhebbar.

Insofern die Grundpassivität des Menschen die Alternative von Aktivität und Passivität übersteigt, sollte ihr Begriff durch einen weniger mißverständlichen ersetzt werden. Aber auch der von Barth verwendete Begriff der reinen Rezeptivität bedarf einer Modifizierung, insofern unsere phänomenologische Analyse gezeigt hat, daß der Mensch eben nicht nur, wie Barth meint, existiert indem er handelt.

---

[23] Zur Phänomenologie der Geburtlichkeit, auf die *Hannah Arendt* aufmerksam gemacht hat, siehe vor allem die Arbeiten von H. Timm, z.B. *H. Timm*, Sprachenfrühling. Perspektiven evangelisch-protestantischer Religionskultur, Stuttgart 1996, S. 47-54.

Das Wesen reiner Rezeptivität, wie es sich uns anhand der untersuchten Lebens-vollzüge dargestellt hat, läßt sich vielleicht am besten als *Gegebensein* bestimmen, wobei dieser Begriff freilich die Frage nach dem Geber aufwirft und darum eher ein theologischer als ein philosophischer ist. Dasein heißt Gegebensein. Das Da-sein ist, indem es sich selbst gegeben ist. Alles Handeln aber setzt solches Sich-selbst-gegebensein voraus. Im Handeln verhält der Mensch sich zu sich selbst. Daß er sich zu sich selbst *verhalten* kann, setzt voraus, daß er sich selbst *gegeben ist*.

3. Eschatologische Geschöpflichkeit

Theologisch wird die reine Rezeptivität des Menschen, sein Gegebensein, so-wohl in der Schöpfungs- und Erhaltungslehre als auch in der Rechtfertigungs-lehre reflektiert. Wie in ihrem Rahmen Gott als das *Vonwoher* reiner Rezeptivität zu denken ist, wurde bereits im 2. Kapitel dargelegt.[24] Wir wollen nun noch ge-nauer fragen, auf welche Weise die Rechtfertigungslehre das Gegebensein mensch-lichen Daseins und damit die Konstitutionsbedingungen menschlichen Handelns zur Sprache bringt.

Qualifiziert die Schöpfungslehre den Menschen als Geschöpf Gottes, so die Rechtfertigungslehre als eine *neue* Schöpfung.[25] Auch diese ist durch Geburtlichkeit und Tod gekennzeichnet. Bemerkenswerterweise aber kehrt die Rechtfertigungs-lehre deren unserer Erfahrung zugängliches Gefälle um. Die neue oder auch *eschatologische* Geschöpflichkeit des gerechtfertigten Sünders zeichnet sich dadurch aus, daß bei ihr die mortificatio der vivificatio vorausgeht. Paulus drückt die Mortalität eschatologischer Existenz durch seine Erklärung aus, wonach in Chri-stus der sündige Mensch der Sünde und dem Gesetz gestorben sei.[26] Der Tod kann für Paulus aber nur deshalb eine Deutekategorie des Rechtfertigungs-geschehens sein, weil er ihn als reines Erleiden auffaßt. Paulus appelliert gerade nicht an den Sünder, er selbst solle sich töten, seine Begierden oder die Sünde in sich zum Absterben bringen, sondern konfrontiert den Glaubenden[27] mit seiner eschatologischen Mortalität, die darin besteht, daß er ein für allemal der Sünde

---

[24] Vgl. oben S. 50 ff. Siehe dazu ausführlicher *U. Körtner*, Der handelnde Gott. Zum Verständnis der absoluten Metapher vom Handeln Gottes bei Karl Barth, NZSTh 31, 1989, S. 18-40, bes. S. 38ff.

[25] Vgl. II Kor 5,17.

[26] Vgl. Röm 5-7.

[27] Die Glaubenden sind aber nach Röm 6,3f die Getauften, und zwar die auf den Tod Christi Getauften.

bereits gestorben *ist*.[28] Anders als die geschöpfliche Mortalität besteht die eschatologische also nicht im Tod als einer noch ausstehenden *Möglichkeit*, sondern als einem soteriologischen *Faktum*. Dieses aber ist dem Glaubenden ausschließlich *gegeben* und somit seinem Handeln *entzogen*. Nur unter dieser Voraussetzung ist die eschatologische Existenz nach Paulus nicht nur ein Sein vom Tode her, sondern wie das geschöpfliche Dasein ein solches zum Tode hin. Die etwa in Röm 8,13 geforderte Tötung der sündigen Existenz ist nicht die Bedingung des Heils, sondern lediglich die Realisierung des bereits eingetretenen Todes innerhalb der Zeitlichkeit menschlicher Existenz. Dementsprechend werden Krankheit und Leiden nicht, wie sonst üblich, als Vorboten des bevorstehenden Todes, sondern als Auswirkungen des bereits eingetretenen, nämlich in Christus eingetretenen Todes gedeutet.[29]

Wie wenig aber die eschatologische Existenz als Tat des Menschen aufgefaßt werden kann, erhellt daraus, daß die Mortalität des gerechtfertigten Sünders mit seiner eschatologischen Geburtlichkeit zusammenfällt. Ihr neutestamentlicher Begriff ist derjenige der Wiedergeburt, der vor allem im johanneischen Schrifttum verwendet wird.[30] Das neue Geschöpf, von dem Paulus II Kor 5,17 spricht, tritt durch eine neue Geburt in die Welt, welche sachlich mit seinem Sterben in Christus zusammenfällt. Eben darum ist die Taufe sowohl Symbol des eschatologischen Todes wie auch der eschatologischen Wiedergeburt.[31] Die neutestamentlicher Rede von der Geburtlichkeit eschatologischer Existenz unterstreicht vollends, daß jedes menschliche Handeln als Konstitutionsbedingung gerechtfertigten Daseins ausgeschlossen ist. Der gerechtfertigte Sünder kann und muß sich sogar zu seiner Wiedergeburt wie zu seinem eschatologischen Tod verhalten, wie die neutestamentlichen Paränesen bewußt machen.[32] Doch seine Erlösung, d.h. seine gerechtfertigte Existenz ist dem Glaubenden schlicht gegeben. Aus *Glauben* leben[33] heißt darum, *sich selbst als gerechtfertigt gegeben sein*. Es bedeutet aber weder *durch* sich selbst gegeben, noch durch sich selbst gerechtfertigt zu sein. Eben darum ist zur Beschreibung des sich selbst als gerechtfertigt Gegebenseins vom Handeln Gottes als des Gebers zu sprechen, und zwar, wie unsere Beobachtungen zur eschatologischen Mortalität und Nativität gezeigt haben, exklusiv.

---

[28] Vgl. Röm 6,10f.

[29] Vgl. II Kor 4,10-12.

[30] Vgl. 3,3-7; dazu Joh 1,13; I Joh 3,1ff; 5,1-5. Siehe auch I Petr 1,3.

[31] Vgl. einerseits Röm 6, andererseits Joh 3,3-7; I Joh 5,6ff.

[32] Für unsere Frage nach Phänomenen menschlicher Grundpassivität ist es bemerkenswert, daß Luther unter theologischem Gesichtspunkt das Schlafen zu den guten Werken rechnen kann! Vgl. *M. Luther*, Sermon von den guten Werken (1520), WA 6, 205.

[33] Zur Formulierung vgl. Röm 1,17; Gal 3,11 im Anschluß an Hab 2,4.

V. Der Verlust der Verantwortung
Begründungsprobleme heutiger Verantwortungsethik

> Es gibt keine Handlung, für die
> niemand verantwortlich wäre.
>
> Otto von Bismarck

1. Verantwortung und Moral

Der Begriff der Verantwortung markiert einen Wandel des allgemeinen moralischen Bewußtseins. In der ethischen Theoriebildung der philosophischen und theologischen Tradition spielt er bis zum Beginn des 20. Jahrhunderts keine besondere Rolle. Durch Max Weber in die Diskussion eingeführt,[1] ist „Verantwortung" nach dem ersten Weltkrieg zu einem neuen Grundwort unserer Sprache aufgestiegen, das mehr und mehr an die Stelle des ethischen Begriffs der Pflicht getreten ist. Durch die Überlebenskrise der Menschheit hat der Begriff der Verantwortung nochmals an Bedeutung gewonnen. Er ist inzwischen zum Leitbegriff einer zukunftsorientierten, um das Überleben der Menschheit besorgten Ethik geworden.[2]

Ethisch gebraucht umfaßt der Begriff der Verantwortung gleichermaßen Gesichtspunkte der Individualethik, der Personalethik, der Sozialethik und der Umweltethik.[3] Er scheint dazu besonders geeignet, die mit dem Begriff der Pflicht oder auch demjenigen der Gesinnung verbundene Beschränkung der Ethik auf

---

[1] Siehe *M. Weber*, Politik als Beruf (1919), in: *ders.*, Gesammelte politische Schriften, 2. erw. Aufl., hg. v. J. Winckelmann, Tübingen 1958, S. 493-548. Zum ganzen Kapitel vgl. auch *U. Körtner*, Verantwortung, GlLern 7, 1992, S. 97-104; *ders.*, Dem Risiko trotzen. Grundzüge einer zeitgemäßen Verantwortungsethik, EK 29, 1996, S. 581-586.

[2] Siehe vor allem *W. Weischedel*, Das Wesen der Verantwortung, Frankfurt a.M. ²1958; *G. Picht*, Der Begriff der Verantwortung, in: *ders.*, Wahrheit, Vernunft, Verantwortung. Philosophische Studien, Stuttgart 1959, S. 318-342; *W. Schulz*, Philosophie in der veränderten Welt, Pfullingen ²1974, S. 630-840; *H. Jonas*, Das Prinzip Verantwortung. Versuch einer Ethik für die technologische Zivilisation, Frankfurt a.M. 1979; *K.-O. Apel*, Diskurs und Verantwortung. Das Problem des Übergangs zur postkonventionellen Moral, Frankfurt a.M. 1988; *H.E. Tödt*, Perspektiven theologischer Ethik, München 1988, S. 21-48; *F.-X. Kaufmann*, Der Ruf nach Verantwortung. Risiko und Ethik in einer unüberschaubaren Welt, Freiburg i.B. 1992; *K. Bayertz* (Hg.), Verantwortung: Prinzip oder Problem?, Darmstadt 1995; *K. Schwarzwäller*, Literatur zum Thema „Verantwortung", ThR 57, 1992, S. 141-179.

[3] Zu dieser Unterscheidung vgl. *A. Rich*, Wirtschaftsethik. Grundlagen in theologischer Perspektive, Gütersloh 1984, S. 41ff.

das sittliche Subjekt und ein Verständnis von Sittlichkeit als Reflexionshandlung allein des Individuums bereits im Ansatz der Ethik zu überwinden. Darin liegt die Bedeutung des Verantwortungsbegriffs für eine zukunftsorientierte, auch die Lebensmöglichkeiten künftiger Generationen bedenkenden Ethik.

Ein weiterer Vorzug des Verantwortungsbegriffs gegenüber demjenigen der Pflicht besteht darin, daß er die heute gefährdet erscheinende Zukunft als solche zum eigenständigen Gegenstand ethischer Reflexion erhebt, indem er dazu anleitet, die Frage nach den Folgen von Handlungen und Entscheidungen zu stellen. Während eine am Begriff der Pflicht orientierte Gesinnungsethik deontologisch argumentiert, denkt eine Veranwortungsethik in teleologischen Kategorien. Darin scheint sie einer an Pflichten und Normen orientierten Ethik überlegen zu sein. So nimmt es nicht wunder, daß die heutigen Bemühungen um eine alle denkbaren Bereiche menschlicher Lebensführung berücksichtigende Ethik in der Zielsetzung einer Verantwortungsethik konvergieren.[4]

Die Tragfähigkeit des Verantwortungsbegriffs als Leitbegriff einer den heutigen gesellschaftlichen Anforderungen genügenden Ethik bedarf allerdings einer Überprüfung. Dafür gibt es mehrere Gründe. Zum einen läßt sich gegenläufig zu den Bemühungen um die Begründung einer Verantwortungsethik ein Trend zu Entmoralisierung des Verantwortungsbegriffs beobachten.[5] Zum anderen läßt sich zeigen, „daß jede Theorie der Verantwortung parasitär gegenüber einer Theorie der Moral ist", und zwar deshalb, weil der Verantwortunsgbegriff als solcher „evaluativ neutral" ist, jede Verantwortungstheorie folglich von moralischen Wertsetzungen lebt, die sie selbst nicht begründen kann. Was aber die moralische Begründung einer möglichen Theorie der Verantwortung für die heutige „Risikogesellschaft"[7] betrifft, so ist die vor allem von Niklas Luhmann aufgeworfene Frage zu diskutieren, ob die Komplexität der Risiken, um derentwillen die Ausar-

---

[4] Vgl. z.B. *M. Honecker*, Einführung in die Theologische Ethik, Berlin/New York 1990, S. 327ff; *W. Huber*, Sozialethik als Verantwortungsethik, in: Ethos des Alltags (FS S.H. Pfürtner), 1983, S. 55-75; *ders.*, Konflikt und Konsens. Studien zur Ethik der Verantwortung, München 1990. Kritisch dagegen *J. Fischer*, Christliche Ethik als Verantwortungsethik?, EvTh 52, 1992, S. 114-128.

[5] Vgl. *K. Bayertz*, Eine kurze Geschichte der Herkunft der Verantwortung, in ders., a. a. O. (Anm. 2), S. 3-71, hier S. 35.

[6] K. Bayertz, a. a. O. (Anm. 5), S. 65 (im Original kursiv).

[7] Zum Begriff, der inzwischen zu einem Modewort aufgestiegen ist, siehe vor allem *U. Beck*, Risikogesellschaft. Auf dem Weg in eine andere Moderne, Frankfurt a.M. 1986.

beitung einer Ethik globaler Verantwortung unabdingbar erscheint, nicht überhaupt jede Ethik aporetisch werden läßt.[8]

Wir werden zunächst die Begriffsgeschichte sowie die Bedeutungsfelder des Veranwortungsbegriffs skizzieren, bevor wir auf Luhmanns prinzipielle Einwände gegen die Problemlösungsfähigkeit von Moral und Ethik im allgemeinen wie einer Verantwortungsethik im besonderen eingehen. Im kritischen Diskurs mit Luhmann soll nicht nur die Notwendigkeit einer Verantwortungsethik einsichtig gemacht, sondern sollen auch deren Umrisse gezeichnet werden.[9] Ferner werden wir nach dem Beitrag der Theologie zur Ausformulierung einer der heutigen Gesellschaft angemessenen Verantwortungsethik fragen.

2. Herkunft und Semantik des Verantwortungsbegriffs

Begriffsgeschichtlich entstammen das Wort „verantworten" und seine Derivate der Rechtssphäre.[10] „Verantworten" heißt ursprünglich „(sich) vor Gericht verteidigen" (lat. respondere, probare). Hiervon ist die allgemeine Bedeutung „sich rechtfertigen" abgeleitet. Das Substantiv „Verantwortung" ist erst seit der zweiten Hälfte des 15. Jahrhunderts nachweisbar. Es meint ursprünglich ebenfalls die Rechtfertigung vor Gericht (lat. apologia, defensio), wird nun aber auch auf die Rechtfertigung vor dem Richterstuhl Gottes bezogen. In späterer Zeit bezeichnet es einerseits allgemein jede Form der Rechtfertigung, andererseits den Zustand der Verantwortlichkeit.

Neben den juristischen und den religiösen Begriff der Verantwortung ist, von diesen abgeleitet und zugleich doch unterschieden, im 20. Jahrhundert nicht nur der moralische Verantwortungsbegriff getreten. Vielmehr sind von diesem nochmals zu unterscheiden der Begriff der politischen Verantwortung wie derjenige der Aufgabenverantwortung. Während in diesen Fällen moralische und außer-

---

[8] Zu Luhmanns Theorie der Moral siehe vor allem *N. Luhmann*, Soziologie der Moral, in: *ders./S.H. Pfürtner* (Hg.), Theorietechnik und Moral (stw 206), Frankfurt a.M. 1978, S. 8-116; *ders.*, Ethik als Reflexionstheorie der Moral, in: *ders.*, Gesellschaftsstruktur und Semantik. Studien zur Wissenssoziologie der modernen Gesellschaft, Bd. 3 (stw 1093), Frankfurt a.M. 1993, S. 358-447; *ders.* Paradigm lost: Über die ethische Reflexion der Moral. Rede anläßlich der Verleihung des Hegel-Preises 1989 (stw 797), Frankfurt a.M. 1990.

[9] Zur Auseinandersetzung mit Luhmanns Moralbegriff und Ethikverständnis siehe vor allem *S.H. Pfürtner*, Zur wissenschaftstheoretischen Begründung der Moral, in: N. Luhmann/S.H. Pfürtner (Hg.), a. a. O. (Anm. 8), S. 176-250; *ders.*, Moralfreie Moraltheorie in der wertpluralen Gesellschaft? Eine Fortsetzung der Diskussion mit Niklas Luhmann, ZEE 24, 1980, S. 192-208.

[10] Zur Begriffsgeschichte siehe DWb XII/1, Sp. 79-82.

moralische Konnotationen einander überlappen, ist vom moralischen Verantwortungsbegiff völlig losgelöst der Begriff der Gefährdungshaftung, der im Zusammenhang mit der Abschätzung technologischer Risiken eine zentrale Rolle spielt.[11] Für die ethische Diskussion über den Geltungsbereich und die Begründungsmöglichkeiten einer Verantwortungsethik gilt es, die unterschiedlichen Verantwortungsbegriffe auseinanderzuhalten, weil andernfalls der ethische Gehalt des Verantwortungsbegriffs verdunkelt, oder aber die Kommunikation sämtlicher gesellschaftlicher Funktionssysteme moralisch aufgeladen wird. Die ideologische Moralisierung aller Bereiche der Gesellschaft aber muß letztenends zum völligen Verfall der Ethik führen.

Wir fragen im folgenden nach der ethischen Semantik des Verantwortungsbegriffs. Während eine am Begriff der Pflicht orientierte Gesinnungsethik das ethische Subjekt nach Analogie eines Gesetzgebers denkt – man erinnere sich an Kants kategorischen Imperativ – , bestimmt eine am Begriff der Verantwortung orientierte Ethik die ethische Grundsituation als eine forensische. Als forensischer Begriff steht derjenige der Verantwortung in Verbindung mit dem der Zurechnung (lat. imputatio). Häufig werden „Verantwortung" und „Zurechnung" synonym gebraucht. Verantwortung impliziert einerseits ein zurechnungsfähiges Handlungssubjekt, andererseits – in Analogie zum Richter – eine die Zurechnungsfähigkeit feststellende und eine bestimmte Handlung und deren Folgen diesem Subjekt zurechnende Instanz. Die Bestimmung der ethischen Grundsituation als forensischer wirft demnach die Frage nach dem Subjekt von Verantwortung, nach der Verantwortungsinstanz und nach dem Verantwortungsbereich oder Gegenstand und Maß der Verantwortung auf. Der Begriff der Zurechnung macht zugleich klar, daß es sich bei Verantwortung, gleich ob der Begriff juristisch, religiös oder ethisch verwendet wird, um eine interpersonale, soziale Konstruktion handelt.

Der Nutzen des Verantwortungsbegriffs für die Ethik besteht darin, daß er es erlaubt, das ethische Subjekt relational zu denken. So hat der dialogische Personalismus ein reziprokes Verständnis von Verantwortung entwickelt, wonach Ver-Antworten die Antwort eines Ich auf den Anruf eines Du ist. Ein dialogisch konzipierter Verantwortungsbegriff ist jedoch insofern ethisch nicht hinreichend, als es auch nicht-reziproke Verantwortungsverhältnisse gibt. Wir haben Verantwortung nicht nur *gegenüber* anderen, sondern auch *für* andere zu übernehmen. Solche nicht-reziproke Verantwortung etwa gegenüber allem nichtmenschlichen Le-

---

[11] Vgl. *F.-X. Kaufmann*, Risiko, Verantwortung und gesellschaftliche Komplexität, in: K. Bayertz (Hg.), a. a. O. (Anm. 2), S. 72-97, hier S. 79ff.

ben, läßt sich aber nur mittels eines forensischen Verantwortungsbegriffs denken, der eine dreifache Relation beschreibt. Demnach hat sich das ethische Subjekt nicht nur gegenüber seinen Mitmenschen, sondern sein Verhalten gegenüber diesen wie gegenüber allem übrigen Leben vor einer dritten Instanz zu rechtfertigen.[12]

Daß es sich bei jeder Form der Verantwortung um eine soziale Konstruktion handelt, besagt nun, daß das Subjekt der Verantwortung, das sich gegenüber einer anderen Instanz verantwortlich weiß, grundsätzlich nicht allein durch seine Selbstwahl oder seinen Entschluß konstituiert wird, sondern durch Imputation, d.h. durch Zurechnung. Individuelle oder auch kollektive Subjekte tragen darum Verantwortung, weil sie verantwortlich gemacht oder zur Verantwortung gezogen werden. Verantwortung wird übertragen bzw. übernommen. Verantwortung als soziale Konstruktion entsteht, wenn sich jemand gegenüber einer Instanz verantwortlich fühlt. Das mögliche Subjekt von Verantwortung findet sich also immer schon in Relationen vor, die zu einem Verantwortungsverhältnis werden können. Eben darum vermeidet der Verantwortungssbegriff bereits im Ansatz die fragwürdige Trennung von Individual- und Sozialethik.

Als von Haus aus forensischer bezieht sich der Begriff der Verantwortung zunächst auf den Geltungsbereich bereits abgeschlossener Handlungen und ihrer schon eingetretenen Folgen. Jede Verantwortungsethik aber ist an der Urteilsbildung über die künftigen Folgen noch ausstehender Handlungen interessiert. Auf sie bezieht sich der Begriff der Verantwortung, insofern er die Notwendigkeit einer künftigen Rechtfertigung impliziert. Der Zukunftsbezug des Verantwortungsbegriffs ist also nicht schon durch den Aspekt der Handlungsfolgen hinlänglich benannt, sondern erst dann, wenn der Gedanke einer künftigen Rechenschaftspflicht des ethischen Subjektes anerkannt wird.

Eine Verantwortungsethik läßt sich daher konsistent nur begründen, wenn eine Instanz gedacht werden kann, die ihrerseits nicht nur gegenwärtig, sondern auch zukünftig vom ethischen Subjekt Rechenschaft fordert. In der theologischen Tradition ist Gott als der Weltenrichter diese Instanz. An seine Stelle sind in der neueren philosophischen Theoriebildung das Selbst (W. Weischedel) bzw. das Gewissen (W. Schulz), die künftigen Generationen (H. Jonas), die Geschichte oder auch die Zukunft als solche (G. Picht, H.E.Tödt) getreten.

Es stellen sich nun zwei grundlegende Fragen, zum einen, in welchem Verhältnis eine theologische und eine nichttheologische Begründung des ethischen

---

[12] Anders dagegen *J. Schwartländer*, Art. Verantwortung, HPhG 6, München 1974, S. 1577-1588, hier S. 1585ff. Zum Begriff nicht-reziproker Verantwortungsverhältnisse siehe H. Jonas, a. a. O. (Anm. 2), S. 177.

Verantwortungsbegriffs zueinander stehen, ob also eine Ethik der universalen Verantwortung unter Absehen vom Gottesgedanken widerspruchsfrei formuliert werden kann, zum anderen aber, ob es überhaupt möglich ist, eine die Zeitdimension der Zukunft und die Rechenschaftspflicht für dieselbe einbeziehende Verantwortungsethik zu vertreten.

3. Die verantwortungslose Gesellschaft

Die Allgegenwart von Verantwortung in der heutigen Gesellschaft resultiert aus der Allgegenwart ihrer Risiken. Die Theologie hat dieser Lage bereits vor Jahrzehnten durch das sozialethische Konzept einer „verantwortlichen Gesellschaft" zu begegnen versucht.[13] Doch genau gegenläufig muß man fragen, ob nicht die Risikogesellschaft im strikten Sinne des ethischen Begriffs eine verantwortungslose Gesellschaft ist, eine Gesellschaft nämlich, in welcher der Verantwortungsbegriff fortschreitend entmoralisiert und Verantwortung als ethisches Phänomen gerade durch ihre voranschreitende Entgrenzung zum Verschwinden gebracht wird.

Hinter der heutigen Forderung nach einer globalen bzw. universalen Verantwortungsethik steht die Einsicht, daß sich der Zuständigkeitsbereich menschlicher Verantwortung durch die ständige Erweiterung technischer Möglichkeiten, sowie der wirtschaftlichen, politischen und militärischen Machtpotentiale räumlich wie zeitlich ins Globale ausgedehnt hat. Die Verantwortung des Menschen ist dadurch universal geworden, daß die Welt, Natur und Geschichte immer mehr in menschlichen Handlungssinn überführt worden sind.

Die Entgrenzung der Verantwortung führt aber paradoxerweise dazu, daß sich sowohl das Subjekt wie diese selbst als ethisches Phänomen verflüchtigen. Im Zeichen der heutigen globalen Risiken sind nicht etwa nur, wie G. Picht meinte, neue Verantwortlichkeiten im Sinne von Möglichkeiten entstanden, die auf Realisierung warten und sich ihr Subjekt erst noch suchen müssen.[14] Sondern die fortschreitende Entwicklung der technologischen Zivilisation führt zunächst gegenläufig zur Aufhebung des moralischen Verantwortungsbegriffs.

---

[13] Vgl. vor allem *H.-D. Wendland*, Die Kirche in der modernen Gesellschaft. Entscheidungsfragen für das kirchliche Handeln im Zeitalter der Massenwelt, Hamburg ²1958. Zur Sozialethik Wendlands siehe die kritische Würdigung durch *K.-W. Dahm/W. Marhold*, Theologie der Gesellschaft. Der Beitrag Heinz-Dietrich Wendlands zur Neukonstruktion der Sozialethik, ZEE 34, 1990, S. 174-191. Gegenläufig diagnostiziert der Soziologe Beck die Unverantwortlichkeit der technologischen Gesellschaft. Vgl. *U. Beck*, Gegengifte. Die organisierte Unverantwortlichkeit, Frankfurt a.M. 1988.

[14] Vgl. G. Picht, a. a. O. (Anm. 2), S. 340f.

Der technische und industrielle Fortschritt, welcher zur Ausweitung menschlicher Verfügungsgewalt über Natur und Geschichte geführt hat, damit aber auch zur Zunahme katastrophenträchtiger Risiken, ist eine Folge hochgradiger Arbeitsteilung bzw. der funktionalen Ausdifferenzierung der modernen Gesellschaft. Sie verhindert es, daß die globalen Zukunftsfragen und Bedrohungen überhaupt im Sinn einer teleologisch argumentierenden Ethik als Gegenstand moralischer Verantwortung wahrgenommen werden können. Gerade weil die Verantwortung universal geworden ist, fühlt sich niemand mehr für das Ganze und die Gesamtfolgen der technisch-industriellen Zivilisation verantwortlich. Die Einzelnen sind nicht mehr im moralischen Sinne Handelnde und somit zur Verantwortung zu ziehende, sondern nur noch Mit-Tuende.[15] Mit einem überschaubaren Telos des vergesellschafteten Tuns verschwindet aber die Verantwortung selbst, weil sie nicht mehr als eine konkrete Verantwortung in einem überschaubaren Zeitraum erfahren werden kann. Die Verantwortung ist so unbestimmt wie die Zukunft selbst.

Aus soziologischer Sicht erläutert N. Luhmann die Entmoralisierung des Verantwortungsbegriffs in Verbindung mit demjenigen des Risikos. In der sogenannten Risikoforschung[16] wird zumeist zwischen Risiko und Sicherheit unterschieden. Luhmann dagegen führt die Unterscheidung zwischen Risiko und Gefahr ein.[17] Während eine Gefahr durch das eigene Handeln nicht beeinflußt oder heraufbeschworen werden kann, sind Risiken Gefährdungen, die von eigenen Entscheidungen ausgehen. Was ein Risiko oder aber eine Gefahr ist, hängt von der Zurechenbarkeit von Entscheidungen ab. Luhmanns Risikobegriff ist also aus der Perspektive eines Beobachters von Entscheidungsvorgängen formuliert. Da sich nun die Handlungsmöglichkeiten und Möglichkeiten, verändernd in die Wirklichkeit einzugreifen, in der modernen Gesellschaft immer stärker ausgeweitet haben, nehmen die Gefahren ab und die Risiken, für die es gilt, Verantwortung zu übernehmen, zu. Allerdings wird die Entscheidungslage immer komplexer, weil die meisten Entscheidungen, die für den oder die Entscheider risikoträchtig sind, für andere Menschen, die von diesen Entscheidungen betroffen sind oder sein könnten, ohne daß sie eine Möglichkeit der Einflußnahme hätten, zur Gefahr werden. Diesem Dilemma entgeht man nach Luhmanns Urteil nicht

---

[15] Siehe dazu auch *G. Anders*, Die Antiquiertheit des Menschen. Über die Seele im Zeitalter der zweiten industriellen Revolution, München ⁵1980, S. 245ff.

[16] Zur Risikoforschung siehe einführend *A. Evers/H. Nowotny*, Über den Umgang mit Unsicherheit. Die Entdeckung der Gestaltbarkeit von Gesellschaft, Frankfurt a.M. 1987; *F.H. Knight*, Risk, Uncertainty and Profit, Boston 1921; *G. Bechmann* (Hg.), Risiko und Gesellschaft. Grundlagen und Ergebnisse interdisziplinärer Risikoforschung, Opladen 1993.

[17] Vgl. *N. Luhmann*, Soziologie des Risikos, Berlin/New York 1991.

einfach dadurch, daß man im Sinne einer Heuristik der Furcht, wie sie vor allem Hans Jonas vertreten hat,[18] risikoreiche Entscheidungen vermeidet. Nicht zu entscheiden, kann ebenfalls Risiken und damit Gefahren heraufbeschwören.

Nun fragt es sich aber, wie man mit dem Dilemma von Risiko und Gefahr umgehen soll. Für Luhmann ist diese Situation keineswegs die Stunde der Ethik, sondern deren Ruin. Verantwortung kann man nämlich nur für vorhersehbare Folgen einfordern oder übernehmen. Die Komplexität und Globalität heutiger technologischer, ökologischer, ökonomischer und politischer Probleme macht es jedoch völlig unmöglich, sämtliche Folgen eines Tuns oder einer Entscheidung abzuschätzen. Die Chaosforschung führt uns diesen Umstand vor Augen. Wenn gar, wie bei Hans Jonas der Fall, der unbefristete Fortbestand der Menschheit zum obersten Ziel moralischen Handelns erklärt, der Zukunftshorizont ins Unabsehbare hinausgeschoben wird, versagt jedes moralische Urteil über gut und böse, weil die Kette der Folgen prinzipiell unabgeschlossen und überkomplex ist. Unter diesen Umständen schrumpft Moral einerseits zur Betroffenheit, die als solche freilich keine ethischen Kriterien bereitstellt,[19] andererseits wird die Moral, entgegen ihrer Expansion durch die globale Einbeziehung von Nebenfolgen „auf den Nahraum der möglichen (und zumutbaren!) Folgenherrschaft" eingeschränkt.[20] So verkehrt sich das Beurteilungsgefälle zwischen Risiko und Moral, indem nämlich nicht nur nach der Moralität risikoreicher Entscheidungen, sondern auch umgekehrt nach der Risikoträchtigkeit moralischer Kommunikation gefragt werden muß. Die moralische Beurteilung risikoreicher Entscheidungssituationen ist selbst riskant, weil sie mitnichten zu Konsensen und damit zu allseits akzeptierten Entscheidungen, sondern eher zur Verschärfung von Interessenskonflikten, zur Verhärtung von vorgefaßten Positionen und zu konfliktträchtiger Intoleranz führt.[21] Eine zu Ende gedachte Verantwortungsethik müßte nach Luhmann deshalb „darauf abstellen, welche Folgen es hat, wenn man in der Moral auf Folgen abstellt. Das kann man kaum wissen."[22]

Welche Berechtigung haben unter diesen Umständen überhaupt noch Moral und Ethik? Luhmanns Sache ist nicht eine theoretische Begründung von Moral, sondern eine soziologische Beschreibung ihrer tatsächlichen gesellschaftlichen Funktionen und Aporien, d.h. eine Theorie der Moral, die sich selbst für moral-

---

[18] Vgl. H. Jonas, a. a. O. (Anm. 2), S. 63f und passim.

[19] Vgl. N. Luhmann, Pardigm lost (s. Anm. 8), S. 30f.

[20] N. Luhmann, Soziologie der Moral (s. Anm. 8), S. 95.

[21] Vgl. *N. Luhmann*, Die Moral des Risikos und das Risiko der Moral, in: G. Bechmann (Hg.), a. a. O. (Anm. 16), S. 327-338, hier S. 331.

[22] N. Luhmann, Soziologie der Moral (s. Anm. 8), S. 95.

frei erklärt. Diese Theorie behauptet nicht die soziale Notwendigkeit von Moral, sondern weiß sich durch das Faktum ihres Vorhandenseins gerechtfertigt. Insofern es nach wie vor moralisch codierte Kommunikation gibt, hielte es Luhmann für falsch, „in einer Art Überreaktion das ganze Unternehmen Ethik für überholt zu erklären" [23]. Angesichts des gegenwärtigen Ethikbooms wäre es auch vermessen zu behaupten, daß Moral für die Operationen der gesellschaftlichen Teilsysteme keine Rolle mehr spielte. „Nur richtet sich die Art und Weise, in der dies geschieht, nicht nach einem gesellschaftlichen Metacode, sondern nach den Strukturbedingungen der jeweiligen Funktionssysteme." [24] Moral kommt heute dort zum Einsatz, wo Funktionssysteme auf Vertrauen angewiesen sind und in ihrer Effizienz durch Akzeptanzprobleme beeinträchtigt werden. Man kann nach Luhmann daraus „jedoch nicht schließen, daß die Funktionssysteme selbst auf Moral gegründet sind. Eher liegt der umgekehrte Schluß nahe, daß das fluide Medium der Moral dort ankristallisiert, wo Funktionssysteme ihm eine Funktion geben können." [25] Es sind also die jeweiligen Teilsysteme, z.B. die Wirtschaft oder die Medizin, welche Moral dort zulassen, wo es für ihr Funktionieren nützlich ist, jedoch nur, solange das System als solches nicht durch die Moral in Frage gestellt wird.

Daß gerade verantwortungsethische Argumentationsweisen einer moral- bzw. ideologiekritischen Analyse bedürfen, zeigt nun allerdings die ausufernde Verantwortungsrhetorik in allen Bereichen der Gesellschaft. Die bereits genannten Äquivokationen des Verantwortungsbegriffs ermöglichen seine ungehemmte rhetorische Verwendung, führen andererseits aber zu seiner moralischen Aushöhlung. Sie läuft darauf hinaus, daß z.B. ein Manager unter Berufung auf seine Verantwortung, die er gegenüber den Aktionären seines Unternehmens empfindet, Massenentlassungen oder den Verzicht auf ökonomisch nachteilige Umweltschutzmaßnahmen rechtfertigt. Schlußendlich besagt die Verantwortungsrhetorik in vielen Fällen nicht mehr, als daß der Zweck die Mittel heiligt. Einer sich der Entmoralisierung des Verantwortungsbegriffs entgegenstemmenden Verantwortungsethik wirft wiederum Luhmann mangelnde Entscheidungsbereitschaft und vor allem mangelndes Verantwortungsbewußtsein für die möglicherweise riskanten Folgen der Moralisierung heutiger Risiken vor. „Eine gewissermaßen ‚feige' Ethik weicht dem Problem aus, indem sie sich als ‚Verantwortungsethik' geriert und das Problem auf den Entscheider abwälzt, um sich selbst moralisch einwandfrei zu salvieren". [26]

---

[23] N. Luhmann, Paradigm lost, (s. Anm. 8), S. 36f.

[24] N. Luhmann, Ethik (s. Anm. 8), S. 431.

[25] N. Luhmann, Ethik (s. Anm. 8), S. 432f.

[26] N. Luhmann, Ethik (s. Anm. 8), S. 436.

So berechtigt die Kritik Luhmanns über weite Strecken ist, so wenig läßt sich der Schluß rechtfertigen, daß das ganze Unternehmen einer Verantwortungsethik überhaupt erledigt ist. Mag auch Luhmann für das, was unter dem Begriff der Ethik heute auf politischer oder unternehmerischer Ebene als Lösungsstrategie für Risikomanagement diskutiert wird, nur Verachtung übrig haben und der akademischen Ethikdiskussion im Bereich von praktischer Philosophie und Theologie ihre mangelnde Effizienz vorhalten, so läuft seine Soziologie des Risikos bzw. der ökonomischen Kommunikation, wenn es darum geht, praktisch zu werden, leider auch nur auf Trivialitäten hinaus.[27] Mit der bloßen Kritik bzw. der oftmals nur zu berechtigten Warnung vor Moral ist die Aufgabe einer Ethik, welche Moral eben nicht nur dekonstruktivistisch zu kritisieren, sondern eben auch zu begründen hat, keineswegs erledigt, ebenso wie das Thema einer Verantwortungsethik als solches. Das soll im folgenden Abschnitt gezeigt werden.

4. Das Desiderat einer Verantwortungsethik für die Risikogesellschaft

Es soll hier nicht in extenso der Entwurf einer ausgeführten Verantwortungsethik präsentiert werden. Doch sind wenigstens einige Anforderungen zu benennen, die eine den heutigen sozialen und ökologischen Problemen gerecht werdende Verantwortungsethik zu erfüllen hat. Dabei wird vorausgesetzt, daß die Moralität des Menschen unaufgebbar mit seiner Personalität gegeben ist, wie dies namentlich der dialogische Personalismus einsichtig macht. Die Existenz von Personen ist konstitutiv an sprachliche Kommunikation gebunden, ohne freilich in dieser völlig aufzugehen. Ohne sprachliche Kommunikation gibt es keine Ontogenese von Personen, wobei zirkulär die Personalität durch personale Kommunikation ensteht, nämlich durch die Anrede eines Menschen als Person, d.h. als ein Du. Personale Kommunikation aber impliziert den Anspruch auf Achtung, der im Fall einer konkreten Begegnung zwischen Personen mißachtet oder zurückgewiesen werden kann, jedoch mit dem Anredegeschehen als solchem gegeben ist und in jedem Fall zu einer Stellungnahme zwingt. Moral basiert also auf der Notwendigkeit der Stellungnahme zu dem mit der interpersonalen Kommunikation gegebenen Anspruch auf Anerkennung der Person. Wir können auch sagen, daß mit der Personen generierenden Kommunikation die Notwendigkeit von Verantwortung in einem moralischen Sinne gesetzt ist, insofern die Anrede nach Antwort bzw. Erwiderung verlangt, welche durchaus auch in der Ablehnung des er-

[27] So mit Recht *W. Reese-Schäfer*, Luhmann zur Einführung, Hamburg 1992, S. 95. Zur Illustration lese man N. Luhmann, a. a. O. (Anm. 17), S. 185 unten!

hobenen Anspruchs bestehen kann. Mit anderen Worten ist Moral eine Implikation von Personalität, Personalität also der Grund von Moral, Achtung der Person aber deren Realisierung.

Mit dem Sein von Personen ist aber zugleich ein Sollen gegeben, ohne welches Moral nicht denkbar ist. Diese These begeht nicht den naturalistischen Fehlschluß von einem Sein auf ein Sollen, sondern behauptet personales Sein und moralisches Sollen als gleichzeitig gesetzt, und zwar deshalb, weil das Personsein ohne die Forderung der Anerkennung anderer Personen als solche aporetisch wäre. Ist aber die nur interpersonal gegebene Personalität der Grund der Moral, so ist die Achtung anderer Personen als Personen zugleich deren grundlegendes Kriterium, und zwar nicht nur für die von Luhmann unterstellte Faktizität von Moral, sondern auch für deren Moralität.

Moral und Ethik sind gemäß ihrer hier vorgenommenen Herleitung wesentlich ein interpersonales Phänomen, das von der sozialen Ebene nochmals unterschieden werden muß, sofern man Luhmann darin folgt, daß personale Kommunikation zwar der Ursprung sozialer Systeme ist, Personen jedoch nicht die Elemente dieser Systeme, sondern deren Umwelt sind, so daß gemäß der systemtheoretischen Unterscheidung von System und Umwelt soziale Systeme und Personen wechselseitig als Umwelt fungieren. Es verbietet sich dann, in der ethischen Argumentation unvermittelt von der interpersonalen Ebene auf diejenige sozialer Systeme und ihrer Probleme zu wechseln. Das bedeutet jedoch keineswegs, daß Moral und Ethik untaugliche Mittel zur Lösung der Probleme sozialer Systeme sind, die in Gestalt von Recht, Anschlußrationalität und Liebe hinreichende, zugleich effektivere funktionale Äquivalente erhalten hätten, wie es sich für Luhmann darstellt.[28] Allerdings wird die gesellschaftliche Funktion von Moral und der sie reflektierenden Ethik mißverstanden, wenn man von ihr unmittelbare Lösungsansätze für die immanenten Probleme gesellschaftlicher Teilsysteme wie etwa der Wissenschaft, der Politik oder der Wirtschaft erwartet. Die Funktion der Moral liegt nicht in der unmittelbaren Konfliktlösung, sondern vielmehr darin, die Legitimität bestehender Systeme abzusichern bzw. die notwendigen Veränderungen zu reflektieren, die immer dann erforderlich werden, wenn das Recht und die Anschlußrealität, die Luhmann als Äquivalente der Moral bestimmt, nicht mehr unumstritten funktionieren. Ethische Reflexion ist solange nicht nötig, als Recht, Ökonomie und Politik nicht in Aporien geraten und sich aus eigener Kraft korrigieren können. Daß aber Recht und Politik, Ökonomie und Wirtschaft von dem in ständiger Wandlung befindlichen Normensystemen der Moral

---

[28] Vgl. N. Luhmann, Soziologie der Moral (s. Anm. 8), S. 63ff.

gänzlich getrennt wären, erweist sich spätestens dann als Irrtum, wenn zum Beispiel der Code von Recht und Unrecht auf ein bestehendes Rechtssystem, das mit ihm operiert, selbst angewendet wird, weil sich, wie z. B. im Fall der nationalsozialistischen Diktatur, die Frage stellt, ob der durch Recht und Gesetz geordnete Staat in Wahrheit ein Unrechtsstaat ist. In solchen Krisensituationen zeigt sich, daß auch unter den Bedingungen einer funktional ausdifferenzierten Gesellschaft wie der unsrigen Moral und Recht, Moral und Politik, Moral und Ökonomie in einer Wechselwirkung zueinander stehen.[29]

Die Wechselwirkung zwischen sozialem System und personal verfaßter Umwelt zeigt sich nicht zuletzt darin, daß Personen aus einer moralischen Motivation heraus auf das Gesellschaftssystem einwirken und Veränderungen hervorrufen können.[30] Zwar bedeutet dies nicht, daß etwa das Recht wieder durch Moral ersetzt werden könnte oder sollte. Aber moralisch begründete Rechtsverstöße können unter Umständen zur Veränderung des allgemeinen Rechtsbewußtseins und schlußendlich zu einer Reform des Rechts führen. Luhmann selbst verweist auf das Beispiel der Antigone.[31] Welche Einflußmöglichkeiten die Individuen auf die Teilsysteme der Politik und der Ökonomie heute haben, zeigt das Beispiel der Proteste und Boykottmaßnahmen im Fall der britischen Ölbohrinsel „Brent Spar", wobei zugleich die Ambivalenz dieser Einflußnahme gerade an diesem Fall besonders deutlich wird. Es läßt sich jedenfalls zeigen, daß nicht nur ökonomische, sondern auch moralische Innovationen, welche Veränderungen rechtlicher und politischer Systeme auslösen können, ohne daß es für solche Veränderungen monokausale Erklärungen geben kann, weil es andererseits Rückwirkungen technologischer oder ökonomischer Veränderungen auf die Personen, ihre Identitätsbildung und Moral gibt.[32]

Wenn aber mit der Personalität des Menschen auch seine Moralität im Sinne der Verantwortlichkeit gegeben ist, so läßt sich von hier aus ein allgemeiner ethischer Begriff der Verantwortung entwickeln, welcher Moral als personale Rechenschaftspflicht bestimmt. Im Moment der Rechenschaftspflicht verbinden sich ein

---

[29] Vgl. W. Reese-Schäfer, a. a. O. (Anm. 27), S. 119f.

[30] Vgl. S.H. Pfürtner, Begründung (s. Anm. 9), S. 224. Siehe auch *S. Papcke*, Gesellschaft ohne Subjekt? Über die Systemästhetik von Niklas Luhmann, Vorgänge 1990, Nr. 108, S. 88-103.

[31] Vgl. N. Luhmann, Soziologie der Moral (s. Anm. 8), S. 47.

[32] Entgegen der Gesellschaftsanalyse Luhmanns kann man sogar von einer Renaissance der Subjektivität in der gegenwärtigen Gesellschaft sprechen. Vgl. *U. Beck*, in: *ders./E. Beck-Gernsheim*, Das ganz normale Chaos der Liebe (stw 1725), Frankfurt a.M. 1990, S. 56ff; *U. Beck/W. Vossenkuhl/ U.E. Ziegler/T. Rautert*, Eigenes Leben. Ausflüge in die unbekannte Gesellschaft, München 1995.

normatives und ein deontologisches Element. Von der moralischen Grundsituation her ist also der Verantwortungsbegriff im Sinne einer *Pflichtenlehre* zu diskutieren. Wie bereits dargelegt wurde, wird mit dem Verantwortungsbegriff heutzutage weniger die Beurteilung bereits abgeschlossener Handlungen und Handlungsketten als vielmehr das Problem der Entscheidung über künftiges Handeln im Sinne der Prävention und der Fürsorgepflicht thematisiert. Als moralischer Begriff aber kann der an sich evaluativ neutrale Begriff der Verantwortung nur dann inhaltlich bestimmt werden, wenn es gelingt, ihn als Begriff einer *Güterlehre* zu bestimmen. Ansatzweise ist dies geschehen, indem wir gezeigt haben, daß die Anerkennung anderer Personen das moralische Kriterium darstellt, welches mit dem eigenen Personsein gegeben ist. Im folgenden Kapitel werden wir in Auseinandersetzung mit der Ethik Albert Schweitzers jedoch noch einen Schritt weiter gehen und fragen, inwiefern mit der Anerkennung des eigenen Daseins nicht nur dasjenige anderer Personen, sondern auch der von nichtmenschlichem Leben gefordert ist. Eine Güterlehre hat von solchen Überlegungen aus die Aufgabe verantwortlicher Prävention und Fürsorge näher auszuführen. Schließlich aber ist es sinnvoll, zwischen der Verantwortung als Zurechnungsgeschehen und dem Zustand der Verantwortlichkeit zu unterscheiden. Mit Franz-Xaver Kaufmann läßt sich Verantwortlichkeit als ein „Bündel personenbezogener Fähigkeiten" bestimmen, genauer gesagt eine Verbindung von kognitiven, moralischen und kommunikativen Fähigkeiten, die je für sich notwendige, jedoch nur gemeinsam hinreichende Bedingungen verantwortlichen Handelns sind.[33] Zur Entwicklung eines moralischen Verantwortungsbegriffs gehört mit anderen Worten auch die Formulierung einer *Tugendlehre.*

Demnach besteht die Aufgabe einer Verantwortungsethik darin, die aus der ethischen Tradition bekannten Aspekte einer Pflichtenlehre, einer Güterlehre und einer Tugendlehre unter der Perspektive zukunftbezogener Rechenschaftspflicht zu integrieren. Sofern diese Integration gelingt, muß die angesprochene Spannung zwischen Moral und zunehmender Komplexität der gesellschaftlichen Risiken keineswegs zum Ende jeder Moral führen. Es läßt sich dann vielmehr zeigen, daß auch eine funktional ausdifferenzierte Risikogesellschaft auf die moralische Kompetenz ihrer Mitglieder angewiesen ist, nämlich „auf das *Durchhalten bestimmter allgemeiner Überzeugungen*, deren Richtigkeit sich zwar nicht im Einzelfall beweisen läßt, die aber angesichts der Intransparenz von Handlungsfolgen immer noch brauchbarere Richtmaße zu sein scheinen als das Ergebnis kurzfristiger Interessenkalküle"[34].

---

[33] F.-X. Kaufmann, a. a. O. (Anm. 11), S. 88ff.

[34] F.-X. Kaufmann, a. a. O. (Anm. 11), S. 96.

Versteht man den Begriff der Verantwortlichkeit in diesem Sinne als Leitbegriff einer Reformulierung des Problems einer Tugendlehre, so zeigt sich freilich, daß die von Max Weber aufgestellte Alternative zwischen Gesinnungs- und Verantwortungsethik in der Risikogesellschaft ihre Überzeugungskraft verliert. „Wenn man die Folgen so oder so nicht absehen kann, ist es unter Umständen einfacher, sich gleich an moralische Regeln zu halten." [35] Und in der Tat läuft beispielsweise Hans Jonas' wertorientierter Ansatz einer Verantwortungsethik im Resultat auf eine die Zeitdimension der Zukunft einbeziehende, zugleich den Verantwortungsbegriff wertethisch ontologisierende Gesinnungsethik hinaus. [36]

Sofern aber die Wahrnehmung von Verantwortung die Verantwortlichkeit als moralische Fähigkeit von Personen voraussetzt, ist die heute geforderte Wahrnehmung globaler Verantwortung primär das Problem einer ethischen Erkenntnistheorie. Das in unserer Gesellschaft aufgrund der Vergesellschaftung des Handelns entschwundene Verantwortungsbewußtsein im moralischen Sinne des Wortes kann nur dort neu entstehen, wo sich Menschen als individuelle Subjekte zugleich selbst verantwortlich oder zur Verantwortung gerufen wissen. Nur wenn einzelne sich entschließen, Verantwortung zu *über*nehmen, wird diese überhaupt als zu realisierende Möglichkeit neu *wahr*genommen. [37] Verantwortung erkennen und übernehmen kann nur der, welcher sich zur Verantwortung gerufen und so als ethisches Subjekt begründet weiß. An dieser Stelle ist nun nach dem Beitrag der Theologie zur Begründung einer Verantwortungsethik zu fragen.

5. Rechenschaftspflicht und Rechtfertigungslehre

Der Begriff der Verantwortung findet heute nicht nur in der philosophischen, sondern auch in der theologischen Ethik Verwendung. Namentlich in der theologischen Sozialethik fungiert der Begriff der Verantwortung als Leitbegriff. [38] Sofern er tatsächlich, wie G. Picht meint, ursprünglich ein christlich-eschatologischer, nämlich auf das Jüngste Gericht bezogener Terminus war, [39] scheint er noch in seiner säkularisierten Fassung in besonderer Weise geeignet zu sein, philosophi-

---

[35] W. Reese-Schäfer, a. a. O. (Anm. 27), S. 116.

[36] Zur Kritik des Ansatzes von Hans Jonas siehe *W.E. Müller*, Der Begriff der Verantwortung bei Hans Jonas, Frankfurt a.M. 1988; *D. Böhler* (Hg.), Ethik für die Zukunft. Im Diskurs mit Hans Jonas, München 1994.

[37] Vgl. G. Anders, a. a. O. (Anm. 15), S. 307f.

[38] Vgl. oben Anm. 4.

[39] Vgl. G. Picht, a. a. O. (Anm. 2), S. 319. Als neutestamentliche Quelle siehe vor allem II Kor 5,10!

sche und theologische Ethik aufeinander zu beziehen. H.E. Tödt zieht hieraus den Schluß: „Solange philosophische und theologische Argumentation den Begriff der Verantwortung benutzen, scheinen sie wechselseitig kommunikabel, ‚anschlußfähig' zu sein."[40] Zweifellos ist es für die Theologie unabdingbar, mit der philosophischen Ethik bzw. der praktischen Philosophie in Kommunikation zu stehen, wofür es eine gemeinsam Ebene des Gesprächs geben muß. Problematisch wird Tödts These freilich dann, wenn eine theologische Ethik um den Preis ihrer Anschlußfähigkeit gegenüber philosophischen Entwürfen ihre Widerspruchsfähigkeit einbüßt.

Ein theologischer Begriff der Verantwortung läßt sich jedenfalls nicht schon dadurch gewinnen, daß an einen vorgängigen philosophischen Verantwortungsbegriff der Anschluß gesucht wird; auch dann nicht, wenn dieser eine theologische Vorgeschichte gehabt haben sollte. In der Theologie wird der Verantwortungsbegriff nicht nur möglicherweise anders begründet, sondern auch inhaltlich anders gefüllt. Gegenüber einem philosophischen Verständnis von Verantwortung hat eine theologische Ethik, wie ich zeigen möchte, durchaus eigene Gesichtspunkte geltend zu machen.

So hat jede Verantwortungsethik zu klären, mit welchem Recht eigentlich die jeweils vorausgesetzte Rechtfertigungsinstanz vom ethischen Subjekt Rechenschaft fordert, aus welchen Gründen die postulierte Instanz überhaupt anzuerkennen ist. Angesichts der Frage, ob und wie die Menschheit überleben kann, erscheint es fraglich, ob das individuelle Gewissen eine zureichende Instanz globaler Verantwortung ist. Fraglich ist aber auch, ob der Verweis auf den Lebensanspruch künftiger Generationen genügt, oder ob nicht vielmehr deren Rechte von einer dritten Instanz eingeklagt werden müssen. H. Jonas' Forderung nach Anerkennung eines Heiligen, ohne an Gott zu glauben, verdeutlicht das Problem, ohne es stringent zu lösen.[41]

Die Theologie spricht an dieser Stelle traditionellerweise von Gott dem Schöpfer, der als solcher das Recht hat, für den Umgang mit seiner Schöpfung, d.h. mit den Mitgeschöpfen des ethischen Subjekts, Rechenschaft zu fordern. Er stellt dem Handlungssubjekt retrospektiv wie vorausschauend die Frage: „Wo ist dein Bru-

---

[40] H.E. Tödt, a. a. O. (Anm. 2), S. 45.

[41] Zum Problem der Heiligkeit des Lebens siehe die ablehnende Haltung gegenüber der Verwendung dieses Begriffs in ethischen Zusammenhängen bei *H. Kuhse*, Die Lehre von der Heiligkeit des Lebens in der Medizin, Erlangen 1994; dazu kritisch *K.D. Pfisterer/J. Schuchardt*, Die Lehre von der Heiligkeit des Lebens in der Medizin. Gedanken zu einem neuen Buch von Helga Kuhse. Auch im Sterben bleibt das Leben heilig, Diakonie 1994, H. 1, S. 59-61.

der"[42], und zwar gerade im Namen derer, die nicht mehr oder noch nicht eine eigene Stimme haben. Nun sieht sich die traditionelle Schöpfungslehre heute auch innertheologischer Kritik ausgesetzt, weil die anthropomorphen Konnotationen des Schöpfergottes die Gotteslehre in schwerwiegende Aporien stürze.[43] Wir haben demgegenüber in den vorigen Kapiteln die bleibende Sinnhaftigkeit der Rede von Gott dem Schöpfer einsichtig zu machen versucht.[44] Auf dem Gebiet der Ethik stellt sich die Frage, ob eine Verantwortungsethik, die den Zukunftsaspekt der Verantwortung entgrenzt und die moralische Verantwortung globalisiert, nicht unvermeidlich den Schritt in die Theologie vollziehen muß, wenn sie konsistent begründet werden soll. Aus theologischer Sicht ist nicht nur der Verweis auf künftige Generationen, sondern auch auf die Geschichte oder die Zukunft selbst als Verantwortungsinstanz unzureichend. Für die Präzisierung des Zukunftsbegriffs in der verantwortungsethischen Debatte könnte es hilfreich sein, zwischen der planbaren Zukunft im Sinne des *futurum* und der menschliches Dasein und Handeln ermöglichenden Zukunft im Sinne des *adventus* zu unterscheiden.[45] In jedem Fall wirft der Entwurf einer Verantwortungsethik nicht nur das Problem des Gottesgedankens, sondern auch dasjenige der Eschatologie auf.

Eine Ethik der globalen Verantwortung wird freilich nicht schon dadurch hinreichend theologisch begründet, daß man vage von der menschlichen Verantwortung für die Schöpfung spricht und das Postulat einer Schöpfungsethik aufstellt. Im zweiten Kapitel wurde ja gezeigt, welche Probleme sich aus der ethischen Transformation der Lehre von der Bewahrung der Schöpfung ergeben. Daß überhaupt der Schöpfungsbegriff präzisierungsbedürftig ist und keinesfalls in der Unbestimmtheit, mit welcher er heute teilweise verwendet wird, eine tragfähige Basis für das theologisch-philosophische bzw. theologisch-naturwissenschaftliche Gespräch liefert, haben unsere Auseinandersetzung mit der Tradition weisheitlichen Denkens sowie unsere exemplarische Beschäftigung mit Problemen der gegenwärtigen Evolutionsbiologie ergeben.

Sein theologisches Profil gewinnt der Gedanke einer universalen Schöpfungsverantwortung erst, wenn das eigentümliche Verhältnis bedacht wird, das nach christlichem Verständnis zwischen dem Begriff der Verantwortung und demjeni-

---

[42] Vgl. Gen 4,9.

[43] So z.B. *F. Wagner*, Gott - der Schöpfer der Welt? Eine philosophisch-theologische Grundbesinnung, in: *ders.*, Zur gegenwärtigen Lage des Protestantismus, Gütersloh 1995, S. 89-113.

[44] Vgl. oben Kapitel 2, Abschnitt 5; Kapitel 3, Abschnitte 5 u. 6; Kapitel 4 passim.

[45] Zu dieser Unterscheidung vgl. *E. Brunner*, Das Ewige als Zukunft und Gegenwart, Zürich 1953, S. 26ff; *A. Rich*, Die Bedeutung der Eschatologie für den christlichen Glauben (Kirchl. Zeitfragen 31), Zürich 1954, S. 4ff.

gen der Rechtfertigung besteht. Theologisch betrachtet liegt der Rechenschaftspflicht des ethischen Subjekts nämlich die Rechtfertigung, d.h. aber die Gerechtsprechung des Sünders durch den gnädigen Gott voraus. Sofern philosophisch personale Anerkennung bzw. Achtung als Grund der Moral aufgezeigt werden kann, läßt sich dieser Gedanke so formulieren, daß aller zwischenmenschlichen Anerkennung das Anerkanntsein der Person durch Gott vorausliegt. Eine universale Verantwortungsethik in theologischer Perspektive gründet freilich nicht im bloßen Postulat solcher Anerkennung. Es verhält sich nicht so, wie etwa Trutz Rendtorff in seinem Entwurf einer „ethischen Theologie" unterstellt, daß die theologische Rechtfertigungslehre in besonderer Weise die der moralischen Verantwortung korrespondierende Realität von Schuld thematisiert, dergestalt, daß die notwendige Anerkenntnis von Schuld „die Antizipation der Vergebung von Schuld" ist. Es ist in der Schuldanerkenntnis die Vergebung der Schuld nicht bereits „impliziert" [46], sondern letztere muß als reales Geschehen erfahren und gedacht werden.[47]

In Anlehnung an die bekannte Formulierung Paul Tillichs, der rechtfertigende Glaube sei der Mut, sich zu bejahen als bejaht, und in Abwandlung des Grundaxioms von Albert Schweitzers Ethik der Ehrfurcht vor dem Leben, kann die Erfahrung der Rechtfertigung folgendermaßen ausgesagt werden: „Ich bin Leben, das sich will als gewollt, inmitten von Leben, das sich will als gewollt bzw. dessen Leben-Wollen gewollt ist." Es ist hier nicht schon der Ort, diese Formel näher zu begründen. Dies soll vielmehr im folgenden Kapitel geschehen. Im gegenwärtigen Zusammenhang beschränken wir uns auf die Feststellung, daß das christliche Bekenntnis zu Gott dem Schöpfer der Gewißheit korrespondiert, daß das eigene Leben von Gott gerechtfertigt und angenommen ist. Im folgenden Kapitel soll gezeigt werden, daß der christliche Schöpfungsglaube letztlich eine Ausweitung des Rechtfertigungsglaubens ist. Wenn es sich so verhält, muß, wie bereits im zweiten Kapitel gezeigt wurde, auch eine sogenannte Schöpfungsethik bzw. Umweltethik als Fortführung der Rechtfertigungslehre entfaltet werden. Die Rechtfertigungslehre leitet dazu an, die Instanz universaler Verantwortung als das Vonwoher unseres Gewollt-Seins zu denken, das im Rechtfertigungsgeschehen offenbar wird.

Als an der Rechtfertigungslehre gewonnener Begriff transzendiert der Begriff der Verantwortung freilich deren ethischen Sinn. Er bezieht sich nicht allein auf die Zurechenbarkeit von Handlungen, sondern meint zugleich ein Sich-Überantworten im Sinne der Hingabe. Theologisch bestimmt verweist der Verantwortungs-

---

[46] *T. Rendtorff*, Ethik, Bd. I, 2. Aufl., Stuttgart 1990, S. 83 (= 1. Aufl., Stuttgart 1980, S. 52).

[47] Vgl. *C.H. Ratschow*, Trutz Rendtorffs ethische Theorie, ThR 49, 1984, S. 57-81, hier S. 71.

begriff vor allem nicht nur auf jene Instanz, der gegenüber der Mensch rechenschaftspflichtig ist, sondern zugleich auf jene Instanz, welche die Schuld zu vergeben vermag, die der Mensch durch sein Handeln, und zwar gerade durch sein ethisch reflektiertes Handeln im Sinne von Verantwortungsübernahme auf sich lädt. Dieser die Ethik transzendierende Gedanke hat freilich Rückwirkungen auf diese selbst, insofern nämlich die Anerkenntnis der Schuldhaftigkeit und Widersprüchlichkeit menschlicher Existenz zur Absage an jeden ethischen Rigorismus führt.[48]

Die christliche Rechtfertigungslehre verweist nun aber auch auf eine Möglichkeit, wie das ethische Subjekt von Verantwortung, welches durch die fortschreitende Vergesellschaftung unseres Handelns zu entschwinden droht, neu konstituiert werden kann. Die Erkenntnis von Verantwortung und damit die Möglichkeit ihrer Realisierung geht einher mit der Realisierung des Rufs zur Verantwortung. Theologisch gesprochen ereignet sich der Ruf zur Verantwortung im Geschehen der Rechtfertigung. Die mit der Annahme des sündigen Menschen verbundene Unterscheidung zwischen Person und Werk bedeutet gerade nicht die Entbindung von der Verantwortung für das eigene Tun, sondern die Anerkennung persönlicher Verantwortung. Die Gewißheit der Schuldvergebung befähigt zur Verantwortungsübernahme.

Dieser Gedanke ist noch einen Schritt weiter zu verfolgen. Angesichts der zu beobachtenden Entmoralisierung des Verantwortungsbegriffs in der funktional ausdifferenzierten Risikogesellschaft und dem damit verbundenen Fehlen ethischer Subjekte gewinnt m.E. der christologisch fundierte Gedanke der Stellvertretung, dessen ethischen Sinn vor allem Dietrich Bonhoeffer bedacht hat, an Gewicht.[49] Stellvertretende Übernahme von Verantwortung ist einmal im Sinne nicht einer paternalistischen Bevormundung anderer, sondern einer advokatorischen Fürsorgebereitschaft zu verstehen. Sodann schließt der Stellvertretungsgedanke die Bereitschaft zur Schuldübernahme ein, d.h. sowohl die Bereitschaft, selbst schuldig zu werden, als auch diejenige, für die vorhandene Schuld anderer einzustehen.[50] Eine derartige Stellvertretung, bei welcher Menschen anstelle anderer, sich ihrer Verantwortung entziehender oder noch gar nicht bewußter ethischer Subjekte handeln, orientiert sich an der Stellvertretungsexistenz Jesu von Nazareth und seiner Lebenshingabe für andere. Durch die stellvertretende Über-

---

[48] Vgl. *T. Rendtorff*, Vom ethischen Sinn der Verantwortung, in: *A. Hertz* u.a. (Hg.), Handbuch der christlichen Ethik, Bd. 3, Freiburg/Basel/Wien 1982, S. 117-129, bes. S. 125ff.

[49] Siehe *D. Bonhoeffer*, Ethik, hg. v. E. Bethge, München [12]1988, S. 238ff.

[50] Dies wäre z.B. im Blick auf die sogenannte Vergangenheitsbewältigung des „Dritten Reiches" in der Gegenwart zu entfalten.

nahme von Veranwortung in der Nachfolge Jesu wird Verantwortung in zwischenmenschlichen wie globalen Zusammenhängen neu erkennbar und als Möglichkeit identifizierbar, die auf ihre Realisierung auch durch andere wartet. Gegebenenfalls schließt ihre Realisierung die Schaffung neuer Institutionen politischer
oder rechtlicher Natur ein, denen kollektive Verantwortung übetragen werden
kann und deren Verantwortlichkeit dann nicht unmittelbar, sondern in einem
abgeleiteten Sinne moralisch ist. Sowohl auf der damit angesprochenen Ebene
der Sozialethik wie derjenigen der Umweltethik läßt sich also ein Zusammenhang zwischen Verantwortungsethik und Rechtfertigungslehre herstellen, ist doch
die – sei es dauerhafte, sei es nur interimistische – stellvertretende Wahrnehmung
und Übernahme von Verantwortung eine Konsequenz des Rechtfertigungsglaubens: Derjenige, welcher sich von Gott angenommen weiß, läßt sich von ihm
zur Verantwortung ziehen.

Die rechtfertigungstheologische Herleitung des Verantwortungsbegriffs sieht
sich allerdings mit dem Problem konfrontiert, daß sie auf Prämissen beruht, die
zwar universale Geltung beanspruchen, jedoch nicht in abstrakter Form verallge-
meinerbar sind, eine universale Ethik der Verantwortung aber nur unter der Voraussetzung ihrer Generalisierungsfähigkeit plausibel ist. Andererseits stellt sich
die Frage, ob angesichts der Einsicht in die historische Relativität aller Formen
von Moral und Ethik überhaupt eine universalgültige Ethik formuliert werden
kann, welche auf transkulturelle und universalreligiöse Anerkennung hoffen kann.
Dieses Problem wird in den beiden folgenden Kapitel im kritischen Gespräch mit
den Versuchen der Begründung eines Weltethos von Albert Schweitzer und Hans
Küng diskutiert. Es wird sich zeigen, daß die vermeintliche Schwäche einer
rechtfertigunsgtheologischen Begründung von Verantwortungsethik möglicherweise gerade ihre Stärke ist. Denn sowohl die Analyse der Ethik Albert Schweitzers
als auch derjenigen von Hans Küng ergibt, daß für den heute bestehenden erd-
umspannenden Moralbedarf das ein Bewußtsein desselben ermöglichende globale Subjekt fehlt. Die Menschheit als Kollektivsubjekt ist eine fiktive Instanz. Der
bisherigen geschichtlichen Erfahrung nach lassen sich Kollektivsubjekte allenfalls
einzelgesellschaftlich realisieren, womit allerdings jeder universalistische Geltungsanspruch einer Ethik partikular bleibt.[51] Eben diesem Sachverhalt versucht der
Gedanke der rechtfertigunsgtheologisch begründeten Stellvertretung gerecht zu
werden, indem er die illusorische Hoffnung auf einen transkulturellen und
interrreligiösen Konsens fahren läßt, ohne darum das Anliegen einer Ethik globaler Verantwortung aufzugeben.

---

[51] Vgl. *H.-P. Müller*, Albert Schweitzer und Rudolf Bultmann. Theologische Paradigmen unter der
Herausforderung durch den Säkularismus, ZThK 93, 1996, S. 101-123, hier S. 122f.

VI. Ehrfurcht vor dem Leben – Verantwortung für das Leben
Bedeutung und Problematik der Ethik Albert Schweitzers

> Wir haben heute Ehrfucht vor den Bewohnern
> eines Wassertropfens, aber vor dem
> Menschen haben wir immer noch keine Ehrfucht.
>
> Christian Morgenstern

Albert Schweitzer wird wieder zitiert; was nicht heißt, daß man seine ethischen Schriften auch wirklich liest, geschweige denn, die Tragfähigkeit ihrer Hauptaussagen und Grundannahnmen in jedem Fall überprüft. Ein großer Teil der Literatur zu Person und Werk Schweitzers ist panegyrisch. Das gilt für die Darstellung seiner Biographie und seines humanitären Lebenswerks[1] wie für die Interpretation seiner Ethik der Ehrfurcht vor dem Leben.[2] Es gibt bislang nur wenige Versuche, Albert Schweitzers Denken kritisch zu würdigen und also nicht nur dessen unbestrittene Größe zu unterstreichen, sondern auch nach seinen möglichen Grenzen zu fragen.[3]

---

[1] Vgl. beispielsweise *J. Pierhal*, Albert Schweitzer. Das Leben eines guten Menschen, 1955; *B.M. Nossik*, Albert Schweitzer. Ein Leben für die Menschlichkeit, [2]1978; *H. Steffahn*, Du aber folge mir nach. Albert Schweitzers Werk und Wirkung, 1974.

[2] Ein eindrückliches Beispiel ist *M. Strege*, Albert Schweitzers Religion und Philosophie. Eine systematische Quellenstudie, 1965, das *U. Neuenschwander* in seinem Geleitwort als systema-tischen „Albert-Schweitzer-Katechismus" (S. 9) bezeichnet. Aus der Literatur seien weiter genannt die Sammelbände: Ehrfucht vor dem Leben. Albert Schweitzer. Eine Freundesgabe zu seinem 80. Geburtstag, 1954; darin besonders *G. Seaver*, Ehrfurcht vor dem Leben. Eine Deutung a. a. O., S. 147-154, sowie *G. Götting* (Hg.), Albert Schweitzer. Beiträge zu Leben und Werk, 1965; darin vor allem *R. Grabs*, Zur Lehre der Ehrfurcht vor dem Leben, a. a. O., S. 62-69. Einige der in dem letztgenannten Sammelband abgedruckten Beiträge versuchen Schweitzer politisch-ideologisch zu vereinnahmen. - Unter den Gesamtdarstellungen s. vor allem *H.W. Bähr* (Hg.), Albert Schweitzer. Sein Denken und sein Weg, 1962; *R. Grabs*, Albert Schweitzer. Denker aus Christentum, 1958; *ders.*, Albert Schweitzer, Gehorsam und Wagnis, (1949) [5]1960; *G. Seaver*, Albert Schweitzer als Mensch und als Denker, [10]1960; *W. Picht*, Albert Schweitzer. Wesen und Bedeutung, 1960.

[3] S. vor allem *H. Groos*, Albert Schweitzer. Größe und Grenzen. Eine kritische Würdigung des Forschers und Denkers, 1974, bes. S. 502ff. 666ff; *F.W. Kantzenbach*, Albert Schweitzer. Wirklichkeit und Legende (Persönlichkeit u. Geschichte 50), 1969; *ders.*, Programme der Theologie. Denker, Schulen, Wirkungen von Schleiermacher bis Moltmann, 1978, S. 152-163. - Aus der älteren Literatur *O. Kraus*, Albert Schweitzer. Sein Werk und seine Weltanschauung, 1926; *M. Werner*, Das Weltanschauungsproblem bei Karl Barth und Albert Schweitzer, 1924; *F. Buri*, Albert Schweitzer als Theologe heute (Christ u. Welt. Schriften für lebensbejahendes Christentum 6), 1955; *ders.*, Albert Schweitzers Wahrheit in Anfechtung und Bewährung (Schriften zur Zeit im Artemis Verlag, H. 23), 1960; *C. Günzler*, Albert Schweitzer. Einführung in sein Denken, München 1996.

Eine kritische Analyse des Denkens Albert Schweitzers ist notwendig nicht zuletzt im Bereich seiner Ethik, die im Rahmen der Ökologiedebatte zunehmend an Bedeutung gewinnt.[4] Ursprünglich formuliert als Antwort auf die im ersten Weltkrieg kulminierende Kulturkatastrophe, hat Schweitzers Lehre der Ehrfurcht vor dem Leben neue Aktualität durch die ebenfalls einem Kulturschock gleichkommende Einsicht in die Grenzen des Wachstums und die global drohenden tödlichen Folgen der technisierten und anthropozentrischen modernen Zivilisation gewonnen.[5] Offenkundig besteht ein Bedürfnis nach einer Alternative zu einem utilitaristischen Krisenmanagement, das letztlich immer noch jenem Denken verhaftet bleibt, welches die Gefahr der Menschheitskatastrophe allererst heraufbeschworen hat.[6] Gerade das in den ersten beiden Kapiteln des vorliegenden Buches kritisch gewürdigte Bemühen um eine sogenannte Schöpfungsethik[7] hat, nachdem Schweitzer zuvor im Gefolge dialektischer Theologie als Exponent liberaler Theologie des 19. Jahrhunderts weitgehend auf Ablehnung gestoßen war,[8] zur Wiederentdeckung bis hin zum Versuch der Rehabilitierung des Theologen Albert Schweitzer geführt.[9] Zugleich wird in zunehmendem Maße das schöpfungsethische Potential seiner Ethik der Ehrfurcht vor dem Leben erkannt.[10]

---

[4] Unter den neueren Arbeiten siehe *C. Günzler/H. Lenk*, Ethik und Weltanschauung. Zum Neuigkeitsgehalt von Albert Schweitzers „Kulturphilosophie III", in: *C. Günzler* u.a. (Hg.), Albert Schweitzer heute. Brennpunkte seines Denkens, Tübingen 1990, S. 17-50, bes. S. 34-50 (H. Lenk); *W.E. Müller*, Albert Schweitzers Kulturphilosophie im Horizont säkularer Ethik, Berlin/New York 1993; *M. Beyer/H.-A. Stempel* (Hg.), Welt, Umwelt, Ökologie (BASF 3), Weinheim 1995.

[5] S. vor allem *D.L. Meadows* u.a., Die Grenzen des Wachstums. Bericht des Club of Rome zur Lage der Menschheit, 1972; Global 2000. Der Bericht an den Präsidenten, dt. Übers. hg. v. R. Kaiser, 1980.

[6] Diese Kritik richtet sich u.a. gegen *D.L. Meadows/D.H. Meadows*, Das globale Gleichgewicht, 1974.

[7] Aus der inzwischen umfangreichen Literatur seien genannt *G. Altner*, Zwischen Natur und Menschengeschichte. Anthropologische, biologische, ethische Perspektiven für eine neue Schöpfungstheologie, 1975; *G. Liedke*, Im Bauch des Fisches. Ökologische Theologie, [3]1983; *K.M. Meyer-Abich* (Hg.), Frieden mit der Natur, 1979; *J. Moltmann*, Gott in der Schöpfung. Ökologische Schöpfungslehre, 1985; Zur Theologie der Natur. Themenheft der EvTh (H. 1), 1977; *J. Hübner*, Die Welt als Gottes Schöpfung ehren. Zum Verhältnis von Theologie und Naturwissenschaft heute, 1982; *G. Friedrich*, Ökologie und Bibel. Neuer Mensch und alter Kosmos, 1982; *A. Auer*, Umweltethik. ein theologischer Beitrag zur ökologischen Diskussion, 1984; *G. Altner/G. Liedke/K.M. Meyer-Abich/A.M.K. Müller/U.E. Simonis*, Manifest zur Versöhnung mit der Natur. Die Pflicht der Kirchen in der Umweltkrise, [3]1985.

[8] Vgl. dazu etwa *K. Barth*, KD II/1, S. 717f; III/4, S. 366-453, bes. S. 366f. 376f. 397f.

[9] Vgl. vor allem *E. Gräßer*, Albert Schweitzer als Theologe (BHTh 60), 1979.

[10] S. beispielsweise *G. Altner*, Die Grenzen des Wachstums und die Ehrfurcht vor dem Leben (in: ders. [s. Anm. 7], S. 93-104).

Um so dringlicher ist eine kritische Analyse der ethischen Konzeption Schweitzers geboten.[11] Dazu möchten die nachfolgenden Ausführungen einen Beitrag leisten. Zunächst soll Schweitzers Ethik in ihren Grundzügen dargestellt werden (1). In einem zweiten Untersuchungsschritt werden wir seine Konzeption auf ihre Plausibilität hin befragen und vorhandene Begründungsschwierigkeiten der Lehre von der Ehrfurcht vor dem Leben aufzeigen (2). In einem dritten Schritt soll schließlich nach einer veränderten Begründungsmöglichkeit für eine heute notwendige Ethik der Verantwortung für das Leben gefragt werden (3).

1. Die Grundzüge der Ethik Schweitzers

Die Ausarbeitung von Schweitzers zweiteiliger Kulturphilosophie, die 1923 unter dem Titel „Kultur und Ethik" erschien,[12] fällt in die Zeit des ersten Weltkriegs und die folgenden Nachkriegsjahre. Eine erste Fassung des Manuskripts entstand in den Jahren 1914 bis 1917 in Afrika; der endgültigen Fassung gingen Vorlesungen in Upsala, später auch in Oxford, Cambridge, Kopenhagen und Prag voraus. Erste Ideen und Vorarbeiten zu Schweitzers ethischem Hauptwerk reichen aber bis in das Jahr 1900 zurück, als Schweitzer den Sommer an der Universität Berlin verbrachte. Schweitzers Kulturphilosophie und Ethik versuchen eine Antwort zu geben auf den in den ersten Weltkrieg mündenden Verfall der abendländischen Kultur, ohne doch eine bloße Reaktion auf die Kriegsereignisse zu sein. Zeitlich und sachlich ist das Werk Schweitzers somit ein Gegenstück zur Kulturphilosophie Spenglers, deren Entstehung ebenfalls in die Zeit vor dem ersten Weltkrieg zurückreicht, die nach 1918 aber gewissermaßen als nachträgliche Sanktionierung der Kulturkatastrophe und Prophetie post festum eine ungeheure Wirkung erzielte.[13] Trotz gegensätzlicher Auffassungen verband Schweitzer und Spengler nach 1923 eine persönliche Freundschaft.[14] Und wenigstens insofern

---

[11] Herangezogen werden A. *Schweitzer*, Verfall und Wiederaufbau der Kultur/Kultur und Ethik [= Kulturphilosophie 1. und 2. Teil], in: GW 2, hg. v. R. Grabs, 1974; *ders.*, Kulturphilosophie und Ethik [verschiedene Schriften], in: GW 5, hg. v. R. Grabs, 1974; *ders.* Die Lehre von der Ehrfurcht vor dem Leben. Grundtexte aus fünf Jahrzehnten. Im Auftrag des Verfassers hg. v. H.W. Bähr, 1966. Von Bedeutung ist aber auch Schweitzers noch unveröffentlichte „Kulturphilosophie III". Siehe dazu C. Günzler/H. Lenk, a. a. O. (Anm. 4), passim.

[12] Im folgenden wird die Sonderausgabe zitiert: A. *Schweitzer*, Kultur und Ethik. Sonderausgabe mit Einschluß von „Verfall und Wiederaufbau der Kultur", München 1960. - Zur Entstehungsgeschichte des Werkes siehe A. *Schweitzer*, Die Entstehung der Lehre der Ehrfurcht vor dem Leben und ihre Bedeutung für unsere Kultur, GW 5, München 1974, S. 172-191, bes. S. 176ff.

[13] O. *Spengler*, Der Untergang des Abendlandes. Umrisse einer Morphologie der Weltgeschichte, ungekürzte Sonderausgabe in einem Bd., München 1981.

[14] Vgl. Schweitzer, Die Entstehung der Lehre (s. Anm. 12), S. 188.

stimmen beide voneinander unabhängig entstandenen Werke überein, als ihre Kulturphilosophie über weite Strecken eine Kritik der Gegenwartslage ist, sie also Kulturphilosophie als Kulturkritik betreiben. Während jedoch Spenglers Kulturmorphologie den Untergang des Abendlandes für ein sich über Jahrhunderte erstreckendes, gleichwohl unabänderliches Schicksal hält, glaubt Schweitzer an die Möglichkeit eines Wiederaufbaus der abendländischen Kultur und eine Erneuerung von deren ethischen Grundlagen.

Die Ursachen des kulturellen Niedergangs liegen für Schweitzer im Bereich der Philosophie. „Das Entscheidende war das Versagen der Philosophie".[15] Schweitzers Kritik der Kultur, insbesondere der urbanen Zivilisation,[16] geht einher mit einer Kritik der Philosophie in Gestalt einer kritischen Geschichte philosophischer Ethik.[17] Versagt hat nach Schweitzer die Philosophie seit der Mitte des 19. Jahrhunderts auf dem Gebiet dessen, was bei ihm Weltanschauung bzw. Totalweltanschauung heißt.[18] Das Versagen der Philosophie und der von ihr bei Schweitzer nicht streng geschiedenen Religion[19] macht Schweitzer vor allem fest an deren Hilflosigkeit gegenüber der Ethik Nietzsches und seiner in Schweitzers Augen inhumanen Lehre vom Willen zur Macht. Schweitzer machte mit Nietzsches Schriften als Student ab 1893 Bekanntschaft. „Seine Schriften", berichtet er rückblickend, „beschäftigten uns; da sie gerade erschienen, als ich Student war. Und ich kann sagen, daß wir sie nicht ernst genommen haben. Wir betrachteten sie als ein geistiges Schauspiel, das uns in bewundernswerter Sprache geboten wurde. Wir glaubten nie, als wir diese neuen Schriften lasen, daß diese Gedanken in unserer Welt Fuß fassen würden. Und doch haben sie es getan."[20] „In dieser Situation", gesteht Schweitzer an anderer Stelle, „erlebte ich eine große Enttäuschung. Ich hatte erwartet, daß die Religion und die Philosophie kraftvoll gegen Nietzsche

---

[15] Schweitzer, Kultur und Ethik (s. Anm. 12), S. 17; vgl. S. 97ff.

[16] Vgl. a. a. O., S. 22ff, bes. S. 26: „Heute jedenfalls liegen die Dinge so, daß die wirkliche Kultur vor dem Geiste, der von den Großstädten und Großstadtmenschen ausgeht, gerettet werden muß."

[17] A. a. O., S. 121-290.

[18] A. a. O., S. 18.

[19] Vgl. a. a. O., S. 119: „Die Aufführung der Scheidewand zwischen philosophischer und religiöser Ethik geht auf den Irrtum zurück, als ob die eine Wissenschaft und die andere Nicht-Wissenschaft wäre. Beide sind aber weder das eine noch das andere, sondern Denken. ... In jedem religiösen Genius lebt ein ethischer Denker und tiefere philosophische Ethiker ist irgendwie religiös." S. auch Schweitzers Äußerung in einem Brief an O. Kraus: „Daß ich die Grenze zwischen religiösem und philosophischem Denken vermische, ist, glaube ich, von jeher bezeichnend für mein Wesen gewesen" (zitiert nach Strege [s. Anm. 2], S. 2).

[20] *A. Schweitzer*, Ansprache bei Entgegennahme des belgischen Joseph-Lemaire-Preises (GW 5 [s. Anm. 11], S. 160-166), S. 162.

117

auftreten und ihn widerlegen würden. Dies ereignete sich nicht. Wohl sprachen sie sich gegen ihn aus. Aber meinem Empfinden nach vermochten sie es nicht und suchten sie es nicht, die ethische Kultur in so tiefer Weise zu begründen, wie es der Kampf, den Nietzsche gegen sie führte, erforderte."[21] So betrachtet ist Schweitzers Philosophiekritik die Kritik einer durch Nietzsche und die Folgen bloßgestellten Philosophie. Und dementsprechend erhebt der neue Weg einer Ethik der Ehrfurcht vor dem Leben – nach Schweitzers Bekunden der einzig noch gangbare![22] – den Anspruch, die einzig denkbare Alternative zur Philosophie Nietzsches zu sein, ohne die Nietzsche das letzte Wort behielte und das Projekt abendländischer Kultur als gescheitert gelten müßte.

Folgt man Schweitzer, so kann die Alternative zum Denken Nietzsches und zum Nihilismus nur in einer Erneuerung des abendländischen Rationalismus bestehen. Die gegenwärtige Epoche wird als Mittelalter apostrophiert. Schweitzers neue Ethik ist ein Programm zur „Befreiung aus dem heutigen Mittelalter"[23]. Die Ethik der Ehrfurcht vor dem Leben versteht sich als Projekt einer neuen Aufklärung nach dem Vorbild derjenigen des 18. Jahrhunderts oder auch als dasjenige einer neuen Renaissance und eines entsprechenden Humanismus.[24] „Eine neue Renaissance muß kommen, viel größer als die Renaissance, in der wir aus dem Mittelalter herausschritten."[25] Schweitzer tritt „als ein Erneuerer des voraussetzungslosen Vernunftdenkens", d.h. des Rationalismus auf,[26] oder auch als prophetischer Prediger in der „Wüste des Skeptizismus"[27], der einer neuen Renaissance den Weg bereitet.[28] Die Aufgabe, welche sich der neuen Aufklärung stellt, ist ungleich größer als diejenige im 18. Jahrhundert. „Damals ging der Kampf gegen geschichtlich gegebene äußere Autoritätsgewalten. Heute handelt es sich darum, die vielen Einzelnen dazu zu bringen, sich aus der selbstgeschaffenen geistigen Unselbständigkeit herauszuarbeiten. Kann es eine schwerere Aufgabe ge-

---

[21] Schweitzer, Die Entstehung der Lehre (s. Anm. 12), S. 174f.

[22] Vgl. Schweitzer, Kultur und Ethik (s. Anm. 12), S. 291.

[23] A. a. O., S. 32.

[24] Zum Begriff des Humanismus oder des Humanen und seiner Geschichte s. *A. Schweitzer*, Humanität, GW 5 (s. Anm. 11), S. 167-171.

[25] Schweitzer, Kultur und Ehtik (s. Anm. 12), S. 95.

[26] A. a. O., S. 91: „Mit Zuversicht trete ich daher als ein Erneuerer des voraussetzungslosen Vernunftdenkens auf." Zu Schweitzers Hochschätzung des Rationalismus als zeitübergreifender Erscheinung siehe a. a. O., S. 67f.

[27] Vgl. a. a. O., S. 94f.

[28] A. a. O., S. 95: „Ein schlichter Wegbereiter dieser Renaissance möchte ich sein und den Glauben an eine neue Menschheit als einen Feuerbrand in unsere dunkle Zeit hinausschleudern." Diese Selbstdeutung trägt geradezu messianische Züge. Vgl. Lk 12,49!

ben?"[29] Die Ethik der Ehrfurcht vor dem Leben möchte den „ethischen Vernunft-
idealen" der Aufklärungszeit und des Rationalismus „über die Entwicklung des
Einzelnen zum wahren Menschentum, über seine Stellung in der Gesellschaft,
über deren materielle und geistige Aufgaben, über das Verhalten der Völker zueinander und ihr Aufgehen in einer durch die höchsten geistigen Ziele geeinten
Menschheit" neue Geltung verschaffen.[30] Darum hat insbesondere die Philosophie Kants, über dessen Religionsphilosophie Schweitzer 1899 promovierte[31] und
der sich um eine theoretische Fundierung „diese[r] starke[n] Popularphilosophie"[32]
bemühte, bei Schweitzer trotz an ihr geübter Kritik einen besonderen Stellen-
wert.[33] Dennoch kann es nach Schweitzer nicht um eine bloße Wiederholung der
Aufklärung oder gar der Philosophie und Ethik Kants gehen. Der Ausgang der
europäischen Philosophiegeschichte im Nihilismus zeigt, daß die bisherigen Versuche einer theoretischen Fundierung der ethischen Ideale von Aufklärung und
Rationalismus einschließlich der Philosophie Kants gescheitert sind. Schweitzer
beansprucht, eine Ethik entworfen zu haben, die dem Nihilismus standzuhalten
vermag, ohne deshalb das eigentliche Anliegen rationalistischer Ethik preisgegeben zu haben.

Schweitzers Ethik versteht sich also als durch den Nihilismus geläuterter Rationalismus, als Rationalismus höherer Ordnung. Dieser Rationalismus glaubt in
einer Synthese den Dualismus von Erkennen und Wollen,[34] von Erkenntnistheorie und Ethik, auch von Philosophie und Religion aufgehoben zu haben. Das
neue Denken ist ein mystisch gewordener Rationalismus oder eine rationalisti-
sche Mystik, was auf den ersten Blick widersinnig erscheinen mag, da Mystik und
Rationalismus miteinander unvereinbar zu sein scheinen. Schweitzer aber hält
eine paradoxe Synthese von Mystik und Rationalismus für geradezu zwingend.
„Denkt das rationale Denken sich zu Ende, so gelangt es zu einem denknotwen-
digen [!] Irrationalen. Dies ist die Paradoxie, die unser geistiges Leben beherrscht."[35]

---

[29] A. a. O., S. 32.

[30] A. a. O., S. 16.

[31] *A. Schweitzer*, Die Religionsphilosophie Kants von der Kritik der reinen Vernunft bis zur Religi-
on innerhalb der Grenzen der bloßen Vernunft, 1899. S. dazu *H.J. Meyer*, Albert Schweitzers
Doktorarbeit über Kant (in: H.W. Bähr [Hg.] [s. Anm. 2], S. 66-74); Groos (s. Anm. 3), S. 606ff;
Gräßer (s. Anm. 9), S. 32ff. Bereits in dieser Dissertation ist Schweitzer hauptsächlich an Kants
Ethik interessiert.

[32] Schweitzer, Kultur und Ethik (s. Anm. 12), S. 17.

[33] Siehe vor allem a. a. O., S. 196-205.

[34] Vgl. a. a. O., S. 87.

[35] A. a. O., S. 91.

Mit anderen Worten: „Das voraussetzungslose Vernunftdenken endet also in Mystik", freilich nicht in einer passiven Versenkung und Meditation Gottes oder des Universums, sondern in einem als „weltbejahende, ethische, tätige Mystik" bezeichneten Denken.[36]

Dessen Grundzüge wollen wir uns vergegenwärtigen, indem wir von Schweitzers Themenformulierung „Kultur und Ethik" ausgehen. Zu klären ist zunächst, was Schweitzer mit Kultur bezeichnet. Kultur, die begrifflich – anders als bei Spengler! – nicht von Zivilisation unterschieden wird,[37] ist nach Schweitzer „Fortschritt, materieller und geistiger Fortschritt der Einzelnen wie der Kollektivitäten"[38]. Kultur ist, wie Schweitzer ausführt, ein Instrument des Menschen im Kampf ums Dasein, das dazu dient, den Selektionsdruck zu mindern. Doch darf man Schweitzers Denken nicht als Biologismus mißverstehen. Denn für ihn ist der geistige Fortschritt wesentlicher als der materielle.[39] Geistiger Fortschritt aber ist gleichbedeutend mit ethischem Fortschritt. Kultur – „ein in jeder Hinsicht wertvoller Totalfortschritt"[40] – entsteht nur auf dem Boden ethischen Fortschritts. „Kultur ist das Ergebnis optimistisch-ethischer Weltanschauung."[41]

Ethik fragt nach Schweitzer nach der Möglichkeit einer Höherentwicklung und geistigen Vervollkommnung des Menschen. Sie ist „die auf die innere Vollendung seiner Persönlichkeit gerichtete Tätigkeit des Menschen".[42] Als solche ist sie keine Wissenschaft, sondern Denken. Wissenschaft nämlich definiert Schweitzer positivistisch als „Beschreibung von objektiven Tatsachen, Ergründen ihrer Zusammenhänge und Folgern aus ihnen".[43] Der Mensch aber läßt sich nach Schweitzer nicht derart verobjektivieren. Denkbar ist deshalb keine wissenschaftliche Ethik, sondern allenfalls eine Wissenschaft der Geschichte der Ethik. „Es gibt also keine wissenschaftliche, sondern eine denkende Ethik."[44] Denken aber ist ein elementarer Bewußtseinsvorgang, in welchem mein Erkennen in Erleben übergeht.[45] Es

---

[36] A. a. O., S. 90; vgl. S. 70.

[37] Vgl. a. a. O., S. 37.

[38] A. a. O., S. 35. 103: Kultur „ist der Inbegriff aller Fortschritte des Menschen und der Menschheit auf allen Gebieten und in jeder Hinsicht, sofern dieselben der geistigen Vollendung des Einzelindividuums als dem Fortschritt der Fortschritte dienstbar sind."

[39] Vgl. a. a. O., S. 35f. 98.

[40] A. a. O., S. 98.

[41] A. a. O., S. 103; vgl. S. 73.

[42] A. a. O., S. 72.

[43] A. a. O., S. 115.

[44] Ebd.

[45] Vgl. a. a. O., S. 89. 83. 158 u.ö.

ist deutlich, ohne daß die Bezüge hier im einzelnen aufgeschlüsselt werden könnten, daß Schweitzers Philosophieren starke Berührungen mit der sogenannten Lebensphilosophie aufweist.

Es ist nun nicht die Ethik allein, sondern dieselbe im Verbund mit Weltanschauung, die Kultur begründet. Eben deshalb ist Kultur Ergebnis optimistisch-ethischer Weltanschauung. Ethik ihrerseits muß eingebunden sein in eine Weltanschauung. Auch diese These verbindet Schweitzers Denken mit der Lebensphilosophie. Mit dem sich bereits bei Kant findenden, vor allem aber in der Philosophie des 19. Jahrhunderts viel verwendeten Begriff der Weltanschauung hängt es zusammen, daß Schweitzer den Wissenschaftsbegriff für Philosophie und Ethik, auch für die Ästhetik ablehnt. Dilthey etwa unterscheidet Weltanschauung als Instanz der Sinnvermittlung und moralischen Orientierung vom naturwissenschaftlich entworfenen Weltbild.[46] Husserl gar spricht von Weltanschauungsphilosophie, die „ihrem Wesen nach nicht Wissenschaft" sein könne, deren Ziel vielmehr „rein die Weltanschauung" sei.[47] Doch ist hier nicht der Ort, die Geschichte des Begriffs der Weltanschauung zu erörtern.[48] Schweitzer definiert Weltanschauung als „Inbegriff der Gedanken, die die Gesellschaft und der Einzelne über Wesen und Zweck der Welt und über Stellung und Bestimmung der Menschheit und des Menschen in ihr in sich bewegen"[49]. Ohne eine solchermaßen definierte Weltanschauung, die optimistisch oder auch pessimistisch ausfallen kann, ist keine Ethik denkbar, da diese eine Beantwortung der Sinnfrage voraussetzt. Kultur aber entsteht nicht auf dem Boden pessimistischer, welt- und lebensverneinender Weltanschauung, sondern nur auf der Grundlage einer optimistisch-ethischer Weltanschauung. Dies versucht Schweitzer im Durchgang durch die Philosophiegeschichte nachzuweisen.

Alle bisherigen Weltanschauungen aber sind nach Schweitzer gescheitert, und zwar deshalb, weil die bisherige Philosophie stets versucht hat, Weltanschauung auf dem Weg über die sogenannte Metaphysik zu gewinnen. Gemeint ist, daß aus der vermeintlichen Sinnhaftigkeit der Welt auf die Sinnhaftigkeit des eigenen Daseins und Handelns geschlossen wurde. Der Weg zur Weltanschauung und damit zur Ethik über die Metaphysik aber hat spätestens seit Nietzsche als gescheitert zu gelten. Für Schweitzer ist die letzte Erkenntniseinsicht, „daß die Welt uns eine in jeder Hinsicht rätselhafte Erscheinung des universellen Willens zum

---

[46] Vgl. W. Dilthey, Die Typen der Weltanschauung und ihre Ausbildung in den metaphysischen Systemen, GS VIII, ²1960, S. 75-118.

[47] Vgl. E. Husserl, Philosophie als strenge Wissenschaft, Logos I, 1910, S. 289-341.

[48] S. dazu J. Klein, Art. Weltanschauung, RGG³ VI, Sp. 1603-1606.

[49] Schweitzer, Kultur und Ethik (s. Anm. 12), S. 63.

Leben ist", für die an sich keine Sinnhaftigkeit reklamiert werden kann.[50] „Die Welt ist Grausiges in Herrlichem, Sinnloses in Sinnvollem, Leidvolles in Freudvollem."[51] Darum muß jeder Versuch, aus der vermeintlichen Sinnhaftigkeit von metaphysisch gedeuteter Welt eine Ethik herzuleiten, nach Schweitzers Urteil fehlschlagen. „Ich glaube der erste im abendländischen Denken zu sein, der dieses niederschmetternde Ergebnis des Erkennens anzuerkennen wagt und in bezug auf unser Wissen von der Welt absolut skeptisch ist, ohne damit zugleich auf Welt- und Lebensbejahung und Ethik zu verzichten."[52]

Dies wird, so Schweitzer, möglich, indem man zwischen Weltanschauung und Lebensanschauung unterscheidet und letztere über erstere stellt. „Die Weltanschauung kommt aus der Lebensanschauung, nicht die Lebensanschauung aus der Weltanschauung."[53] Die gesuchte Lebensanschauung aber ist nun nach Schweitzer die Gesinnung der Ehrfurcht vor dem Leben.

Schweitzer formuliert das Grundaxiom seiner Lehre von der Ehrfurcht vor dem Leben bekanntlich folgendermaßen: „Wahre Philosophie muß von der unmittelbarsten und umfassendsten Tatsache des Bewußtseins ausgehen. Diese lautet: ‚Ich bin Leben, das leben will, inmitten von Leben, das leben will.‘ "[54] In diesem Satz ist Lebensanschauung über Weltanschauung, Wollen über Erkennen gestellt und somit der Grundsatz Descartes': „Cogito, ergo sum" durch ein: „Vivo, ergo sum" außer Kraft gesetzt. Ethisch ist die Ehrfurcht vor dem Leben, weil sie „Ergriffensein von dem unendlichen, unergründlichen, vorwärtstreibenden Willen" ist, „in dem alles Sein gegründet ist"[55]. Die Grunderfahrung der Ehrfurcht vor dem Leben ist das Erleben eines in uns und anderen Lebewesen wirksamen universalen Willens zum Leben, der auch in religiösen Wendungen gleichgesetzt werden kann mit der „geheimnisvollen ethischen Gottpersönlichkeit, die ich so in der Welt nicht erkenne, sondern nur als geheimnisvollen Willen in mir erlebe".[56] Diesem universalen Willen zum Leben widerstreitet außerhalb des Menschen der partikulare Wille zum Leben im Kampf aller gegen alle ums Dasein. „Die Welt ist das grausige Schauspiel der Selbstentzweiung des Willens zum Le-

---

[50] A. a. O., S. 86.

[51] *A. Schweitzer*, Das Problem der Ethik in der Höherentwicklung des menschlichen Denkens (GW 5 [s. Anm. 11], S. 143-159), S. 157.

[52] Schweitzer, Kultur und Ehtik (s. Anm. 12), S. 86.

[53] A. a. O., S. 89.

[54] A. a. O., S. 330.

[55] A. a. O., S. 303.

[56] A. a. O., S. 90.

ben."[57] In uns Menschen aber tritt der Wille zum Leben auf als ein solcher, „der mit anderem Willen zum Leben eins werden will".[58] Weil der universale Wille zum Leben in uns zum Bewußtsein seiner selbst gelangt, liegt nun in der Gesinnung der Ehrfurcht vor dem Leben „ein elementarer Begriff von Verantwortung beschlossen".[59] Ethik ist nunmehr die „subjektive, extensiv und intensiv ins Grenzenlose gehende Verantwortlichkeit für alles in seinen Bereich tretende Leben, wie sie der innerlich von der Welt freigewordene Mensch erlebt und zu verwirklichen sucht".[60] Deshalb lautet „das denknotwendige Grundprinzip des Sittlichen": „Gut ist, Leben erhalten und Leben fördern; böse ist, Leben vernichten und Leben hemmen."[61] Mit anderen Worten besteht Ethik darin, „daß ich die Nötigung erlebe, allem Willen zum Leben die gleiche Ehrfurcht vor dem Leben entgegenzubringen wie dem eigenen"[62].

Ein starkes ethisches Motiv der Ehrfurcht vor dem Leben ist das Mitleid mit allem, was lebt. Gleichwohl griffe man zu kurz, wollte man Schweitzers Ethik als Mitleidsethik abtun oder biographisch lediglich als Reflex der seit frühester Jugend bei ihm vorhandenen Sensibilität für fremdes Leiden, insbesondere für das Leiden der von der Philosophie weithin übergangenen Tiere[63] interpretieren. „Mitleid ist zu eng, um als Inbegriff des Ethischen zu gelten", denn Ethik zielt nicht nur auf leidendes, sondern auch auf lustvolles und aktives Leben.[64] „Mehr schon sagt Liebe, weil sie Mitleiden, Mitfreude und Mitstreben in sich faßt."[65] Und so kann Schweitzer behaupten: „In der Hauptsache gebietet die Ehrfurcht vor dem Leben dasselbe wie der ethische Grundsatz der Liebe. Nur trägt die Ehrfurcht vor dem Leben die Begründung des Gebotes der Liebe in sich und verlangt Mitleid mit aller Kreatur."[66] Mit anderen Worten ist das Grundprinzip der Ethik der Ehrfurcht vor dem Leben das Prinzip einer universellen Verantwortung für das Leben, die Mitleid und Liebe einschließt, sich aber in beidem nicht erschöpft.

---

[57] A. a. O., S. 334.

[58] Ebd.

[59] A. a. O., S. 92.

[60] A. a. O., S. 327.

[61] A. a. O., S. 331, vgl. S. 90.

[62] A. a. O., S. 331. Vgl. auch Schweitzer (s. Anm. 51), S. 157f.

[63] S. dazu A. Schweitzer, Philosophie und Tierschutzbewegung (GW 5 [s. Anm. 11], S. 135-142); ders., Kultur und Ethik (s. Anm. 12), S. 199 u.ö.

[64] Schweitzer, Kultur und Ethik (s. Anm. 12), S. 332.

[65] Ebd.

[66] Schweitzer (s. Anm. 52), S. 158. Vgl. dazu Schweitzers Straßburger Predigt über das Doppelgebot der Liebe (GW 5 [s. Anm. 11], S. 117-126), bes. S. 124f.

Mit dieser Ethik der Verantwortung für das Leben glaubt nun Schweitzer auch das Weltanschauungsproblem und die Sinnproblematik gelöst zu haben. Die Grunderfahrung der Ehrfurcht vor dem Leben nämlich besagt: „Mein Leben trägt seinen Sinn in sich selber. Er liegt darin, daß ich die höchste Idee lebe, die in meinem Willen zum Leben auftritt ... die Idee der Ehrfurcht vor dem Leben. Daraufhin gebe ich meinem Leben und allem Willen zum Leben, der mich umgibt, einen Wert, halte mich zum Wirken an und schaffe Werte." [67] Schweitzers Ethik ist also nicht nur eine Verantwortungsethik, sondern zugleich eine Wertethik, die freilich nicht von a priori vorhandenen, sondern von durch den in mir wirksamen Willen zum Leben zu schaffenden Werten ausgeht.

Darüber hinaus beansprucht Schweitzers Ethik, eine Synthese philosophischer und religiöser Ethik zu leisten. Sie trägt geradezu soteriologische Züge. Johanneische Theologie schimmert durch, wenn Schweitzer seine Ethik als „Ethik des Andersseins als die Welt" charakterisiert.[68] Wer die Grunderfahrung der Ehrfurcht vor dem Leben macht, der weiß: „Ich bin aus der Welt erlöst." [69]

Damit wollen wir die Darstellung der Ethik Schweitzers in ihren Grundzügen abschließen. Es ist deutlich geworden, daß Schweitzers Ethik eine Antwort auf den Nihilismus, die Krise metaphysischen Denkens und der Ethik zu geben versucht, indem sie unter Preisgabe der Metaphysik nach einer neuen Begründungsmöglichkeit für die Ethik sucht. Schweitzer setzt ein bei der Grunderfahrung des eigenen Lebens, um von hier aus zu einer Ethik der Verantwortung für alles Leben schlechthin zu gelangen. Indem so einerseits die Konsequenzen aus dem Nihilismus gezogen werden sollen, soll doch zugleich am Sinn des Lebens festgehalten werden können. Schweitzer postuliert, daß seine Ethik der Ehrfurcht vor dem Leben denknotwendig ist. Wir haben nun in einem zweiten Schritt zu fragen, ob Schweitzer die Denknotwendigkeit der Ehrfurcht vor dem Leben tatsächlich argumentativ begründen kann und ob auf dem von ihm für einzig noch möglich gehaltenen Weg der Nihilismus und die Krise der Ethik wirklich überwunden werden. Dies kann freilich nur in sehr gedrängter Form geschehen, wobei Auslassungen unvermeidlich sind.

2. Anfragen an Schweitzers Ethik

Schweitzers neuer Weg der Ehrfurcht vor dem Leben versteht sich, wie gesehen, als einzig überzeugende Alternative zu einer Philosophie, die gegenüber dem

---

[67] Schweitzer, Kultur und Ethik (s. Anm. 12), S. 89, vgl. S. 303!

[68] A. a. O., S. 337.

[69] A. a. O., S. 334.

Nihilismus, insbesondere gegenüber Nietzsche versagt hat. Der Philosophie Nietzsches vom Willen zur Macht, die jede humanitäre oder gar jüdisch-christliche
Ethik verwirft, wird eine Philosophie des Willens zum Leben entgegengestellt,
die ihrerseits vielschichtige Bezüge zur philosophischen Tradition aufweist, insbesondere zu Spinoza, Kant, Fichte, Schelling und Schopenhauer. Der Gedanke des
universalen Willens zum Leben, der den vielen partikularen Lebenswillen widerstreitet und im Menschen zum Bewußtsein seiner selbst gelangt und dort Erlösung bewirkt, weist auf Schelling zurück.[70] Das Programm, „der Selbstvervoll-
kommnung in Welt- und Lebensbejahung einen ethischen Inhalt zu geben", weiß
sich Fichte verbunden.[71] Vor allem aber verbindet das Motiv des universalen Mit-
leids Schweitzers Ethik mit dem Denken Schopenhauers. Sehr vereinfacht kann
man sagen, daß Schweitzer über Nietzsche hinauszugelangen versucht, indem er
zur Philosophie Schopenhauers zurücklenkt.

Schweitzers kritische Darstellung Schopenhauers und Nietzsches[72] zeigt deutlich, daß sein eigenes Denken Affinitäten zu beiden Philosophen besitzt. Beide
aber werden von Schweitzer kritisiert. Zunächst einmal geht Schweitzer von Schopenhauer zu Nietzsche weiter, da er den Pessimismus der Weltanschauung Schopenhauers ablehnt. Der Vorwurf gegenüber Schopenhauer lautet, aller Pessimismus sei letztlich inkonsequent.[73] Zudem „begeht Schopenhauers Philosophie
Selbstmord", wenn sie behauptet, der Ethiker brauche seine eigene Ethik nicht
selbst zu befolgen.[74] Schopenhauers Mitleid bleibt daher theoretisch, ohne täti-
ges, helfendes Mitleid zu werden.[75]

Nietzsches Willensphilosophie ist optimistisch ausgerichtet. In ihr wird der
Wille zum Leben rückhaltlos bejaht. Schweitzer billigt der Kritik Nietzsches an
der Ethik insoweit ihr Recht zu, als sie besagt, „daß nur diejenige Ethik Geltung
haben darf, die aus selbständigem Nachdenken über den Sinn des Lebens kommt
und sich in aufrichtiger Weise mit der Wirklichkeit auseinandersetzt"[76]. Doch
lautet Nietzsche gegenüber Schweitzers Kritik, daß bei ihm der Wille zum Leben

---

[70] Siehe *F. W. J. Schelling*, Philosophische Untersuchungen über das Wesen der menschlichen Freiheit und die damit zusammenhängenden Gegenstände, hg. v. W. Schulz, 1975.

[71] Vgl. Schweitzer, Kultur und Ethik (s. Anm. 12), S. 308. 214-224.

[72] A. a. O., S. 252-268.

[73] A. a. O., S. 299. 258.

[74] A. a. O., S. 261.

[75] A. a. O., S. 259.

[76] A. a. O., S. 264.

125

gedankenlos bleibt. „Es entsteht gedankenloser Wille zum Leben, der das Leben ablebt, indem er möglichst viel Glück zu erhaschen sucht und etwas wirken will, ohne sich recht klargemacht zu haben, was er eigentlich damit will."[77] Der gedankenlose Wille zum Leben aber wird bei Nietzsche zur Quelle einer „Philosophie der Brutalität".[78]

Schweitzers Schlußfolgerung in Blick auf Schopenhauer und Nietzsche lautet: „Lebensbejahung und Lebensverneinung sind beide eine Strecke weit ethisch; bis zu Ende gegangen, werden sie unethisch."[79] Der neue Weg der Ehrfurcht vor dem Leben ist eine Ethik der Bejahung des universalen Willens zum Leben, die um dieser Bejahung willen die partikulare Verneinung des Lebens einschließt. Insofern könnte man vereinfacht sagen, daß Schweitzer eine Synthese im Blick hat, die die Wahrheitsmomente der Philosophie Schopenhauers und derjenigen Nietzsches in sich aufheben soll. Die Frage bleibt, ob diese Synthese Schweitzer gelungen ist.[80]

Das Hauptproblem, welches sich an diesem Punkt stellt, lautet: Wie komme ich von der Erkenntnis, Leben zu sein, das leben will, inmitten von Leben, das ebenfalls leben will, zur universalen Verantwortlichkeit für das Leben? Schweitzer antwortet hierauf, daß mit der Ehrfurcht vor dem Leben unmittelbar ein elementarer Begriff von Verantwortung gegeben ist. Aber ist das tatsächlich der Fall? Wieso soll mich die Einsicht, daß ich Leben bin, das leben will, inmitten von Leben, das leben will, zur Förderung und Erhaltung fremden Lebens nötigen? Ist nicht gerade der brutale Kampf ums Dasein und mein Versuch, mich in diesem Kampf zu behaupten, die angemessene Konsequenz aus der Grunderfahrung meines Lebenswillens? Anders gefragt: Zieht eben nicht gerade Nietzsche die einzig richtige Konsequenz aus der von Schweitzer angeführten Grunderfahrung?

Schweitzer behauptet, daß im Begriff des Willens ein Begriff von Verantwortung impliziert ist. Dies aber ist nicht der Fall. Es führt gedanklich kein Weg von meinem Wollen und dem Wollen fremden Lebens zu einem Begriff von Verantwortung. Im Nachlaß Nietzsches findet sich folgender Satz: „Am Tier ist es möglich, aus dem Willen zur Macht alle [!] seine Triebe abzuleiten; ebenso alle Funk-

---

[77] A. a. O., S. 300.

[78] A. a. O., S. 267.

[79] Ebd.

[80] Zum Problem der von Schweitzer behaupteten Denknotwendigkeit seines ethischen Prinzips siehe auch *D. Birnbacher*, Sind wir für die Natur verantwortlich?, in: *ders.* (Hg.), Ökologie und Ethik, Stuttgart ²1986, S. 103-139, bes. S. 127ff; *M. Ecker*, Evolution und Ethik. Der Begriff der Denknotwendigkeit in Albert Schweitzers Ethik der Ehrfurcht vor dem Leben, in: C. Günzler u.a. (Hg.), a. a. O. (Anm. 4), S. 51-81.

tionen des organischen Lebens aus dieser *einen* Quelle."[81] Solange man mit Nietzsche von einem Monismus des Wollens ausgeht, läßt sich keine Ethik entwerfen, die ein Sollen voraussetzt. Eine Verantwortungsethik, wie sie Schweitzer fordert, setzt voraus, daß der Willensmonismus Nietzsches bestritten wird.

Nun läßt sich einwenden, daß die Grunderfahrung des eigenen Lebenswillens inmitten von fremdem Lebenswillen nach Schweitzer mehr ist als die Erfahrung des eigenen, partikularen Willens. Sie ist das Erlebnis eines universalen Lebenswillens, der zur Instanz wird, der gegenüber ich Verantwortung empfinden kann. „In uns freibeweglichen, eines überlegten, zweckmäßigen Wirkens fähigen Wesen ist der Drang nach Vollendung in der Art gegeben, daß wir uns selber und alles von uns beeinflußbare Sein auf den höchsten materiellen und geistigen Wert bringen wollen."[82] Diese Erkenntnis soll in der elementaren Erfahrung der Ehrfurcht vor dem Leben inbegriffen sein, und zwar derart elementar, daß Schweitzer von instinktiver Ehrfurcht vor dem Leben sprechen kann.[83] Das aber ist zu bezweifeln. Es muß bestritten werden, daß aus dem Axiom: „Ich bin Leben, das leben will, inmitten von Leben, das leben will", auf einen universalen Willen zum Leben geschlossen werden kann, der zur Schaffung von Werten und Verwirklichung von Idealen nötigt.[84] Wenn tatsächlich die Ehrfurcht vor dem Leben einen Begriff von Idealen und Werten beinhalten soll, handelt es sich keinesfalls um eine elementare Erfahrung unseres Daseins, sondern um einen höchst komplexen Gedanken, der seine Verbindung zu bestimmten Spielarten einer Wertphilosophie und Wertethik nicht verleugnen kann.[85]

Vor allem aber läßt sich nicht einsichtig machen, inwiefern die elementare Erfahrung, Leben zu sein, das leben will, inmitten von Leben, das leben will, zur Annahme eines universalen Willens zum Leben als Instanz ethischer Verantwortung nötigt. Um dies zu zeigen, wollen wir Schweitzers Argument rekonstruieren. Vollständig müßte es lauten:

(1) Leben, das leben will, ist partikularer Wille zum Leben.

(2) Ich bin Leben, das leben will, inmitten von Leben, das leben will.

Dann aber kann die Schlußfolgerung doch nur lauten:

(3) Ich bin partikularer Wille zum Leben wie anderes Leben auch.

Anders formuliert:

(3) Es gibt partikularen Willen zum Leben.

[81] *F. Nietzsche*, Werke in drei Bänden, hg. v. K. Schlechta, Bd. III, ⁹1982, S. 455.

[82] Schweitzer, Kultur und Ethik (s. Anm. 12), S. 302.

[83] A. a. O., S. 299.

[84] Vgl. a. a. O., S. 298. 303: „als Wille zum Leben ist er Wille zur Verwirklichung von Idealen".

[85] Vgl. auch O. Kraus (s. Anm. 3), S. 49.

Man sieht, daß der Schluß auf einen universalen Willen zum Leben logisch nicht gegeben ist. Somit bleibt der universale Wille zum Leben, damit aber auch die Ethik der Verantwortung für das Leben bei Schweitzer ein unausgewiesenes, gedanklich zudem höchst komplexes Postulat. Von einer Denknotwendigkeit, wie Schweitzer behauptet, kann im Blick auf die Ethik der Ehrfurcht vor dem Leben – jedenfalls in ihrer bei Schweitzer anzutreffenden Formulierung – keine Rede sein. Zustimmung verdient daher das Urteil W. Pichts: „Es ist Schweitzer nicht gelungen, die Denknotwendigkeit seiner Ethik evident zu machen." [86]

Darüber hinaus sind weitere Anfragen an Schweitzers Entwurf zu richten. So einfach das ethische Grundpostulat dieser Ethik erscheint, gut sei, Leben zu erhalten und zu fördern, böse sei, Leben zu schädigen oder zu vernichten, so schwierig ist seine praktische Handhabung. Da das eigene Leben nur leben kann, indem fremdes Leben zerstört wird, gerät die Ehrfurcht vor dem Leben unweigerlich in einen ethischen Konflikt. [87] Mit Pathos redet Schweitzer einer absoluten Ethik das Wort, die über jeden pragmatischen Relativismus erhaben sei. Doch bietet seine absolute Ethik keine Maßstäbe zur Lösung des ethischen Konfliktes im Einzelfall. Schweitzers Ethik der Ehrfurcht vor dem Leben stößt nicht auf den ethischen Konflikt als Grenzsituation, sondern institutionalisiert ihn als Dauerkonflikt, der es mir gegen Schweitzers erklärte Absicht ermöglicht, mich von ethischen Maßstäben grundsätzlich zu suspendieren. W. Picht drängt sich sogar der Zweifel auf, ob es unter Schweitzers „Anhängern und selbst unter seinen Mitarbeitern auch nur einen einzigen gibt, der sich die Unerbittlichkeit und Exklusivität dieses ethischen Denkens" tatsächlich „vorbehaltlos zu eigen gemacht hat". [88]

Unter den Kritikern Schweitzers hat deshalb neben W. Picht vor allem H. Groos die Frage nach der Durchführbarkeit des Ehrfurchtsprinzips aufgeworfen. [89] Überzeugend weist er nach, daß die Forderung der Ehrfurcht vor dem Leben im Sinne Schweitzers der Eigenart eben dieses Lebens widerspricht. Sie steht im Gegensatz zum Wesen der Natur, in der es kein Leben gibt, das nicht darauf basiert, anderes Leben zu töten und zu verzehren. „Wenn das Töten zum Leben notwendig, völlig unvermeidlich ist, kann es nicht aus Ehrfurcht vor diesem für böse erklärt werden"; jedenfalls nicht *prinzipiell*, wie es bei Schweitzer geschieht. [90] Der moralisch handelnde Mensch aber muß nicht nur die Notwendigkeit des

---

[86] Picht (s. Anm. 2), S. 122. Im Anschluß daran Groos (s. Anm. 3), S. 518f.

[87] Vgl. dazu Schweitzer, Kultur und Ethik (s. Anm. 12), S. 338ff. 346ff.

[88] W. Picht (s. Anm. 2), S. 130.

[89] Vgl. H. Groos (s. Anm. 3), S. 519ff.

[90] A. a. O., S. 530.

Tötens überhaupt anerkennen, sondern wird, sofern sein Handeln ethisch begründet sein soll, „ob er will oder nicht, auch zu Entscheidungen gezwungen, die Wertungen voraussetzen"[91]. Diese Notwendigkeit steht aber im Widerspruch zum ethischen Prinzip Schweitzers, welches grundsätzlich alles Leben, menschliches wie tierisches und pflanzliches für gleichwertig erklärt. Picht wie Groos machen geltend, daß sowohl die Naturordnung verschieden hoher Organisation der Lebewesen als auch das sittliche Bewußtsein auf eine Sonderstellung des Menschen hinweisen, die Schweitzer im praktischen Leben im Grunde selbst akzeptiert, der er aber theoretisch im Rahmen seiner Ethik nicht gerecht wird. Als Prinzip einer absoluten Ethik müßte die Ehrfurcht vor dem Leben den Menschen zur völligen Preisgabe seines eigenen Lebens und damit direkt oder indirekt in den Selbstmord treiben. Nach ihm handeln läßt sich im Sinne Schweitzers dagegen nur, wenn es als Prinzip nicht einer absoluten, sondern, Schweitzers Postulat entgegengesetzt, einer relativen Ethik begriffen wird.[92] Da Schweitzer für eine solche aber keine weiteren Urteilskriterien angibt und somit den ethischen Dauerkonflikt institutionalisiert, wird das ethische Verhalten „zu einem Lavieren zwischen Lebensbejahung und Lebensverneinung"[93].

Andererseits führt der Gedanke universaler Verantwortlichkeit bei Schweitzer in eine schwer zu ertragende Heteronomie. „Ein unerbittlicher Gläubiger ist die Ehrfurcht vor dem Leben!" „Auch mein Glück gönnt mir die Ehrfurcht vor dem Leben nicht." „Du mußt einen Preis dafür entrichten."[94] Man fragt sich, warum dies so sei. Biographisch läßt sich diese Einstellung Schweitzers gut erklären.[95] Doch ist damit die Institutionalisierung des schlechten Gewissens philosophisch kaum gerechtfertigt. Ihre Konsequenzen sind im Gegenteil ethisch problematisch, denn „alle unbeschwerte Lust, alle sorglose Muße des Menschen, damit aber auch ein wesentlicher Teil der höheren Kultur würden in Frage gestellt werden durch den unaufhaltsam sich verzehrenden Dienst am Leben"[96].

---

[91] A. a. O., S. 531.

[92] Vgl. a. a. O., S. 538f.

[93] Picht (s. Anm. 2), S. 117. S. auch S. 127.

[94] Alle drei Zitate bei Schweitzer, Kultur und Ethik (s. Anm. 12), S. 344.

[95] Vgl. *A. Schweitzer*, Aus meinem Leben und Denken (GW 1, hg. v. R. Grabs, 1974, S. 19-252): „Es kam mir unfaßbar vor, daß ich, wo ich so viele Menschen um mich herum mit Leid und Sorge ringen sah, ein glückliches Leben führen durfte" (S. 98). „An einem strahlenden Sommermorgen, als ich - es war im Jahre 1896 - in Pfingstferien zu Günsbach erwachte, überfiel mich der Gedanke, daß ich dieses Glück nicht als Selbstverständliches hinnehmen dürfte, sondern etwas dafür geben müsse" (S. 98f).

[96] Groos (s. Anm. 3), S. 535.

Schweitzer wird heute verschiedentlich genannt als Gewährsmann einer Ethik, die die mit Descartes einsetzende Verobjektivierung der Natur, das anthropozentrische Denken und seine tödlichen Folgen für Mensch und Natur kritisiert und überwindet. Das mit solcher Bewertung verbundene, heute gängige Urteil über Descartes kann hier nicht erörtert werden. Man darf aber nicht übersehen, daß Schweitzer trotz seiner Kritik an einer anthropozentrischen Verengung von Philosophie und Ethik selbst ein dezidierter Verfechter des neuzeitlichen Fortschrittsgedankens ist. „Die Ehrfurcht vor dem Leben nötigt uns also zum Vorstellen und Wollen aller Fortschritte, deren der Mensch und die Menschheit fähig sind."[97] Fortschritt ist Kultur, Kultur aber Herrschaft, und zwar nicht nur im Sinne eines – wie wir heute sagen würden – qualitativen Wachstums Herrschaft über die menschliche Gesinnung, sondern eben auch Herrschaft über die Natur und ihre Kräfte. Es ist zu fragen, inwiefern sich bei Schweitzer tatsächlich ein neues Denken anbahnt, wie es heute im Rahmen der Diskussion über die Überlebenschancen von Mensch und Natur gefordert wird.

Schließlich muß im Blick auf Nietzsche und das Zeitalter des Nihilismus die Frage erlaubt sein, inwieweit Schweitzer wirklich dem Zusammenbruch des deutschen Idealismus und der Fragwürdigkeit metaphysischen Denkens Rechnung trägt. Schweitzer glaubt, auf der Grundlage der Ehrfurcht vor dem Leben trage die Kultur ihren Wert so sehr in sich selber, „daß uns sogar die Gewißheit eines in absehbarer Zeit eintretenden Aufhörens der Menschheit nicht in dem Bemühen um Kultur irre machen könnte"[98]. Muß man nicht sagen, daß Schweitzer das Prinzip der Ehrfurcht vor dem Leben mit denkerischen Mitteln eben jener Philosophie zu stützen versucht, die rückblickend auf das 19. Jahrhundert als gescheitert gelten muß? Dann aber ist zu bezweifeln, daß die Ehrfurcht vor dem Leben, so wie Schweitzer sie definiert und interpretiert, tatsächlich stark genug ist, um den Nihilismus zu überwinden.

Es hat sich also gezeigt, wie man zusammenfassend feststellen kann, daß die Ethik der Ehrfurcht vor dem Leben auf dem von Schweitzer eingeschlagenen Weg nicht argumentativ als denknotwendig ausgewiesen werden kann. Ferner haben wir gesehen, daß diese Ethik in der Gestalt, die sie bei Schweitzer hat, zwar in ihrer Problemstellung, nicht aber in ihrer Durchführung wirklich über das 19. Jahrhundert hinausweist. Dennoch darf Schweitzers Projekt einer Ethik der

---

[97] Schweitzer, Kultur und Ethik (s. Anm. 12), S. 354.
[98] A. a. O., S. 355.

Verantwortung für das Leben nicht insgesamt als gescheitert betrachtet werden.[99] Als Postulat einer neuen Ethik ist es heute zu Recht aktueller denn je. Doch muß, wie sich ergeben hat, nach einer anderen Begründungsmöglichkeit für eine derartige Ethik gesucht werden. Unsere diesbezüglichen Überlegungen aus dem vorigen Kapitel fortsetzend, soll dieser Versuch nun im letzten Schritt unternommen werden.

3. Zur Begründung einer Ethik der Verantwortung für das Leben

Schweitzers Grundaxiom der Ehrfurcht vor dem Leben spricht von Wille bzw. Wollen. Ethik aber fragt nach dem, was ich tun soll, nach einem Sollen. Eine Ethik der Verantwortung für das Leben, die im Sinne Schweitzers für gut erklärt, Leben zu erhalten oder zu fördern, muß einsichtig machen können, warum Leben, das allerdings leben will, überhaupt sein soll. Kolportiert wird die sarkastische Frage eines Vertreters der Chemieindustrie: „Wer sagt denn, daß im Rhein Fische leben sollen?" Das ist in der Tat die eigentliche Frage. Insofern greift eine utilitaristische Ethik zu kurz, die uns Menschen vorhält, die Zerstörung der Natur sei gleichbedeutend mit unserer Selbstzerstörung. Denn warum sollen wir uns nicht selbst zerstören? Schweitzer beantwortet diese Frage mit dem Hinweis auf den universalen Willen zum Leben als ethische Verantwortungsinstanz. Doch diese wird eher intuitiv erahnt, wie sich auch der Begriff „Ehrfurcht vor dem Leben" nach Schweitzers eigener Schilderung einer Intuition verdankt,[100] nicht aber argumentativ einsichtig gemacht.

Wenn aus dem partikularen Willen wessen auch immer kein Sollen, aus dem Willen nicht ein Begriff von Verantwortung folgt, so muß nach einer anderen Begründungsmöglichkeit gesucht werden. Meines Erachtens hat am Beginn einer Ethik der Ehrfurcht vor dem Leben ein anderer Satz als bei Schweitzer zu stehen. Der erste Satz einer Ethik der Verantwortung für das Leben könnte lauten:

Ich bin Leben, das leben *soll*, inmitten von Leben, das leben *soll*.

Da fraglos alles Leben leben will, läßt sich dieser Satz erweitern:

Ich bin Leben, das leben wollen soll, inmitten von Leben, das leben wollen soll.

---

[99] Auf die Kritik von Groos (s. Anm. 3), S. 540ff. 545ff, weder sei Schweitzers ethisches Grundprinzip hinreichend, um konkrete Einzelentscheidungen ethisch zu begründen zu können, noch bedürfe es des Gesichtspunktes der Hingabe innerhalb der Ethik, soll hier nicht näher eingegangen werden, da uns primär die Begründungsproblematik einer Ethik der Verantwortung für das Leben beschäftigt.

[100] S. dazu Schweitzer, Die Entstehung der Lehre (s. Anm. 12), S. 174f, wo über die intuitive Entwicklung des Begriffs „Ehrfurcht vor dem Leben" berichtet wird.

In solch einem Satz wäre nun in der Tat ein Sollen ausgesagt und somit ein Begriff von Verantwortung impliziert. Doch wie läßt sich ein solcher Satz begründen? Meines Erachtens nur dann, wenn jemand zu der Grundeinsicht gelangt:

Ich bin Leben, das sich will als gewollt.

Dieser Satz läßt sich zunächst erweitern:

Ich bin Leben, das sich will als gewollt, inmitten von Leben, das leben will.

Nun ist aber, wie man leicht einsehen kann, mein eigenes Leben nicht lebensfähig und daher nicht denkbar ohne anderes Leben, von dem und im Zusammenhang mit dem ich lebe. Aus diesem Satz und dem vorhergehenden folgt demnach, daß, wenn mein eigenes Leben gewollt ist, auch das mich umgebende Leben gewollt sein muß. Wir haben somit ein vollständiges Argument entwickelt, dessen Schluß lautet:

Ich bin Leben, das sich will als gewollt, inmitten von Leben, das sich will als gewollt oder dessen Leben-Wollen gewollt ist.

Auf dieser Grundlage ließe sich, wie es scheint, nun allerdings ein Begriff von Verantwortung entwickeln, der uns in die Lage versetzt, eine Ethik der universellen Verantwortung für das Leben zu entwerfen.

Die entscheidende Frage aber lautet nun, mit welchem Recht sich überhaupt der Satz aufstellen läßt, daß ich Leben bin, das sich als gewollt will. Ein solcher Satz ist meines Erachtens kein denknotwendiges Postulat, wohl aber die notwendige Voraussetzung dafür, daß sich überhaupt eine Ethik der Verantwortung für das Leben formulieren läßt. Für sich genommen ist der Satz freilich mehr als eine Hypothese. Er formuliert eine faktisch machbare und von Menschen gemachte Erfahrung. Unsere Formel vom Sich-Wollen-als-gewollt ist nämlich ein Äquivalent jener bekannten Formel Tillichs vom Sich-Bejahen-als-bejaht. Die Rede vom Mut, sich zu bejahen als bejaht, ist aber bei Tillich eine Formulierung für das, was in christlicher Sprache Glaube heißt, genauer gesagt für den Rechtfertigungsglauben.[101] Damit ist weitaus mehr gesagt, als wenn H. Jonas sehr allgemein davon spricht, das Prinzip Verantwortung bedürfe letztlich einer Art von religiöser Begründung.[102] Es geht nicht allgemein um Religion oder den Gedanken eines Schöpfergottes, sondern zugespitzt um eine Erfahrung, die sachlich dem Rechtfertigungsgeschehen des christlichen Glaubens entspricht. Solches Gesche-

---

[101] Vgl. *P. Tillich*, Der Mut zum Sein, ³1958, bes. S. 113ff.

[102] S. den Entwurf einer Ethik der Verantwortung für das Leben von *H. Jonas*, Das Prinzip Verantwortung, 1979.

hen ereignet sich, wo jemand sich will als gewollt. Und diese Erfahrung konfrontiert uns, wo wir sie machen, mit einem Sollen, das uns zur Verantwortung nötigt.

Wir stellen deshalb die These auf, daß eine Ethik der universellen Verantwortung für das Leben heimlich oder offen von theologischen Voraussetzungen lebt.[103] Unser Verantwortlichsein in dem hier in Rede stehenden Sinne transzendiert andererseits einen denkbaren ethischen Begriff von Verantwortung, wie er im vorigen Kapitel entwickelt wurde. Das Verantwortlichsein, das aus dem Sich-Wollen-als-gewollt resultiert, ist, mit G. Ebeling gesprochen, „ein Verantwortungsgeschehen, das den ethischen Sinn von Verantwortung mit einschließt, jedoch weit übersteigt und in dem sich vielfältig ein gegenseitiges Antworten und Sich-Überantworten, ein Geben und Sich-Hingeben vollziehen"[104]. Insofern liegt ein gewisses Wahrheitsmoment darin, wenn Schweitzer die Erkenntnis der Ehrfurcht vor dem Leben in seiner Sprache als mystisch bezeichnet.

Ob Schweitzer sich auf solch eine Argumentation zugunsten einer Ethik der Verantwortung für das Leben eingelassen hätte, muß dahingestellt bleiben, wird von einigen vielleicht sogar bezweifelt werden. Doch scheint es uns, als ob wir gerade so der eigentlichen Intention Schweitzers am besten dienen, nämlich eine Ethik der universellen Verantwortung für das Leben zu formulieren, die heute dringend geboten ist. Dies erkannt zu haben und der Menschheit zu Bewußtsein gebracht zu haben, bleibt das große Verdienst Albert Schweitzers. Als nicht einlösbar hat unsere Analyse allerdings den Anspruch der Denknotwendigkeit des ethischen Prinzips Schweitzers erwiesen. Bereits im vorigen Kapitel wurde bezweifelt, ob sich überhaupt ein universalgültiger Ansatz für eine Ethik globaler Verantwortung formulieren läßt. Einen anders gelagerten Versuch als Schweitzer unternimmt Hans Küngs Projekt Weltethos. Doch werden wir sehen, daß auch Küngs Ethik dem Problem der Partikularität ihrer Prämissen nicht entgeht.

---

[103] Daß Schweitzers Ethik in Wahrheit auf religiösen Prämissen basiert, die keine universale Geltung beanspruchen können, wird von M. Ecker, der meine Interpretation zu entkräften versucht, bestritten, von Schweitzers Kritiker Birnbacher aber ebenfalls klar herausgearbeitet. Vgl. *M. Ecker*, Denkend durch die Umwelt zur Welt, in: M. Beyer/H.-A. Stempel (Hg.), a. a. O. (Anm. 4), S. 69-109, bes. S. 87ff; D. Birnbacher, a. a. O. (Anm. 80), S. 127ff.

[104] *G. Ebeling*, Dogmatik des christlichen Glaubens, Bd. I, ²1982, S. 353.

VII. Projekt Weltethos – Eine gemeinsame Basis für westliche und östliche Religionen?

> Die Einheit Gottes ist nicht als Idee konstruierbar, sie ist faktisch umstritten. [...] Dies hat entscheidende Bedeutung für die Kommunikabilität evangelischer Ethik: Sie beansprucht die Wahrheit zu sagen, ohne deren Universalität abstrakt demonstrieren und Verallgemeinerungsfähigkeit vorweg bedingen und sicherstellen zu können.
>
> Oswald Bayer

1. Weltethos und Weltreligionen

„Kein Überleben ohne Weltethos. Kein Weltfriede ohne Religionsfriede. Kein Religionsfriede ohne Religionsdialog."[1] Das sind die Grundthesen, auf welchen das „Projekt Weltethos" des Tübinger katholischen Theologen Hans Küng beruht. Weil der Fortbestand von Menschheit und Natur global gefährdet ist, sieht Küng „die *Notwendigkeit eines Ethos für die Gesamtmenschheit*" gegeben.[2] Von dieser Notwendigkeit und den Chancen, ein universalgültiges, weltweit auf Akzeptanz stoßendes Menschheitsethos zu formulieren, handelt Küngs leidenschaftliches Plädoyer.

Es versteht sich als theologisches Seitenstück zu Hans Jonas' „Prinzip Verantwortung",[3] dessen Autor sich als Philosoph darum bemüht hat, eine planetarische „Zukunftsethik" zu formulieren und gedanklich als universalgültig und verbindlich zu begründen. Wie Küng ist auch Jonas davon überzeugt, daß die Weltreligionen bei der Ausarbeitung und Durchsetzung einer globalen Verantwortungsethik eine wichtige Rolle spielen können, weil „religiöser Glaube hier schon Antworten hat, die die Philosophie erst suchen muß"[4]. Die Hauptaufgabe bei der Entwicklung einer das Überleben von Mensch und Natur ermöglichenden Ethik weist Jonas freilich der Philosophie zu. Religiöser Glaube kann nämlich nach Jonas zwar „sehr wohl der Ethik die Grundlage liefern, ist aber selbst nicht auf

---

[1] *H. Küng*, Projekt Weltethos, München 1990, S. 13.

[2] A. a. O. (Anm. 1), S. 14.

[3] *H. Jonas*, Das Prinzip Verantwortung. Versuch einer Ethik für die technologische Zivilisation, Frankfurt a.M. 1979.

[4] H. Jonas, a. a. O. (Anm. 3), S. 94.

Bestellung da, und an den abwesenden oder diskreditierten läßt sich selbst mit dem stärksten Argument der Benötigung nicht appellieren"[5].

Ohne die Religion gegen die Vernunft ausspielen zu wollen, setzt Küng seine Hoffnung ungleich stärker als Jonas auf die Religion. Es ist die Religion, genauer gesagt: es sind die Weltreligionen, welche den Grund für ein Weltethos globaler Verantwortung legen sollen. Wenn auch die menschliche Vernunft in der Lage ist, ein solches Ethos eigenständig zu formulieren, so ist es nach Küng doch einzig die Religion, welche dem geforderten Weltethos die nötige Autorität verleihen könnte.[6] Nur die Religionen, welche die Menschen auf ein Unbedingtes verweisen, können nach Küngs Auffassung „die *Unbedingtheit und Universalität ethischer Verpflichtungen begründen*"[7].

Jonas gibt zu bedenken, daß viele Angehörige der technologischen Zivilisation, welche die Adressaten seines Buches sind, den Bezug zur Religion, teilweise durch deren eigenes Verschulden, verloren haben. Küng verweist dagegen auf die „Widerständigkeit der Religion"[8], welche unbeschadet aller – zum Teil nur zu berechtigten – Religionskritik in der nachaufklärerischen Moderne nicht nur in der östlichen, sondern auch in der westlichen Welt noch kräftig und lebendig sei. Neben dem Glaubensverlust gibt es selbst in der westlichen Zivilisation Erscheinungsformen neuer Religiosität. Sie sind für Küng ein Hinweis darauf, daß in allen Kulturen und Gesellschaften ein ungebrochenes Bedürfnis nach Religion herrscht und darum die Menschen auch heute noch von den großen Religionen auf ethische Werte ansprechbar sind.

Nachdem die modernen Ideologien wie der Sozialismus, aber auch das kapitalistische Wirtschaftssystem ihre Faszination eingebüßt haben, fragt Küng: „Wer aber wäre heute besser geeignet als die Weltreligionen, Millionen Menschen für ein Weltethos zu mobilisieren? Zu mobilisieren, indem sie ethische Ziele formulieren, moralische Leitideen präsentieren und die Menschen rational wie emotional motivieren, damit die ethischen Normen auch in der Praxis gelebt werden können?"[9]

Küngs Projekt Weltethos ist auf breite Resonanz gestoßen, bis hinein in den Bereich der Politik. So griff die UNESCO Küngs Ideen auf und veranstaltete 1989 in Paris ein Kolloquium, das unter Küngs Motto „Kein Weltfriede ohne

---

[5] Ebd.

[6] Vgl. H. Küng, a. a. O. (Anm. 1), S. 75ff.

[7] A. a. O. (Anm. 1), S. 75.

[8] Vgl. a. a. O. (Anm. 1), S. 71ff.

[9] A. a. O. (Anm. 1), S. 87.

Religionsfriede" stand und führende Vertreter aller Weltreligionen zum Gedankenaustausch lud.[10]

Auch wenn Repräsentanten aller großen Religionen der Einladung der UNESCO folgten, stellt sich die Frage, ob Küngs Konzept einer Ethik der planetarischen Verantwortung tatsächlich eine gemeinsame Basis für westliche und östliche Religionen bietet. Küngs Weltethos orientiert sich am „wahrhaft Menschlichen" als universalem Kriterium, das im Menschenrechtsgedanken seine Konkretion erfährt.[11] Kritiker aber stellen die Frage, wie universal eigentlich die Menschenrechte sind, welche doch, historisch betrachtet, der abendländischen bzw. der europäisch-nordamerikanischen Kultur entstammen und ihre religiösen Wurzeln in der jüdisch-christlichen Tradition haben. Kann ein Ethos von historisch begrenzter Provenienz universale, planetarische Gültigkeit beanspruchen? Ist es zwischen sämtlichen Religionen dieser Welt konsensfähig? Bietet es eine sinnvolle Basis für einen partnerschaftlichen Dialog der Religionen? Oder befördert es heimlich die Dominanz des Christentums im angestrebten Dialog? Weist Küngs Projekt Weltethos lediglich die Richtung in einem noch völlig offenen Prozeß der gemeinsamen Suche nach einem universalgültigen Ethos? Oder nimmt es das Ergebnis der Suche aus christlicher Perspektive einseitig vorweg? Ist es also überhaupt vorstellbar, daß die Weltreligionen sich auf ein gemeinsames Weltethos verständigen können? Oder bleibt ein solches Ethos der Menschheit ein frommer Wunsch, eine fragwürdige Illusion? Kommt den Religionen also überhaupt jene tragende Rolle zu, welche Küng ihnen zuschreibt? Das sind die Fragen, denen wir im folgenden nachgehen wollen.[12]

---

[10] Siehe den zusammenfassenden Bericht von *K.-J. Kuschel*, Weltreligionen und Menschenrechte, EK 22, 1989, S. 17-19. Vgl. dazu auch H. Küng, a. a. O. (Anm. 1), S. 118ff. Weiter siehe *H. Küng/K.-J. Kuschel*, Erklärung zum Weltethos. Die Deklaration des Parlaments der Weltreligionen, München 1993; dies., Weltfrieden durch Religionsfrieden. Antworten aus den Weltreligionen, München 1993; *H. Küng* (Hg.), Ja zum Weltethos, München 1995.

[11] A. a. O. (Anm. 1), S. 119.

[12] Zur Auseinandersetzung mit Küngs Ethik siehe auch *B. Jaspert* (Hg.), Hans Küngs „Projekt Weltethos". Beiträge aus Philosophie und Theologie, Hofgeismar 1993. *J. Rehm* (Hg.): Verantwortlich leben in der Weltgemeinschaft, Gütersloh 1994. Zum Problem einer interkulturellen Ethik vgl. ferner *H. Kessler* (Hg.), Ökologisches Weltethos im Dialog der Kulturen und Religionen, Darmstadt 1996.

2. Auf der Suche nach einem gemeinsamen Grundethos der Religionen

Aus Sicht der großen Weltreligionen scheint es überflüssig zu sein, nach einem Weltethos erst umständlich zu suchen, sieht doch jede Religion die Frage nach einem universalgültigen Ethos in ihrer eigenen Überlieferung längst beantwortet. Statt gemeinsam den Grund für ein erst noch zu entwickelndes Ethos planetarischer Verantwortung zu legen, vertreten die Religionen eine Vielzahl von konkurrierenden Ethiken. Die Religionen fördern, wie es zunächst scheint, also nicht die Überwindung des von vielen Seiten beklagten ethischen Pluralismus und Relativismus, sondern verschärfen diesen noch durch ihre miteinander konkurrierenden universalen Geltungsansprüche. Man könnte vermuten, daß die Religionen zur Überwindung des Pluralismus schon deshalb nichts beitragen können, weil der Preis für ein alle vorfindlichen Ethiken transzendierendes Weltethos die Aufgabe des jeweiligen Universalitätsanspruchs wäre.

Unbeschadet der vorhandenen Unvereinbarkeiten und Exklusivitätsansprüche glaubt Küng allerdings in ethischen Grundfragen zwischen den Weltreligionen Konvergenzen beobachten zu können. Nach seiner Überzeugung lassen sich die Religionen alle auf das Prinzip Verantwortung ansprechen und können ihre Anhänger auf eben dieses Prinzip verpflichten.

Grundsätzlich sind nach Küng alle Religionen, ideologiekritisch und moralisch beurteilt, ambivalente Phänomene. Einerseits dienen sie der ideologischen Legitimation von Herrschaft, andererseits üben sie an ungerechten Herrschaftsverhältnissen prophetische Kritik.[13] Einerseits können sie in menschenfeindlichem Ritualismus und Nomismus erstarren, andererseits elementare Maximen der Menschlichkeit zur Geltung bringen.[14] Einerseits können die Religionen in ethischen Rigorismus und Fanatismus umschlagen, andererseits die Anleitung zu einer bewußten und zugleich besonnenen Lebensführung zwischen den Extremen von Libertinismus und Legalismus bieten.[15] Einerseits stehen alle Religionen in der Gefahr, sich in ethischer Kasuistik und Rabulistik zu verlieren, zur autoritären Ideologie zu verkommen oder der Nährboden einer verlogenen Doppelmoral zu sein, andererseits sieht Küng gerade in ihnen die Anwältinnen eines universalgültigen, kategorischen Imperativs, überzeugender sittlicher Motivationen und tragfähiger Antworten auf die menschliche Sinnfrage.[16]

---

[13] A. a. O. (Anm. 1), S. 81.

[14] A. a. O. (Anm. 1), S. 82.

[15] A. a. O. (Anm. 1), S. 83.

[16] A. a. O. (Anm. 1), S. 84ff.

Unbeschadet der Konkurrenz ihrer Weltdeutungen und Heilserwartung konvergieren die Weltreligionen nach Küng in einem gemeinsamen Grundethos, dessen fundamentale Maxime die sogenannte Goldene Regel ist. Diese begründet auch die Konvergenz zwischen den Religionen und der abendländischen Tradition einer gegenüber der Religion autonomen Philosophie, weil Küng z.B. den kategorischen Imperativ Kants „als eine Modernisierung, Rationalisierung und Säkularisierung" der goldenen Regel versteht.[17] Neben der denkbar allgemein gehaltenen Goldenen Regel meint Küng vier Maximen elementarer Menschlichkeit gefunden zu haben, die in allen Religionen wiederkehren:

1.) „Du sollst keine Unschuldigen töten",
2.) „Du sollst nicht lügen oder Versprechen brechen",
3.) „Du sollst nicht die Ehe brechen oder Unzucht treiben",
4.) „Du sollst Gutes tun".[18]

Diese Imperative hält Küng für „so etwas wie [...] Grundsäulen eines gemeinsamen fundamentalen Ethos der Welt".[19] Sie werden ergänzt durch einen allen Religionen gemeinsamen Katalog von Lastern und Tugenden, der sich bei Küng an der Auflistung von sieben Haupt- oder Wurzelsünden und vier Kardinaltugenden orientiert, wie sie aus der christlichen Tradition bekannt ist. Als Grundverfehlungen des Menschen gelten Stolz, Neid, Zorn, Geiz, Unkeuschheit, Unmäßigkeit und Trägheit. Die aus der griechischen Antike übernommenen Kardinaltugenden sind Klugheit, Gerechtigkeit, Tapferkeit und Mäßigkeit.[20]

Daß die religiösen Weltdeutungen und Menschenbilder der großen Religionen miteinander konkurrieren, daß sie einander teilweise sogar widersprechen, stellt nach Küngs Überzeugung sein Projekt Weltethos nicht in Frage. „Nicht auf das verschiedene theoretische Bezugssystem kommt es im Ethos letztlich an, sondern auf das, was ganz praktisch im gelebten Leben getan oder unterlassen werden soll. [...] Ob nämlich dem konkreten, gequälten, verletzten oder verworfenen Menschen letztlich aus christlicher oder buddhistischer, aus jüdischer oder hinduistischer Haltung heraus geholfen wird, dürfte dem Betroffenen zunächst einerlei sein".[21]

---

[17] A. a. O. (Anm. 1), S. 84.

[18] *H. Küng*, Auf der Suche nach einem universalen Grundethos der Weltreligionen, Conc 26, 1990, S. 154-164, hier S. 162. Teilweise abweichend, formuliert Küng in seinem „Projekt Weltethos" *fünf* universale Gebote: „(1) nicht töten; (2) nicht lügen; (3) nicht stehlen; (4) nicht Unzucht treiben; (5) die Eltern achten und die Kinder lieben" (a. a. O. [Anm. 1], S. 82).

[19] A. a. O. (Anm. 18), S. 162.

[20] Vgl. a. a. O. (Anm. 1), S. 87f.

[21] A. a. O. (Anm. 1), S. 89.

Daß es notwendig ist, angesichts der globalen Probleme und des Konflikt-potentials multikultureller Gesellschaften auf allen Ebenen einen interreligiösen Dialog zu führen und nach ethischen Konvergenzen der Weltreligionen zu su-chen, dürfte außer Frage stehen. Daß die Angehörigen der verschiedenen Religio-nen in Notsituationen spontan in derselben Weise zur Hilfeleistung bereit sind, wird man ebenfallls nicht bezweifeln wollen. Ob deshalb die Religionen ein ge-meinsames ethisches Fundament haben, ist allerdings eine andere Frage. Küngs Versuch, die ethischen Systeme der Religionen auf wenige Grundregeln zurück-zuführen, wird meines Erachtens weder den vorhandenen Divergenzen der Reli-gionen noch der Komplexität globaler Probleme und gesellschaftlicher Konflikte gerecht, für die Küng nach tragfähigen Lösungen sucht.

Die von Küng formulierten Maximen elementarer Menschlichkeit erzeugen lediglich den Schein einer Konvergenz, der sich auflöst, sobald man fragt, wie diese Maximen in den einzelnen Religionen und im ethischen Konfliktfall inhalt-lich gefüllt werden. Was soll es beispielsweise bedeuten, daß man keinen Un-schuldigen töten darf? Woran bemessen sich für die Angehörigen der verschiede-nen Religionen Schuld oder Unschuld eines Menschen, wenn nicht an den theo-retischen religiösen Bezugssystemen, die nach Küngs Meinung in Fragen der Ethik nur eine untergeordnete Rolle spielen? Hat die islamische Scharia recht oder un-recht, wenn sie den Übertritt vom Islam zum Christentum als todeswürdiges Ver-gehen einstuft? Oder welche Konsequenzen sind aus dem Verbot des Ehebruchs zu ziehen? In welchen Fällen ist von Ehebruch zu sprechen, und mit welchen Sanktionen ist der Ehebruch zu belegen? Ist es religiös akzeptabel, daß Ehen ge-schieden werden? Oder ist die Ehe, wie es der christlichen Tradition entspricht, als unauflösbar zu betrachten? Was wird sodann in den verschiedenen Religionen für Unzucht gehalten? Die Bewertungsmaßstäbe hierfür divergieren nicht nur zwischen den Religionen, sondern auch innerhalb derselben recht erheblich. Und schließlich ist Küngs Gebot: „Du sollst Gutes tun" so abstrakt wie banal.

Nur vordergründig mag Küngs Argument beeindrucken, wonach moralisches Handeln von jedem Bezugssystem einer religiösen Weltdeutung und eines reli-giösen Menschenbildes relativ unabhängig ist. Dies gilt allenfalls für spontane Hilfeleistungen, zu welchen sich die Christen durch Jesu Gleichnis vom barm-herzigen Samariter motiviert wissen.[22] Küngs Argumentation wechselt an dieser Stelle freilich von der sozial- und umweltethischen Ebene, auf welcher die uns bedrängenden globalen Konflikte angesiedelt sind, auf die individualethische und redet einer personalen Situationsethik das Wort. Die für Küngs Projekt Weltethos

---

[22] Vgl. Lk 10,25-37.

den Anlaß gebenden Gefahren und gesellschaftlichen Konflikte werden aber nicht durch spontanes Handeln, sondern bestenfalls durch die Entwicklung politischer und ökonomischer Strategien gelöst, welche eine dauerhafte sozialethische Reflexion, ökonomische, naturwissenschaftliche und politische Sachkenntnis sowie die Schaffung von gesellschaftlichen und politischen Institutionen erfordern. Staatliche Organisations- und Herrschaftsformen und kodifiziertes Recht aber lassen sich ohne theoretische Bezugssysteme, ohne Grundhaltungen und Werteinstellungen, die auch von religiösen Überzeugungen abhängen, gar nicht begründen oder aufrecht erhalten. Die Lösungsversuche werden sehr unterschiedlich ausfallen, je nachdem, ob man z.B. eine Staatsform nach dem Vorbild der westlichen Demokratie oder aber einen islamischen Staat favorisiert. Sie divergieren auch entsprechend der unterschiedlichen Rechtstraditionen und Rechtssysteme. Dies soll im Folgenden am Problem der Menschenrechte verdeutlicht werden.

3. Die Menschenrechte – Testfall für das Projekt Weltethos

Wie auch Küng weiß, haben alle Religionen mit dem Menschenrechtsgedanken ihre traditionellen Schwierigkeiten,[23] und zwar nicht trotz, sondern gerade weil die Religionsfreiheit als elementares Menschenrecht deklariert wird. Wechselseitig stehen die Idee der Menschenrechte und die großen Weltreligionen zueinander in einem ambivalenten Verhältnis. Ihrem Ursprung nach werden die Menschenrechte universal proklamiert, aber nicht religiös begründet. Die eingeklagte Religionsfreiheit ist das historische Ergebnis des konfessionellen Bürgerkriegs im Europa des Reformationszeitalters, sowie der europäischen Aufklärung, welche die Religion zur Privatsache erklärt hat und auf die strikte Trennung von Religion und Politik drängte, am radikalsten in der Französischen Revolution. Freiheit der persönlichen Religionsausübung und Kritik an der Religion hängen in der europäischen Menschenrechtstradition miteinander zusammen. Religiöse Toleranz im Sinne der europäisch-nordamerikanischen Menschenrechtstradition bedeutet, daß jeder nach seiner Facon selig werden kann, die Frage der ewigen Seligkeit und des rechten Heilsweges zu ihr aber nicht die Fragen der Staatsraison berühren soll.[24]

So kritisch die Stellung der Menschenrechtstradition gegenüber den einzelnen Religionen und ihren gesellschaftlichen Ansprüchen ist, so spannungsvoll ist

---

[23] Vgl. H. Küng, a. a. O. (Anm. 1), S. 114ff.

[24] Zu Wortlaut und Geschichte der Menschenrechte siehe *W. Heidelmeyer* (Hg.), Die Menschenrechte, Paderborn 1970; *L. Swidler*, Die Menschenrechte. Ein geschichtlicher Überblick, Conc 26, 1990, S. 98-104.

umgekehrt deren Verhältnis zur Idee der Menschenrechte.[25] Denn die Religionen bejahen, solange sie ihren eigenen Geltungsanspruch ernstnehmen, nicht nur das *Recht* zur Religionsausübung, sondern führen ihr eigenes Dasein auf eine göttliche *Pflicht* zur Religion zurück. Diese Pflicht zu relativieren, steht nach dem Selbstverständnis der Religionen keinesfalls im menschlichen Ermessen. Die Religionen betrachten sich daher keineswegs als reine Privatangelegenheit von Bürgern eines tunlichst weltanschaulich neutralen Staatswesens. So haben viele christliche Kirchen die Menschenrechte bis ins 20. Jahrhundert hinein als Ausdruck eines atheistischen Säkularismus und eines falschen Autonomiestrebens verurteilt. Gegenüber Gott, so wurde von kirchlicher Seite erklärt, habe der Mensch keine Rechte, sondern lediglich Pflichten. Sitte, Moral und staatliches Recht wurzelten nach dem damaligen Verständnis der Kirchen nicht in einem autonom begründeten Menschenrecht bzw. in der menschlichen Autonomie, sondern in göttlicher Rechtssetzung, die man in den alttestamentlichen Geboten und Rechtsvorschriften, vor allem im Dekalog, sowie in der Bergpredigt und anderen neutestamentlichen Anweisungen zu einem christlichen Leben vorzufinden glaubte.

Die rein säkulare Begründung der Menschenrechte bereitet noch heute Teilen des Christentums erhebliche Schwierigkeiten, nicht minder aber den übrigen Weltreligionen. Besonders umstritten ist die Frage der Menschenrechte bekanntlich im Islam, während sich die großen christlichen Kirchen den Menschenrechtsgedanken inzwischen weitgehend zueigen gemacht haben. In außereuropäischen Ländern wird zudem die Frage aufgeworfen, ob der universale Menschenrechtsgedanke nicht in Wahrheit ein ideologisches Instrument der Machtpolitik der westlichen Industrienationen gegenüber den Ländern der sogenannten Dritten Welt ist, also der Fortsetzung der ehemaligen Kolonialpolitik mit anderen Mitteln dient. Nicht nur in islamischen Ländern wird die Menschenrechtsbewegung als neuzeitliche Form christlicher Kreuzzugsmentalität beargwöhnt. Während die Menschenrechtsdeklarationen vom Menschen im Singular sprechen, wird die Menschheit auf seiten der Kritiker „im Plural dekliniert".[26] Und wenn schon Menschenrechte anerkannt werden müssen, so soll dies nur unter der Voraussetzung geschehen, daß jeder Kultur das Recht, jeder Religion die Pflicht zugebilligt wird, Umfang und Geltungsbereich von Menschenrechten eigenständig zu bestimmen, keineswegs aber kritiklos die Menschenrechtsdeklaration der Vereinten Nationen von 1948 zum Maßstab dessen zu erheben, was menschlich oder unmenschlich

---

[25] Zur Stellung der Religionen zu den Menschenrechten in Geschichte und Gegenwart siehe Conc 26, 1990, H. 4: „Ethos der Weltreligionen und Menschenrechte". Zur christlichen Auseinandersetzung mit den Menschenrechten siehe auch *M. Honecker*, Das Recht des Menschen, Gütersloh 1978; *W. Huber/H.E. Tödt*, Menschenrechte, München 1988.

[26] *A. Finkielkraut*, Die Niederlage des Denkens, Reinbek 1989, S. 19.

ist. Die Menschenrechtsidee europäischer und nordamerikanischer Provenienz steht unter dem Verdacht, daß ihr universaler Geltungsanspruch lediglich eine säkulare Variante der ehedem proklamierten Absolutheit des Christentums ist.

Andererseits ist aber zu beobachten, daß nicht nur im Christentum, sondern auch in den übrigen Religionsgemeinschaften das Problembewußtsein hinsichtlich der Menschenrechte gewachsen ist. Daß der Islamrat für Europa 1981 eine „Allgemeine Islamische Menschenrechtserklärung" veröffentlicht hat[27] und im August 1990 die sogenannte Kairoer Erklärung der Menschenrechte im Islam verabschiedet wurde,[28] ist für diese Entwicklung ein eindrucksvoller Beleg. Überhaupt befördern die vielfältigen Bemühungen um einen Dialog der Religionen weltweit die Menschenrechtsdiskussion.

Dennoch ist das Verhältnis der Religionen zum Menschenrechtsgedanken nach wie vor zwiespältig. Noch am stärksten hat sich bislang das Christentum den Menschenrechtsgedanken zueigen gemacht. Doch muß man einerseits kritisch fragen, wieweit die Menschenrechte eigentlich innerhalb der Kirchen selbst geachtet werden,[29] und andererseits auf den christlichen Fundamentalismus verweisen, der weltweit auf dem Vormarsch ist und eine rein säkulare Begründung von Recht und Moral ablehnt.

Doch auch was den Islam betrifft, ist Nüchternheit am Platze. Die erwähnten islamischen Menschenrechtserklärungen machen unmißverständlich, wenn auch zum Teil verklausuliert, klar, daß Menschenrechte nach islamischer Auffassung nur im Rahmen der Scharia gelten, die als solche unangetastet bleibt. So betont die Kairoer Erklärung die gesellschaftliche Führungsrolle der Umma. Sie legt in Artikel 24 fest, daß alle Rechte und Freiheiten, welche die Erklärung anerkennt, der Scharia unterstehen. Nach Artikel 25 ist diese die einzig verbindliche Quelle für die Auslegung der islamischen Menschenrechtsartikel. Offenbar ist das Ziel der bisherigen islamischen Menschenrechtserklärungen „die Apologetik des Islam als universaler Religion und die Schaffung einer weltweiten islamischen Ordnung",[30] nicht aber die Formulierung eines alle Religionen einschließenden oder transzendierenden Weltethos.

---

[27] Veröffentlicht als Cibedo-Dokument Nr. 15/16, 1982.

[28] Der Text ist zugänglich in: Gewissen und Freiheit 19, 1991, Nr. 36, S. 93-98.

[29] Vgl. dazu W. Hubers Überlegungen zu Grundrechten in der Kirche. Siehe *W. Huber*, Kirche, München ²1988, S. 130-139.

[30] *M. Honecker*, Christen und Muslime vor der Herausforderung der Menschenrechte, MdKI 44, 1993, S. 83-86, hier S. 84. Zu den islamischen Menschenrechtserklärungen siehe auch *O. El Hajje*, Die islamischen Länder und die internationalen Menschenrechtsdokumente, Gewissen und Freiheit 19, 1991, Nr. 36, S. 74-79; *O. Schumann*, Einige Bemerkungen zur Frage der Allgemeinen Menschenrechte im Islam, ZEE 30, 1986, S. 155-174.

Konkret heißt dies, daß die islamischen Menschenrechtserklärungen daran festhalten, der Satz des Koran „Kein Zwang in der Religion"[31] lasse nur für die Angehörigen von Judentum und Christentum eine zudem noch eingeschränkte Toleranz zu. Keinesfalls aber sei der Übertritt vom Islam zu einer dieser beiden Religionen, geschweige denn zu einer anderen Religionsgemeinschaft gestattet.[32] Islamische Staaten praktizieren auch heute noch die von der Scharia vorgesehenen Körperstrafen, z.B. Handabschneiden für Diebstahl, Auspeitschung für Alkoholgenuß, Steinigung für Ehebruch. Wiewohl solche Strafen im Widerspruch zu Artikel 5 der Allgemeinen Erklärung der Menschenrechte von 1948 und zum 1984 getroffenen „Übereinkommen gegen Folter und andere grausame, unmenschliche oder erniedrigende Behandlung oder Strafe" stehen, betont die Kairoer islamische Menschenrechtserklärung in Artikel 19d, daß die Strafbestimmungen der Scharia unvermindert gültig sind.

Auch was die Stellung der Frau betrifft, besteht zwischen der westlichen Kodifizierung von Menschenrechten und islamischen Menschenrechtsvorstellungen keine Übereinstimmung. Artikel 6 der Kairoer Erklärung lautet:

„a) die Frau ist dem Mann an Würde gleich, sie hat das Recht, ihren Namen und ihre Abstammung beizubehalten.

b) Der Ehemann ist für den Unterhalt und das Wohl der Familie verantwortlich."

Die Erklärung spricht wohl von gleicher Würde, nicht aber von gleichen Rechten für Mann und Frau. Das traditionelle islamische Familien- und Erbrecht sowie die Einschränkung der politischen Rechte von Frauen bleiben in der Kairoer Erklärung unangetastet. Welche Konflikte sich wiederum am Schleiertragen entzünden können, zeigen einerseits seine gewaltsame Durchsetzung in islamischen Ländern wie dem Iran, andererseits sein Verbot in Frankreichs öffentlichen Schulen. „Muslime werden solche rechtlichen Regelungen der öffentlichen Stellung der Frau als Ausdruck der Anerkennung ihrer Würde und Ablehnung westlicher Dekadenz erklären. Für modernes Menschenrechtsverständnis sind sie Diskriminierungen".[33]

Die islamischen Menschenrechtserklärungen verdeutlichen beispielhaft, daß die Frage, ob sich die Menschenrechte der westlichen Tradition derart universalisieren lassen, daß sie auch mit den Wertvorstellungen östlicher Religionen in Einklang gebracht werden können, nach wie vor offen ist. Das Problem verschärft

---

[31] Koran 2, 256.

[32] Nach der Bestimmung im Koran 4, 88f steht auf den Abfall vom Islam die Todesstrafe.

[33] M. Honecker, a. a. O. (Anm. 30), S. 85.

sich noch dadurch, daß die westliche Menschenrechtstradition nicht von der Idee einer demokratisch verfaßten, pluralistischen und toleranten Gesellschaft abgelöst werden kann. Schließlich ist es der demokratische, weltanschaulich neutrale Staat, welcher die individuellen und sozialen Menschenrechte schützen und im Konfliktfall durchsetzen soll. Eine derartige Gesellschafts- und Staatsform aber widerspricht dem bis heute gültigen Gesellschaftsverständnis des Islam. Muslime, welche wie der Sudanese Abdullahi Ahmed An-Na'im eine radikale Reformation des Islam verlangen und aufgrund einer historisch-kritischen Interpretation des Koran die westlich-moderne Menschenrechtstradition mit dem Islam grundsätzlich für vereinbar halten, müssen nach wie vor als Außenseiter gelten.[34]

Es soll hier nicht darum gehen, die genannten Einzelprobleme zu diskutieren oder gar die zitierten islamischen Menschenrechtserklärungen einseitig zu kritisieren. Dies würde dem Geist des Dialogs, der zunächst einmal den wechselseitigen Respekt vor den verschiedenen Traditionen verlangt, von Grund auf widersprechen. Die bestehenden Differenzen in der Menschenrechtsfrage zeigen aber deutlich, wie schnell Küngs Projekt Weltethos an seine Grenzen stößt, sobald nach der ethischen Konkretion seiner allgemeinen Maximen gefragt wird. Küng erklärt den Menschen zum Ziel und Kriterium einer universalen Verantwortungsethik.[35] Sein Humanitätsbegriff aber meint die „Grundwerte und Grundüberzeugungen der Französischen Revolution".[36] Daß diese unter allen Weltreligionen konsensfähig sind, wird man bezweifeln müssen. Wenn Küng zudem dem Christentum bei der Entwicklung eines an den Idealen der französischen Revolution orientierten Weltethos unter den Weltreligionen eine Vorreiterrolle zuweist,[37] so werden die übrigen Religionsgemeinschaften mit Recht die Frage stellen können, wodurch eine solche Dominanz des Christentums gerechtfertigt sei.

Daß zwischen allen Religionen eine substantielle Konvergenz in der Menschenrechtsfrage besteht, läßt sich nicht behaupten. Diese Feststellung kann eigentlich nur anspornen, den Dialog zu intensivieren, aber „bei aller Dialogbereitschaft wird es nach wie vor faktisch bei einer Konkurrenz, einer *legitimen*

---

[34] Vgl. *A.A. An-Na'im*, Koran, Schari'a und Menschenrechte, Conc 26, 1990, S. 129-134.

[35] H. Küng, a. a. O. (Anm. 1), S. 53ff.

[36] A. a. O. (Anm. 1), S. 93.

[37] Vgl. H. Küng, a. a. O. (Anm. 1), S. 90: „Hat vielleicht das Christentum – von der Säkularisierungsbewegung mehr als andere Religionen gebeutelt, aber durch sie auch mehr herausgefordert – schon einen konkreteren Beitrag zu einem möglichen Weltethos geleistet? Darauf ist zu antworten: Zwar hatte man bisher ein solches Weltethos nicht direkt im Blick, wohl aber lassen sich bestimmte christliche Verlautbarungen in dieser Zielrichtung nützen."

Konkurrenz, der verschiedenen Religionen und Weltanschauungen bleiben.[...] Pragmatische Übereinstimmungen und Annäherungen im gegenseitigen Verstehen sind freilich [...] anzustreben und möglich, ja sogar notwendig, soll der Kontroversen ansprechende Dialog nicht in Streit und Unterwerfungsstrategien ausarten".[38]

4. Ethischer Pluralismus und interreligiöser Dialog

Weil auch Küng verhindern will, daß die Verständigungsbemühungen zwischen den Religionen zu Versuchen verkommen, einander zu unterwerfen, scheidet er drei Dialogkonzepte aus, welche bislang diskutiert und vertreten wurden. Das erste Modell ist das des Exklusivismus, welcher allein der eigenen Religion zubilligt, im Besitz der Wahrheit zu sein. Religionsgespräche unter exklusivistischen Voraussetzungen können nur eine Unterwerfungsstrategie sein, jedoch kein Dialog, der diesen Namen verdient.[39] Für unzulänglich hält Küng aber auch die Gegenposition des Relativismus, weil sie die konkurrierenden Geltungsansprüche der Religionen erst gar nicht wirklich ernstnimmt, damit aber das Grundproblem des interreligiösen Dialogs unterschätzt und dem andersgläubigen Dialogpartner den für einen Dialog unumgänglichen Respekt versagt.[40] Ein dritter Weg ist der sogenannte Inklusivismus, welcher der jeweils anderen Religion ein vorläufiges und begrenztes Wahrheitsrecht zubilligt, die letztgültige Wahrheit jedoch nur in der eigenen Religion zu finden glaubt. Küng kritisiert am Modell einer inklusivistischen Theologie der Religionen: „Was also wie Toleranz aussieht, erweist sich in praxi als eine Art Eroberung durch Umarmung, ein Geltenlassen durch Domestizierung, eine Integration durch Identitätsverlust".[41]

Küng entwickelt nun eine vierte, von ihm als ökumenisch bezeichnete Strategie, die man dem heute diskutierten Modell einer pluralistischen Theologie der Religionen zuordnen kann.[42] Der Ansatz einer pluralistischen Theologie der Religionen geht davon aus, daß alle Religionen in gleicher Weise an der letztgültigen Wahrheit partizipieren, daß die gesuchte Wahrheit aber immer nur in einer le-

---

[38] M. Honecker, a. a. O. (Anm. 30), S. 86.

[39] Vgl. H. Küng, a. a. O. (Anm. 1), S. 105.

[40] Vgl. a. a. O. (Anm. 1), S. 106f.

[41] A. a. O. (Anm. 1), S. 108.

[42] Vgl. a. a. O. (Anm. 1), S. 114f.

bendigen Vielfalt existiert, die Vielfalt der Religionen also gerade zum Wesen ihrer gemeinsamen Wahrheit gehört.[43]

So sympatisch das Konzept einer pluralistischen Theologie der Religionen auf den ersten Blick auch sein mag, so sehr ist es doch mit theoretischen Unklarheiten behaftet. Mit Recht machen die Vertreter einer pluralistischen Theologie der Religionen geltend, daß unter einem Dialog nur ein solches Gespräch verstanden werden kann, in welchem zum einen das Gesprächsergebnis nicht schon von einem der Teilnehmer vorweggenommen wird, zum anderen zwischen den Gesprächspartnern kein Ungleichgewicht herrschen darf. Dennoch ist unklar, worin genau sich das pluralistische Modell vom relativistischen und vom inklusivistischen Konzept unterscheidet.

Nach Küngs Dafürhalten war das Friedensgebet, zu welchem der römische Papst 1987 Vertreter aller Religionen nach Assisi eingeladen hatte, ein ermutigendes Zeichen für eine künftige Ökumene der Religionen. In Assisi haben die Repräsentanten aller großen Religionen, „wenn auch getrennt, so doch optisch in einer Reihe für den Frieden gebetet".[44] Genau dieser Umstand aber macht das Friedensgebet zu Assisi als Symbol des interreligiösen Dialogs ungeeignet. Diese Veranstaltung hat nämlich lediglich den Schein eines Dialogs erzeugt. Tatsächlich aber wurde auf das wirkliche Gespräch, eine echte gemeinsame Suche nach verbindlichen Lösungsstrategien für die den Weltfrieden bedrohenden Konflikte von vornherein verzichtet. Anstelle eines Dialogs wurde eine Ersatzhandlung durchgeführt, die zudem in sich mehrdeutig war, da sie völlig offenließ, wie die einzelnen Repräsentanten das Verhältnis ihrer eigenen Religion zu den übrigen bestimmen wollten, exklusivistisch, inklusivistisch oder relativistisch.

Während an manche Vertreter einer pluralistischen Theologie der Religionen die Frage zu richten ist, ob sie nicht in Wahrheit Relativisten sind, ist Küng zu fragen, ob sein Modell einer Ökumene der Religionen nicht heimlich beim inklusivistischen Ansatz stehenbleibt. Mit Hilfe eines voraufklärerischen Begriffspaares unterscheidet Küng zwischen wahrer und falscher Religion und erklärt:

---

[43] Zur Diskussion des Konzepts einer pluralistischen Theologie der Religionen siehe *R. Bernhardt* (Hg.), Horizontüberschreitung. Die pluralistische Theologie der Religionen, Gütersloh 1991; *U. Schoen*, Denkwege auf dem Gebiet der Theologie der Religionen, VF 34, 1989, S. 61-87; *J. Hick*, Problems of Religious Pluralism, London ²1988; *P.F. Knitter*, Ein Gott - viele Religionen. Gegen den Absolutheitsanspruch des Christentums, München 1988. Zur Kritik am Konzept einer pluralistischen Theologie der Religionen siehe *J. Moltmann*, Dient die „pluralistische Theologie" dem Dialog der Weltreligionen?, EvTh 49, 1989, S. 528-536; *R. Schwager* (Hg.), Christus allein? Der Streit um die pluralistische Religionstheologie (QD 160), Freiburg/Basel/Wien 1996.

[44] H. Küng, a. a. O. (Anm. 1), S. 104.

„Wahre Religion ist Vollendung wahrer Menschlichkeit!" [45] Wahre Menschlichkeit aber konkretisiert Küng als Forderung an die Religionen, gemeinsam für die Durchsetzung der Menschenrechte, die Emanzipation der Frau, die Verwirklichung sozialer Gerechtigkeit und die Ächtung des Krieges einzutreten.[46] Das Wahrheitskriterium im Dialog der Religionen besteht also bei Küng im Kanon westlicher Werte, auf welche sich nun alle Religionen verständigen sollen. Daß Küngs pluralistisches Dialogkonzept bei genauerem Hinsehen eine Variante des inklusivistischen ist, zeigen seine drei Kriterien „einer interreligiösen Kriteriologie für alle Religionen".[47] Küng formuliert ein generelles ethisches Kriterium, welches mit dem westlicher Tradition entstammenden Humanitätsbegriff zusammenfällt. Ein zweites, das generelle religiöse Kriterium, besteht in der Treue einer Religion gegenüber ihrem eigenen Ursprung oder Kanon. Küng führt schließlich noch ein drittes Kriterium ein, nämlich ein spezifisch christliches. „Nach dem spezifisch christlichen Kriterium ist eine Religion wahr und gut, wenn und insofern sie in ihrer Theorie und Praxis den Geist Jesu Christi erkennen läßt".[48] Zwar räumt Küng ein, daß sich dieses Kriterium direkt nur auf die christlichen Konfessionen anwenden läßt. Dennoch ist er davon überzeugt, daß es indirekt auch ein Maßstab zur Beurteilung der übrigen Religionen ist, nämlich „zur kritischen Aufklärung der Frage, ob und inwiefern sich auch in anderen Religionen (im verwandten Judentum und Islam besonders) von jenem Geist etwas findet, den wir als christlichen bezeichnen".[49] Wenn Küng im Gegenzug den übrigen Religionen zugesteht, daß sie umgekehrt „spezifisch jüdische, islamische, buddhistische ... Kriterien" in den Dialog einbringen und beispielsweise mit gleichem Recht auf das Christentum anwenden können, dann erweist sich Küngs pluralistische Theologie der Religionen als Modell einer Pluralität von sich wechselseitig überlagernden inklusivistischen Religionstheologien. Die gemeinsame Basis für das Gespräch kann dann im Grunde nur Küngs erstgenanntes Kriterium, nämlich das generelle humane sein. Weil dessen inhaltliche Bestimmung aber vorab aus der westlichen Menschenrechtstradition und säkularen Ethik abgeleitet ist, steht zu vermuten, daß es in vielen Fällen mit dem von Küng postulierten generellen religiösen Kriterium in Widerspruch gerät. Die Pflicht zur Treue gegenüber dem eigenen Ursprung oder Kanon hebt, wie wir uns im vorigen Abschnitt an der Menschenrechts-

---

[45] A. a. O. (Anm. 1), S. 121.

[46] Vgl. a. a. O. (Anm. 1), S. 117.

[47] A. a. O. (Anm. 1), S. 127.

[48] Ebd.

[49] Ebd.

problematik verdeutlicht haben, das Küngsche Humanitätskriterium auf. Küngs Ansatz eines interreligiösen Dialogs steht damit vor einem Dilemma. Entweder ist er so zu verstehen, daß er die Regeln des Dialogs einseitig aus christlicher Perspektive vorweg festlegen will, während doch echte Partnerschaft voraussetzt, daß die an einem Dialog teilnehmenden Vertreter der verschiedenen Religionsgemeinschaften nicht nur die Themen, sondern auch die Regeln des Gesprächs gemeinschaftlich aushandeln sollten. Oder aber die Unvereinbarkeit der aufgestellten Kriterien führt dazu, daß jedem Dialog die Grundlage entzogen wird.

Weil aber die Dringlichkeit des interreligiösen Dialogs wegen der für die Menschheit bedrohlichen Situation nicht zweifelhaft sein kann, drängt sich die Frage auf, welche Alternativen sich zu Küngs Projekt Weltethos und den darin kritisierten Dialogkonzepten bieten. Ein bedenkenswertes Modell hat der evangelische Theologe Ulrich Schoen entwickelt. Nach dem Vorbild der vor einigen Jahren in Madrid neu begonnenen Nahostgespräche plädiert Schoen für ein „Madrid der Ethiken".[50] Was Schoen am Nahost-Friedensprozeß der zurückliegenden Jahre fasziniert, ist die Art und Weise, unter welchen geringen Vorbedingungen das Gespräch der verfeindeten Parteien in Madrid aufgenommen wurde. Das Madrider Treffen war eine Art von Happening, welches darauf baute, daß durch das bloße Zusammenkommen ein gruppendynamischer Prozeß in Gang gebracht würde. Gerade der Umstand, daß die Konfliktparteien trotz einander ausschließender Ansprüche auf das Land Israel zusammentraten, gab Anlaß zur Hoffnung, daß ein ernsthaftes Gespräch in Gang kommen und zu Resultaten führen würde. Die Hoffnung, auf diese Weise zu einem dauerhaften Frieden zu gelangen, hat sich allerdings bis heute nicht erfüllt.

In ähnlicher Weise ist nach Schoen das Modell einer „interreligionellen Ethik" vorstellbar, deren einzige Vorbedingung der Wille ist, eine für die Menschheit bedrohliche Situation zu entschärfen. „Die verschiedenen Ethiken sitzen an einem Tisch, ohne ein gemeinsames Vorverständnis des Humanum zu haben. Weder ‚Menschenrechte', noch ‚freie Marktwirtschaft', noch ‚Demokratie', noch ‚säkularer Staat', noch ‚Emanzipation der Frau' sind als gemeinsamer Konsens vorauszusetzen. [...] Man sitzt zusammen und schaut, was sich überhaupt noch machen läßt".[51] Während Küng den Humanitätsbegriff zum generellen ethischen Kriterium des interreligiösen Dialogs macht, setzt Schoen dem Dialog ein bescheideneres Ziel: „Vielleicht wird es nicht möglich sein, sich darüber zu verstän-

---

[50] U. *Schoen*, Aufklärung? Die Zukunft der Moderne, des Christentums und des Islam, in: U. *Körtner* (Hg.), Islam und Moderne. Zwischen Reform und Fundamentalismus (Iserlohner Protokolle 104/91), Iserlohn 1992, S. 45-56, hier S. 54.

[51] A. a. O. (Anm. 50), S. 54f.

digen, was *menschlich* ist. Aber man kann sich vielleicht darauf einigen, was *un-menschlich* ist. Das wäre schon viel. Ein Madrid der Ethiken könnte zu einer Einigung darüber führen, was unmenschlich ist. Diesen Teufel könnte man dann auszutreiben versuchen".[52]

Ich halte dieses Konzept eines Dialogs der Religionen für tragfähiger und zugleich realistischer als Küngs Projekt Weltethos, weil es den fundamentalen Konflikten, die zwischen den Religionen und ihren Geltungsansprüchen bestehen, besser gerecht wird. Angesichts der Probleme im Zusammenleben der heutigen multikulturellen Gesellschaften und angesichts der globalen Gefahren für die Menschheit scheint es mir notwendig, die Frage nach gemeinsamen Werten und Normen zu ersetzen durch diejenige nach gemeinsamen Handlungszielen. Nicht was wir dürfen und sollen, sondern was wir unbeschadet unserer unterschiedlichen kulturellen Prägung und religiösen Orientierung gemeinsam wollen, ist die entscheidende Frage in einem von manchen gern als „postmodern" bezeichneten Zeitalter.[53] Zunehmend aber drängt sich die beklemmende Frage auf, ob sich die Menschen in den pluralen Kulturen und global überhaupt noch auf gemeinsame Handlungsziele verständigen können. Mag es auch sein, daß es solche in Wahrheit noch nie gegeben hat, so ist die schlichte Frage heute einfach die, ob wir Menschen einzusehen bereit sind, daß wir nur gemeinsam oder gar nicht überleben werden. Nur wenn der gemeinsame Wille zum Überleben der Menschheit erwacht, wird es weltweit zu politischen Koalitionen, ökonomischen und wissenschaftlichen Anstrengungen kommen.

Religionsgespräche sind ein wichtiger Beitrag zur Suche nach globalen und regionalen Lösungen für die bedrängenden Gegenwarts- und Zukunftsfragen der Menschheit. Küng steht allerdings in der Gefahr, die politische Rolle der Religionen zu überschätzen. Gewiß wird es keinen Weltfrieden ohne Frieden zwischen den Religionen geben. Historisch wie aktuell sind die Religionen aber keineswegs nur die Initiatoren, sondern immer auch der Gegenstand von Befriedungsprozessen. Zwischen Religionsfrieden und politischem Frieden besteht kein einseitiges Bedingungsverhältnis. Zweifellos können die Religionsgemeinschaften einiges zur Versöhnung der Völker beitragen. Andererseits aber ist der Friede zwischen den verschiedenen Religionsgemeinschaften im Sinne einer toleranten Konvivenz ein wichtiges Ziel politischer Bemühungen, so daß sich die These Küngs auch umkehren läßt: „Kein Religionsfriede ohne weltlichen Frieden!"

---

[52] A. a. O. (Anm. 50), S. 55.
[53] Vgl. z.B. H. Küng, a. a. O. (Anm. 1), S. 20ff.

Worauf aber kann sich die Hoffnung gründen, daß die Religionsgemeinschaften an einem ernsthaften Dialog über ihre Rolle in den das Überleben der Menschheit gefährdenden Konflikten teilzunehmen bereit sind? Meines Erachtens kann sich diese Hoffnung darauf stützen, daß es wohl keine Religion gibt, welche die Selbstzerstörung der gesamten Menschheit mit ihren religiösen Überzeugungen in Einklang bringen kann. Daß es zum Gespräch zwischen den Religionsgemeinschaften über die Ursachen der globalen Gefahren und etwaige Lösungsmöglichkeiten kommt, setzt freilich voraus, daß diese Gefahren überhaupt gesehen und ernstgenommen werden. Ohne sich im Vorhinein auf inhaltliche Vorgaben zu verständigen, können die Angehörigen der verschiedenen Religionen in das Gespräch eintreten, getragen von der bangen, durch keine Garantie abgesicherte Hoffnung, die sich an das Wort Friedrich Hölderlins hält: „Wo aber Gefahr ist, wächst das Rettende auch".[54]

Doch wer sieht die Gefahr und wer nimmt sie ernst?

[54] *F. Hölderlin*, Patmos, in: *ders.*, Sämtliche Werke, Bd. 2, hg. v. F. Beißer, Stuttgart 1953, S. 173.

VIII. „Und wenn morgen die Welt unterginge ...“ Zur theologischen Herausforderung apokalyptischen Denkens im Zeichen der Bedrohung

> Philosophie, wie sie im Angesicht der Verzweiflung einzig noch zu verantworten ist, wäre der Versuch, alle Dinge so zu betrachten, wie sie vom Standpunkt der Erlösung aus sich darstellten. [...] Perspektiven müßten hergestellt werden, in denen die Welt ähnlich sich versetzt, verfremdet, ihre Risse und Schlünde offenbart, wie sie einmal als bedürftig und entstellt im Messianischen Lichte darliegen wird.
>
> Theodor W. Adorno

1. „So laßt uns denn ein Apfelbäumchen pflanzen“

Folgender Ausspruch wird als Wort Luthers kolportiert:„Und wenn morgen die Welt unterginge, so wollte ich heute noch ein Apfelbäumchen pflanzen.“ Auch wenn dieser Satz nachweislich nicht vom Wittenberger Reformator stammt, ändert dies nichts daran, daß er von vielen für die Summe christlicher, zumindest evangelischer Eschatologie gehalten wird.[1] Mit ihm scheint zugleich das Verhältnis des christlichen Glaubens zur Apokalyptik und zu der Erwartung eines wie auch immer gearteten Weltendes auf den Punkt gebracht zu sein. Wer so spricht, wie es Luther nachgesagt wird, dessen Sache sind Endzeitängste wohl kaum.

Diese vermeintlich christliche Haltung zu Endzeitangst und Krisenbewußtsein kann heutzutage einer Bewährungsprobe unterzogen werden. Angesichts drohender Umweltzerstörung und angesichts der trotz der Beendigung des Ost-West-Konflikts fortbestehenden Gefahr eines Atomkriegs hat Hoimar von Ditfurth seine Zeitgenossen zur Probe aufs Exempel aufgefordert: „So laßt uns denn ein Apfelbäumchen pflanzen. Es ist soweit“[2].

---

[1] Vgl. *M. Schloemann*, Luthers Apfelbäumchen. Bemerkungen zu Optimismus und Pessimismus im christlichen Selbstverständnis (Wuppertaler Hochschulreden 7), Wuppertal 1976; *ders.*, Luthers Apfelbäumchen? Ein Kapitel deutscher Mentalitätsgeschichte seit dem zweiten Weltkrieg, Göttingen 1994. Zu der im folgenden vorgetragenen Deutung der Apokalyptik siehe ausführlich *U. Körtner*, Weltangst und Weltende. Eine theologische Interpretation der Apokalyptik, Göttingen 1988.

[2] *H. v. Ditfurth*, So laßt uns denn ein Apfelbäumchen pflanzen. Es ist soweit, Hamburg/Zürich 1985.

151

Auf evolutionstheoretischer Basis entwirft Ditfurth ein eschatologisches Konzept, das von der Annahme ausgeht, der Untergang der Menschheit in absehbarer Zukunft sei auf Grund biologischer Gegebenheiten unvermeidlich. Von den unerbittlichen Gesetzen von Mutation und Selektion, welche über kurz oder lang zum Aussterben jeder Gattung führen, mache der Homo sapiens keine Ausnahme. Einzig dies unterscheide ihn von anderen Lebensformen, daß er durch seine hinlänglich bekannten Eingriffe in die Natur seinen eigenen Untergang beschleunige. Anders als andere ökologische Bußprediger in der Wüste hält Ditfurth den Menschen wegen seiner biologisch vorprogrammierten Verhaltensmuster zur Umkehr gar nicht für fähig. Jeder Glaube an eine Überlebensgarantie für die Gattung Mensch bleibt „ein schöner Traum"[3].

Wenn Ditfurths Szenario dennoch nicht in düstere Farbe getaucht bleibt, so deshalb, weil sich sein Verfasser auf naturwissenschaftlichem Weg zu einer eschatologischen Hoffnung vortastet, die sich neben der Ideenlehre Platons und der Philosophie Schopenhauers auf – Martin Luther beruft. Zwar weist Ditfurth die Vorstellung eines individuellen Lebens nach dem Tode zurück, wirft aber doch die Frage auf, „ob der Tod identisch sein wird mit unserer *Vernichtung*"[4]. Dies mag von Ditfurth nicht glauben, existiere doch niemals ein Abbild ohne Original, so daß auch für unsere sinnlich erfahrbare Welt ein transzendentes Fundament zu postulieren sei. Mit Luther, der in seiner Zukunftserwartung bekanntermaßen durchaus apokalyptisch gestimmt war, kann Ditfurth sogar beten:„Komm, lieber Jüngster Tag."[5]

Ditfurths Buch steht am Anfang unserer Überlegungen, weil es alle wichtigen Kriterien einer Apokalypse erfüllt: Inmitten sich schließender Horizonte schimmert ein Lichtstrahl der Hoffnung. Die drohende Menschheitskatastrophe präsentiert sich „als ein heilsames, ein ‚erweckendes' Geschehen. Einen Grund zur Verzweiflung stellt sie für den nicht dar, der sie wahrhaft ernst nimmt."[6] Ditfurth verwahrt sich denn auch prophylaktisch gegen den Vorwurf, Hoffnungslosigkeit zu verbreiten. Nicht Resignation oder Verzweiflung will er erzeugen, sondern Trost vermitteln. Damit reiht sich sein Werk aber in die Literaturgattung traditioneller Apokalypsen ein, die ihrerseits, wie noch zu zeigen sein wird, Trostliteratur für Geängstigte waren.

---

[3] A. a. O. (Anm. 2), S. 15.

[4] A. a. O. (Anm. 2), S. 358.

[5] A. a. O. (Anm. 2), S. 367.

[6] A. a. O. (Anm. 2), S. 366.

Wieweit von Ditfurths religiös gestimmter Trost dem Kernbestand christlicher Eschatologie entspricht, muß gefragt werden. Fest steht allerdings, daß die traditionelle christliche Eschatologie, die sogenannte Lehre von den letzten Dingen, den Gedanken eines Weltendes und einer Neuschöpfung der Welt – *renovatio mundi* genannt – bis heute bewahrt und mit der Apokalyptik geteilt hat.

Die herkömmlichen theologischen Antworten auf die Frage nach dem möglichen Weltende sind freilich in mehrfacher Hinsicht fragwürdig geworden. Zum einen besteht die Gefahr, vom denkbaren Ende allen Lebens auf der Erde in der Haltung eines unbeteiligten Zuschauers zu reden. Das eingangs zitierte pseudonyme Lutherwort dient nicht selten zur Rechtfertigung theologischer Indifferenz gegenüber jenen globalen Gefahren, welche das Überleben der Menschheit ernsthaft in Frage stellen. Zum anderen regt sich die religionskritische Frage, ob nicht die christliche Eschatologie eine Gestalt des religiösen Eskapismus ist, der die Defiinitivität des uns heute vorstellbaren Weltendes, sollte es denn eintreten, nicht wahrhaben will.

Wichtige eschatologische Entwürfe der 60er Jahre haben der Resignation mit einer Theologie der Hoffnung entgegenzutreten versucht, die gerade die jüdisch-christliche Traditionslinie der Apokalyptik als Gestalt einer universalgeschichtlichen Hoffnung in Anspruch nehmen wollte. Inzwischen ist freilich jene Hoffnungstheologie längst von den negativen globalen Entwicklungen eingeholt worden. Wie eine Theologie der Hoffnung gern übersehen hat, daß das apokalyptische Denken des Judentums eine „Katastrophentheorie"[7] war, welche die Weltgeschichte als einen Unheilszusammenhang begriff, so neigt sie andererseits dazu, die katastrophalen Tendenzen und Vorgänge unserer Tage mit Hilfe eines an die alttestamentliche Prophetie angelehnten Deutungsmusters zu innergeschichtlichen Krisen zu erklären und so zu bagatellisieren.[8]

Angesichts globaler Gefahren haben wir uns daran zu erinnern, daß die christliche Theologie keineswegs nur ein alttestamentlich-prophetisches, sondern auch ein apokalyptisches Erbe in sich trägt, dessen Weltsicht unseren heutigen Zukunftsaussichten vielleicht besser gerecht wird als ein bloßes Krisenbewußtsein. Sogleich ist aber die Rückfrage zu stellen, wie denn mit dem apokalyptischen Erbe des Christentums kritisch umzugehen ist. Der apokalyptische Fundamentalismus christlicher Sekten dürfte kaum die gesuchte Perspektive bieten, kann

---

[7] Vgl. *G. Scholem*, Zum Verständnis der messianischen Idee im Judentum (1963), jetzt in: *K. Koch/ J.M. Schmidt* (Hg.), Apokalyptik (WdF 365), Darmstadt 1982, S. 327-369, hier S. 335.

[8] Vgl. dazu die Kritik an der Eschatologie J. Moltmanns bei *G.M. Martin*, Weltuntergang. Gefahr und Sinn apokalyptischer Visionen, Stuttgart 1984, S. 133ff.

aber als gewissermaßen beschädigte Apokalyptik ein Hinweis auf die negativen theologischen Folgen ihrer Verdrängung in Theologie und Kirche sein.

Angesichts der im 20. Jahrhundert wellenförmig immer wieder aufbrechenden Endzeitängste kommt der Theologie die Aufgabe zu, sich kritisch mit heutigen Formen von Apokalyptik wie mit ihrem eigenen apokalyptischen Erbe auseinanderzusetzen. Diese Auseinandersetzung schließt die Frage ein, ob eigentlich diejenigen wirklich recht haben, welche wie von Ditfurth behaupten, es sei soweit, ein Apfelbäumchen zu pflanzen. Einerseits nämlich dürfen die globalen Gefahren für Mensch und Natur nicht – womöglich gar auf Grund theologischer Voreingenommenheiten – heruntergespielt werden. Andererseits aber müssen reale Gefahren und apokalyptische Deutungsmuster auseinandergehalten werden. Das wird freilich dadurch erschwert, daß die Bestimmung der Fakten ohne einen Deutungsrahmen gar nicht möglich ist, die Auflistung bedrohlicher Fakten also immer schon eine Deutung und ein Szenario der Zukunft impliziert.

Auch wenn die Gefahr eines globalen Atomkriegs vorerst gebannt scheint, so bleibt unsere Gegenwart doch weiterhin von einer latenten Endzeitangst bestimmt, die sich fallweise immer wieder Bahn brechen kann – wofür die heftigen Reaktionen vieler deutscher Jugendlicher während des Golfkriegs 1991 symptomatisch sind. Solche Katastrophenangst ist vielleicht sogar ein gesicherterer Tatbestand als jene äußerlichen Gefahren, die man für ihre Ursachen verantwortlich macht. Apokalyptik soll im folgenden interpretiert werden als eine Form der Seelsorge an solchen, die von Endzeitangst umgetrieben werden. Bei aller notwendigen Kritik an der apokalyptischen Vorstellungswelt muß sich die Theologie fragen lassen, inwieweit sie selbst heute zur Seelsorge an den Geängstigten fähig ist.

2. Grundzüge apokalyptischen Denkens

So vielfältig heute von der drohenden Apokalypse gesprochen wird, so erklärungsbedürftig sind die Begriffe „Apokalypse" und „Apokalyptik". Wenn im folgenden einige Grundzüge apokalyptischen Denkens beschrieben werden sollen, haben wir uns zunächst zu vergegenwärtigen, daß das griechische Wort *apokálypsis* nicht etwa mit „Weltende", sondern mit „Enthüllung" zu übersetzen ist.[9] Es steht am Beginn der neutestamentlichen Johannesoffenbarung und meint in ihrem Fall die Enthüllung unmittelbar bevorstehender Ereignisse, die zur endgültigen Errichtung der Herrschaft Gottes über seine Schöpfung führen sollen. Das Weltende ist nicht gleichbedeutend mit der Apokalypse, sondern einer ihrer Gegenstände.

[9] Zum Wortfeld siehe *A. Oepke*, Art. ἀποκαλύπτω, ἀποκάλυψις, ThWNT III, Stuttgart 1938, S. 565-597; *H. Schulte*, Der Begriff der Offenbarung im Neuen Testament, München 1949.

Das von F. Lücke in Anlehnung an Apk 1,1 geprägte Kunstwort „Apokalyptik"
bezeichnet in den exegetischen Disziplinen eine literarische Gattung jüdischer
Schriften aus dem Zeitalter des Hellenismus, deren Gedankenwelt derjenigen der
Johannesapokalypse verwandt ist. Ihnen sind bestimmte Stilelemente gemeinsam
wie dasjenige der Pseudonymität, häufig ihre Gestaltung als Visionsbericht, der
ausgiebige Gebrauch einer Bildersprache, die – nicht selten durch einen Deute-
engel – entschlüsselt werden muß, sowie ein Zug zur Systematisierung des
Geschauten durch Ordnungsschemata, insbesondere durch Periodisierungen der
Geschichte und Zahlenspekulationen.[10] In der gegenwärtigen exegetischen Debatte ist der Begriff „Apokalyptik" allerdings eher eine Problemanzeige denn ein
festumrissener Terminus. Das Urteil darüber, ob man überhaupt von einer einheitlichen literarischen Gattung der Apokalypsen sprechen darf und ob das Phänomen der Apokalyptik religionssoziologisch klar eingegrenzt werden kann, ist
stark im Fluß.

Dessen bewußt, wollen wir uns dem Phänomen der Apokalyptik von einer
religionswissenschaftlichen Definition aus nähern, die H. Ringgren gegeben hat.
Demnach handelt es sich bei apokalyptischem Denken um „eine Spekulation, die
– gern in allegorischer Form [...] – den Weltlauf deuten und das Weltende enthül-
len will"[11]. Solche Spekulationen finden sich aber nicht nur im Judentum und im
frühen Christentum, sondern auch in der iranischen, indischen, germanischen
oder auch ägyptischen Religion. Wird der Begriff der Apokalyptik auch auf außer-
jüdische Phänomene der Religionsgeschichte angewandt, so können wir mit G.
Lanczkowski ganz allgemein von einem „Komplex von Vorstellungen" sprechen,
die sich auf „die Enthüllung zukünftiger, am Ende einer Weltperiode eintretender
Ereignisse" beziehen, wobei nicht nur an ein einmaliges Weltende im Rahmen
eines teleologischen Geschichtsbildes, sondern auch an periodische Weltuntergänge gedacht werden kann.[12] Dasjenige, was, wie das Wort *apokálypsis* sagt,
enthüllt wird, ist also nicht irgendein Beliebiges, sondern das Ende der Welt.
Unter Aufnahme einer treffenden Formulierung von J. Ellul können wir auch
sagen: Apokalyptik ist Enthüllung der Wirklichkeit,[13] und zwar als einer unterge-

---

[10] Noch immer grundlegend ist die Beschreibung der Apokalypsegattung von Ph. Vielhauer in
NTApo² II, Tübingen ⁴1971, S. 407-427. Siehe ferner *Ph. Vielhauer*, Geschichte der urchristlichen
Literatur, Berlin/New York 1975, Nachdr. 1978, S. 485ff.

[11] *H. Ringgren*, Art. Apokalyptik I, RGG³ I, Tübingen 1957, Sp. 463f., hier Sp. 463.

[12] *G. Lanczkowski*, Art. Apokalyptik/Apokalypsen I, TRE 3, Berlin/New York 1978, S. 189-191,
hier S. 189f.

[13] Vgl. *J. Ellul*, Apokalypse. Die Offenbarung des Johannes - Enthüllung der Wirklichkeit, Neukirchen-Vluyn 1981.

henden. Apokalyptik, so läßt sich zusammenfassen, ist Enthüllung der Wirklichkeit im Untergang.

Ausgehend von dieser Definition vergegenwärtigen wir uns einige Grundzüge eines apokalyptischen Weltverständnisses.[14] Apokalyptiker erfahren die Welt als Ort der Heillosigkeit oder des Unheils. Das Dasein entbehrt jeder Erfahrung des Heils, wobei die Welt als ein in sich geschlossener Lebenszusammenhang aufgefaßt wird. Das gilt sowohl in präsentischer wie historischer Hinsicht. Die Welt, der Äon ist ein geschlossener Zeit-Raum des Unheils. Eben darum ist auch die Geschichte ein geschlossenes Unheilskontinuum. Weil die Welt heillos ist, wird die Rettung von außerhalb erwartet. Die Apokalyptik richtet ihren Blick deshalb aus einer dunklen Gegenwart in eine lichte Zukunft, ohne daß ihre Hoffnung aus dem gegenwärtigen Weltzustand abgeleitet würde. Sie gründet vielmehr in der Schau einer Gegenwelt oder in einer göttlichen Verheißung. Die Erwartung künftigen Heils wird in der Apokalyptik nicht von einer heilsgeschichtlichen Erinnerung abgeleitet, sondern als zukünftige Möglichkeit antizipiert. Die erhoffte Erlösung impliziert die Zerstörung der vorfindlichen Welt, die gewissermaßen sackgassenartig strukturiert ist. Wie sich im apokalyptischen Denken eine sackgassenartig strukturierte Welterfahrung in der Gewißheit einer unausweichlichen Katastrophe verdichtet, so ist die apokalyptische Hoffnung ihrerseits von der Katastrophalität der Erlösung überzeugt. Der Weg zum Heil führt durch die Katastrophe. Neue Lebensmöglichkeiten, wenn es sie denn gibt, liegen nicht innerhalb des gegenwärtigen Geschichtskontinuums, sondern jenseits seines Endes.

Die Wurzeln einer derartigen Sicht der Wirklichkeit sind nach einem gängigen Urteil in gesellschaftlichen oder individuellen Krisenerfahrungen zu suchen. Tatsächlich kann man Apokalyptik mit einigem Recht als Ausdruck eines Krisenbewußtseins bezeichnen, das auf gesellschaftliche oder politische Umbrüche reagiert. Die jeweilige Gegenwart wird als Krise erlebt, welche mit Hilfe apokalyptischer Denkmuster gedeutet und auf diese Weise bewältigt werden soll. Apokalyptik wäre demnach weniger Zukunftserforschung als vielmehr ein Versuch der Gegenwartsbewältigung.

---

[14] Jeder Versuch eines *systematischen* Begriffs von Apokalyptik hat allerdings zu berücksichtigen, daß sich die verschiedenartigen Anschauungen historisch bezeugter apokalyptischer Weltbilder nicht zu einem einheitlichen Gedankensystem verbinden lassen. Das gilt insbesondere von der in sich höchst uneinheitlichen jüdischen Apokalyptik und ihrer komplexen Entwicklungsgeschichte. Siehe dazu *K. Müller*, Art. Apokalyptik/Apokalypsen III, TRE 3, Berlin/New York 1978, S. 202-251. Zur gegenwärtigen exegetischen und religionswissenschaftlichen Diskussion siehe auch *D. Hellholm* (Hg.), Apocalypticism in the Mediterranean World and the Near East, Tübingen 1983.

Diese Gegenwart aber macht angst. Neben der Hoffnung auf eine neue Welt bzw. einen neuen Weltzustand läßt die apokalyptische Literatur aller Zeiten ein erhebliches Angstpotential erkennen. Von dieser Angst her, welche die Apokalyptik zu bewältigen versucht, können ihre Bildersprache und Deutungsmuster erschlossen werden. Die im apokalyptischen Denken begegnende Angst ist aber nicht nur ein möglicher Gegenstand individual- und sozialpsychologischer Untersuchungen, sondern zugleich ein wichtiger hermeneutischer Schlüssel für eine philosophische und theologische Analyse des apokalyptischen Daseinsverständnisses.

Einer solchen Analyse stellt sich die Angst der Apokalyptik nicht nur als Reaktion auf gesellschaftliche Krisen dar. Sie erscheint vielmehr als eine spezifiische Weise, das Dasein überhaupt zu erfahren, welche ihren möglichen konkreten Anlaß weit übersteigt. Offenbar besteht zwischen Angst und Apokalyptik ein ähnlicher Zusammenhang, wie ihn H. Jonas für die spätantike Gnosis einsichtig gemacht hat. Dies kann nicht weiter verwundern, zeigen doch neuere vergleichende religionsgeschichtliche Untersuchungen, daß – mit H. Greßmann und R. Otto gesprochen – die Gnosis Geist vom Geiste der Apokalyptik ist.[15]

Jonas hat die Angst des Gnostikers als Weltangst bezeichnet und versteht darunter eine „ungeheure Daseins-Unsicherheit, Weltangst des Menschen, Angst vor der Welt und vor sich selbst"[16]. Der Begriff der Weltangst ist eine philosophische Wortschöpfung des 20. Jahrhunderts, die meines Wissens erstmals in Oswald Spenglers „Untergang des Abendlandes" auftaucht.[17] Was Weltangst nach Spengler auszeichnet, ist das Gefühl grenzenloser Einsamkeit wie auch die Gewißheit des eigenen Sterbenmüssens und der Vergänglichkeit aller weltlichen Erscheinungen. Weltangst ist demnach die Entdeckung der Endlichkeit unserer selbst wie der Welt, in der wir leben. Sie schlägt, wie Jonas anhand der gnostischen Literatur der Spätantike gezeigt hat, auf das sich ängstigende Subjekt zurück, ist also zugleich Angst vor der Welt wie vor dem eigenen Selbst. In apokalyptischen Vorstellungen spricht sich nun eine Weltangst aus, die aufs äußerste gesteigert ist. Wir können dort von einer apokalyptischen Weltangst sprechen, wo das Dasein als völlig ausweglos erscheint. Zweifellos reagierend auf katastrophale gesellschaftliche oder politische Zeitumstände, diagnostiziert Apokalyptik die eigentliche Krise in der angstvoll wahrgenommenen Ausweglosigkeit des In-der-Welt-Seins überhaupt. Das Dasein läßt dem Apokalyptiker keine Handlungsmöglichkeiten mehr.

---

[15] Vgl. *R. Otto*, Reich Gottes und Menschensohn. Ein religionsgeschichtlicher Versuch, München ²1940, S. 3.

[16] *H. Jonas*, Gnosis und spätantiker Geist I (FRLANT 51), Göttingen ³1964, S. 143.

[17] *O. Spengler*, Der Untergang des Abendlandes. Umrisse einer Morphologie der Weltgeschichte, Sonderausgabe München 1981, S. 107ff.

Er erlebt sich der Welt gegenüber als völlig ohnmächtig, und zwar nicht nur etwa in politischer Hinsicht, sondern auch existentiell.

Hilfreich für das Verständnis apokalyptischen Denkens ist ein Blick auf die daseinsanalytische Richtung innerhalb der Tiefenpsychologie und ihre Deutung sogenannter Weltuntergangserlebnisse bei Schizophrenen. C. Kuhlenkampff hat für deren subjektive Weltsicht den Begriff der sackgassenartigen Weltstruktur geprägt und die Vorstellung des Weltuntergangs aus der Erfahrung des Überwältigtwerdens durch eine übermächtige und durch das eigene Handeln nicht mehr beeinflußbare Außenwelt erklärt.[18] Stürzt die Welt auf das ohnmächtige Subjekt ein, so stürzt eben bildlich vorgestellt die Welt an sich ein.

Apokalyptik ist freilich nicht ohne weiteres mit einem psychopathischen Phänomen gleichzusetzen, wenngleich ihre Weltsicht nicht frei von Zweideutigkeiten ist. Im Unterschied zu psychopathischen Weltuntergangsphantasien antizipiert die Apokalyptik das Weltende als eine noch bevorstehende Möglichkeit. Ihre philosophisch und theologisch anzuerkennende Wahrheit besteht einerseits in der Aufdeckung unserer Endlichkeit wie auch der Dimension des Zerstörerischen. Dabei geht es nicht etwa nur um Naturgewalten, deren Bildmaterial in Apokalypsen immer wieder verwendet wird, sondern um Strukturen des Bösen und solche der sich verselbständigenden Macht. Wo die nicht etwa nur naturhafte, sondern schuldhafte Zerstörung der vorfindlichen Wirklichkeit zur Unausweichlichkeit wird, kann man vom Katastrophischen oder der katastrophischen Dimension der Wirklichkeit sprechen. Und eben diese erfahrbare Katastrophalität der Wirklichkeit wird durch die Apokalyptik zur Sprache gebracht.

Die Erfahrung menschlicher Ohnmacht und fremder Übermacht unterscheidet die apokalyptische von einer prophetischen Weltsicht, wie wir sie aus der alttestamentlich-jüdischen Tradition kennen. Zwar drohen auch die Propheten Israels mit dem Gericht, das die Ausmaße eines Weltgerichts annehmen kann. Anders als die Apokalyptiker wenden sich die Propheten jedoch mit ihrer Verkündigung an solche, die als Täter und Verursacher des Bösen angesprochen werden, dessen Folge das göttliche Gericht sein wird. Auch die Predigt solcher Propheten, die keine Heilsbotschaft verkündigen, ist ihrer Struktur nach eine Bußpredigt, welche prinzipiell eine Verhaltensänderung ihrer Adressaten und somit eine Beeinflussung der künftigen Ereignisse für denkbar hält. Für den Apokalyptiker dagegen sind die Urheber des Unheils nicht direkt ansprechbar. Seine Adressaten sind vielmehr diejenigen, welche keine Möglichkeit haben, das Unheil abzuwenden, sondern sich als ohnmächtige Opfer einer unaufhaltsamen

[18] Vgl. *C. Kulenkampff*, Zum Problem der abnormen Krise in der Psychiatrie, in: *E. Strauss/ J. Zutt* (Hg.), Die Wahnwelten (Endogene Psychosen), Frankfurt a.M. 1963, S. 258-287.

Entwicklung hin zur Katastrophe erleben. Die Wahrheit der Apokalyptik besteht in dieser Hinsicht darin, daß nicht nur alles individuelle Leben, sondern auch kollektive, geschichtliche, gesellschaftliche, staatliche und kulturelle Erscheinungen und Konstellationen ein zeitlich befristetes Dasein haben.

Apokalyptik verharrt nun allerdings nicht in einer Stimmung der Weltangst, sondern versucht diese zu überwinden, indem sie eine Hoffnung verkündet, welche die Ausweglosigkeit der Endlichkeit negiert. So wird nun auch das Weltende als bildhafter Inbegriff von Weltangst zu einem Symbol der Hoffnung umgedeutet. Ihre Hoffnung ist aber Hoffnung gerade auf das Ende als Vorbedingung eines Neuen. Die Katastrophalität der Wirklichkeit wird nicht geleugnet, wandelt sich aber zur Katastrophalität der Erlösung. Der drohende Untergang erscheint nun als Übergang oder Durchgang, die Katastrophe als Krise, die Neues heraufführen kann. Die apokalyptische Vorstellungswelt führt uns zu dem Gedanken, daß Zerstörung unter Umständen nicht nur unvermeidlich, sondern auch heilsam und befreiend sein kann. Es gibt Verhältnisse und Lebensumstände, die nicht mehr verbesserungsfähig sind, sondern der Zerstörung preisgegeben werden müssen, damit Neues entstehen kann und neue Lebensmöglichkeiten gewonnen werden.

Indem die Apokalyptik die drohende Weltkatastrophe zur Krise umdeutet, wandelt sich auch die Angst vor einer Katastrophenangst zur Krisenangst.[19] Krisenangst ist Entscheidungs- oder Wandlungsangst, die eigene Handlungsmöglichkeiten nicht ausschließt und sich mit der Gebärangst vergleichen läßt. Man erinnere sich in diesem Zusammenhang daran, daß in der jüdisch-christlichen Apokalyptik öfter von den Geburtswehen, in denen die Welt oder der Äon in der Endzeit liege, gesprochen wird.[20] Indem sich die Katastrophe des drohenden Weltendes zur Krise wandelt, wird auch die Weltangst umgestimmt, ohne deshalb verdrängt zu werden.

Im apokalyptischen Denken wird die Vorstellung vom Weltende, die zunächst als Ausdruck gesteigerter Weltangst interpretiert werden kann, zur hermeneutischen Basis einer sekundären Welterklärung. Die Weltsicht der Apokalyptik beruht auf einer Hermeneutik des Endes: „Wie El Grecos Blitz Toledo, taucht die vorwegphantasierte Katastrophe den Weltenlauf in ein phantastisch scharfes Licht. Wichtiges tritt hervor und Unwichtiges in den Schatten".[21] Solchermaßen werden unheilvolle Strukturen der Wirklichkeit und nicht zuletzt solche der Macht,

---

[19] Zur Unterscheidung von Katastrophen- und Krisenangst siehe *O. Haendler*, Angst und Glaube, Berlin 1952, S. 30ff.

[20] Siehe z.B. Mk 13,8.

[21] *H. Nagel*, Anleitung zum öffentlichen Tod, in: *H. Boehncke/R. Stollmann/G. Vinnai*, Weltuntergänge, Reinbek 1984, S. 200-221, hier S. 206.

die von den Mächtigen kaschiert werden, aufgedeckt. Apokalyptik ist auf ihre Weise eine Form der Aufklärung. Allerdings werden, um im Bild zu bleiben, Strukturen des Bösen von der Apokalyptik nicht nur ans Licht gebracht, sondern überbelichtet, so daß sich die Komplexität des Lebens auf einen Dualismus von Schwarz und Weiß, Gut und Böse, Licht und Finsternis reduziert. Die Vereinfachung im Licht des möglichen Unheils kann ungemein erhellend sein, andererseits aber auch zum Zerrbild der Wirklichkeit und zur Ideologie verkommen, die sozialpsychologisch betrachtet ebenso wie die Weltuntergangserlebnisse Schizophrener pathologische Züge trägt.[22]

Alle Apokalyptik ist also zutiefst zweideutig. Zweideutig wie ihre Sicht der Wirklichkeit bleibt auch die von ihr verbreitete Hoffnung, steht diese doch in der Gefahr, die Angst vor dem drohenden Weltende in Lust am Untergang umschlagen zu lassen. Ideologiekritisch ist darum in jedem Fall zu fragen, welche Welt im Einzelfall eigentlich untergehen soll, und wer den Weltuntergang aus welchen Gründen herbeisehnt.[23] Bei Ernst Bloch war die Sprengung der vorfindlichen Welt ein Moment seiner sozialistischen Utopie, bei Ronald Reagan der apokalyptische Showdown mit Moskau als Zentrum des Bösen das ideologische Versatzstück einer fragwürdigen Großmachtpolitik.

Auch ist nicht zu übersehen, daß gerade die Hoffnung auf die katastrophische Beendigung herrschender Zustände oder der Welt insgesamt eine Form des Eskapismus sein kann, der die vorfindliche Wirklichkeit bei ihrer Katastrophalität und ihren negativen Tendenzen behaftet und gerade so reale Handlungs- und Veränderungsmöglichkeiten übersieht oder Veränderungen sogar verhindert. In diesem Fall wird die bedrohliche Welt gerade nicht überwunden, sondern belassen, wie sie ist, und also fixiert.

Ein apokalyptisches Denken aber, welches das Weltbild der Angst fixiert, durchbricht nicht, sondern verfestigt die Ausweglosigkeit des Daseins in einer bestimmten geschichtlichen Situation. Eine jede Veränderung ausschließende Fixierung der vorfindlichen Welt ist nicht nur in höchstem Maße ideologisch und daher kritikwürdig. Sie läßt auch die Apokalyptik an ihrem eigenen Anspruch scheitern, Angst zu überwinden, indem ihr ideologisches Weltbild statt dessen Angst schürt und neue Angste gebiert.

---

[22] Siehe dazu *J. Gabel*, Ideologie und Schizophrenie. Formen der Entfremdung, dt. Frankfurt a.M. 1967, bes. S. 306ff.

[23] Vgl. dazu die kritische Würdigung apokalyptischen Denkens bei *J. Ebach*, Apokalypse. Zum Ursprung einer Stimmung, in: *F.-W. Marquardt* u.a. (Hg.), Einwürfe 2, München 1985, S. 5-61.

3. Die kupierte Apokalypse

Apokalyptik ist kein bloßes Phänomen der Vergangenheit, sondern hat im Zeichen ökologischer Gefahren und der atomaren Bedrohung zunehmend an Plausibilität gewonnen. Sie gedeiht nicht nur in sektiererischen und fundamentalistischen Kreisen, sondern hat sich in den vergangenen Jahren in Literatur, bildender Kunst und Film, in Philosophie, in der Friedens- und Umweltschutzbewegung zu Wort gemeldet. Apokalyptik ist ein öffentlichkeitswirksames Gegenwartsphänomen. Viele halten die Menschheitsdämmerung für unausweichlich. Die Wahl scheint nicht mehr wie noch für K. Jaspers zwischen Atomtod und globaler Umkehr,[24] sondern nur noch zwischen atomarer und ökologischer Katastrophe zu bestehen. Beide werden in apokalyptischen Bildern vorwegphantasiert, welche die vorherrschende Angst symbolisieren. Gegenüber älteren Erscheinungsformen apokalyptischen Denkens besteht freilich ein gewichtiger Unterschied. Waren die Vorstellungen der früheren Apokalyptik weithin Erlösungsvisionen, so fällt der Hoffnungsaspekt in der säkularen Apokalyptik unserer Tage zumeist aus. Jenseits der globalen Vernichtung des Lebens ist keine neue Welt, kein neuer Äon mehr in Sicht. Hoffnung auf Erlösung oder Rettung besteht allenfalls diesseits des wenn auch nicht kosmischen, so doch globalen und damit für die Menschheit totalen Weltendes. Der Literaturwissenschaftler K. Vondung spricht darum von der kupierten Apokalypse, in der sich die zweite Hälfte des herkömmlichen Endzeitszenarios verflüchtigt hat.[25] Diese Feststellung gilt allerdings, wie auch Vondung weiß, nur eingeschränkt, entbehren doch auch die kupierten Apokalypsen unserer Zeit nicht unbedingt jeglicher Hoffnung. Selbst noch im Zeichen der drohenden Auslöschung allen Lebens entwickeln sie die Sehnsucht nach Gegenwelten und einem anderen Leben.

Die heutige Lage der Menschheit apokalyptisch zu deuten, scheint auf der Hand zu liegen, ist aber keineswegs zwingend. „Die Bedrohung unserer Lebenswelt ist *eine* Sache, eine andere die Angst vor dem Weltuntergang, und noch eine andere die Art und Weise, in der sich die Angst äußert, in der man über sie redet und sie zu bewältigen sucht."[26] Es zeichnet die zeitgenössische Diskussion um die ökologische Krise und die Gefahr eines atomaren Weltkrieges aus, daß sie in abgewandelter Form von apokalyptischen Deutungsmustern Gebrauch macht, die von den angesprochenen Gefahren unabhängig bestehende Bewußtseins-

---

[24] Vgl. *K. Jaspers*, Die Atombombe und die Zukunft des Menschen. Politisches Bewußtsein in unserer Zeit, München 1958, [7]1983, S. 353f. 402 u.ö.

[25] *K. Vondung*, Die Apokalypse in Deutschland, München 1988, S. 12.

[26] K. Vondung, a. a. O. (Anm. 25), S. 8.

phänomene sind. Insofern auch sie an der beschriebenen Zweideutigkeit aller Apokalyptik Anteil haben, gilt es auch sie kritisch zu befragen, ohne die realen globalen Gefahren der Gegenwart bestreiten oder verharmlosen zu wollen.

Die Wiederkehr apokalyptischer Deutungsmuster ließe sich beispielsweise an der inzwischen klassischen Studie des Club of Rome über die Grenzen des Wachstums zeigen.[27] Trotz aller Zurückhaltung ihrer Autoren im Tonfall und ungeachtet ihrer vorsorglichen Abwehr denkbarer Mißverständnisse oder unbeabsichtigter Auslegungen hat die Formel von den Grenzen des Wachstums seit dem Erscheinen der Studie im Jahre 1972 die gleiche Wirkung erzielt wie Oswald Spenglers dunkles Wort vom Untergang des Abendlandes nach dem Ersten Weltkrieg. Sowohl von Verfechtern wie von Kritikern der Studie des Club of Rome ist der eschatologische Gehalt ihres Szenarios rasch erkannt worden. Kritiker wie Anhänger der neuen Weltformel haben den Bericht als Apokalypse gelesen. Ähnlich wie in alten Apokalypsen wird die drohende Katastrophe mit Hilfe eines umfangreichen Zahlenwerkes quantifiziert, werden die verhängnisvollen Strukturen der westlichen Zivilisation aufgedeckt. Ist die Botschaft auch düster, so läßt die Studie des Club of Rome dennoch nicht alle Hoffnung fahren. Denn noch gibt es „eine Alternative"[28], welche in einer Gegenutopie zur Welt exponentiellen Wachstums besteht. Ihr Zauberwort ist dasjenige des qualitativen Wachstums. Anders als in der traditionellen Apokalyptik erscheint die ersehnte Gegenwelt aber nicht nach einer möglichen Katastrophe, sondern nur dann, wenn der ökologische Kollaps verhindert wird.[29] Apokalyptik wird so zur self-distroying prophecy.

Neben dem drohenden ökologischen Kollaps ist das denkbare atomare Inferno Gegenstand moderner Apokalypsen. Die Wiederkehr apokalyptischer Denkmuster im Rahmen der Atomwaffendiskussion wäre vor allem anhand der Werke von K. Jaspers, G. Anders und J. Schell zu diskutieren.[30] Während Jaspers in der Zeit des Kalten Krieges den Kommunismus als eine der Atombombe gleichrangige Gefahr einstufte, haben Anders oder auch Schell energisch bestritten, daß hier eine Alternative vorliege. Sie erklären das Überleben der Menschheit unter allen denkbaren Umständen zum höchsten Gut. Da aber das Wissen um die Bombe nicht mehr aus der Welt zu schaffen ist, bleibt nur die Möglichkeit einer globalen

---

[27] *D.L. Meadows* u.a., Die Grenzen des Wachstums. Bericht des Club of Rome zur Lage der Menschheit, Stuttgart 1972.

[28] A. a. O. (Anm. 27), S. 175.

[29] Vgl. a. a. O. (Anm. 27), S. 157ff.

[30] Siehe *G. Anders*, Die atomare Drohung. Radikale Überlegungen, München 1983, sowie *J. Schell*, Das Schicksal der Erde. Gefahren und Folgen eines Atomkrieges, München ⁵1982.

Anstrengung, die mit der Drohung der atomaren Weltvernichtung angebrochene Endzeit zu verunendlichen.

Die Zweideutigkeit apokalyptischen Denkens ließe sich freilich auch an dieser kupierten Apokalyptik aufweisen. Ein Beispiel mag genügen. So schlägt in U. Horstmanns Philosophie der Menschenflucht, die er in seinem Buch „Das Untier" entworfen hat, die Angst vor dem atomaren Holocaust in Hoffnung auf die Katastrophe um. Im Gefolge A. Schopenhauers, L. Klages oder auch E.M. Ciorans fordert Horstmann: „Vermonden wir unseren stoffwechselsiechen Planeten!"[31] So wird eine Hoffnung auf das Ende, die G. Anders für völlig undenkbar hält, selbst im Atomzeitalter wieder möglich. Die kupierte Apokalypse kehrt bei Horstmann zur traditionellen Zwei-Äonen-Lehre zurück, wenngleich unter umgekehrten Vorzeichen: Auf den Äon leidvollen Lebens folgt die neue Welt – ohne Leben und von keinem Menschen mehr bewohnt. Mag Horstmanns Pamphlet auch ein Stück philosophisches absurdes Theater in einer absurden Epoche sein, so besteht ein gravierendes Problem apokalyptischen Denkens im Atomzeitalter darin, daß die Grenzen zwischen Realität und Fiktion in den Köpfen der Militärs ebenso zu verschwimmen drohen wie im Bewußtsein ihrer Kritiker. Um so nötiger ist ein ideologiekritischer Umgang mit apokalyptischen Erklärungsmustern im Zeichen heutiger Gefahren.

4. Apokalyptik und christlicher Glaube

Die Frage, welche Rolle apokalyptisches Denken für das Wirklichkeitsverständnis des christlichen Glaubens spielt, ist nicht nur eine historische und exegetische, sondern vordringlich eine systematisch-theologische. Nicht erst die säkulare Apokalyptik unserer Tage, sondern das eigene apokalyptische Erbe fordert das theologische Denken heraus. Der Verdrängung dieses ungeliebten Erbes dient die bis in die Gegenwart variantenreich vorgetragene These vom unapokalyptischen Christentum.

Gegen den Versuch, die apokalyptischen Elemente der neutestamentlichen Überlieferung zu marginalisieren, richtet sich die bekannte These E. Käsemanns, die Apokalyptik sei die Mutter aller christlicher Theologie.[32] Näherhin hat Käsemann das Christentum als eigentümliche Modifikation der jüdischen Apokalyptik bezeichnet. Im Blick auf das Neue Testament ist allerdings zu fragen, wie weit

---

[31] U. *Horstmann*, Das Untier. Konturen einer Philosophie der Menschenflucht, Wien 1983, S. 110.

[32] E. *Käsemann*, Die Anfänge christlicher Theologie, in: *ders.*, Exegetische Versuche und Besinnungen II, Göttingen [3]1970, S. 82-104.

sich diese modifizierte Apokalyptik tatsächlich noch im Rahmen apokalyptischen Denkens bewegt. Vielleicht läßt sich die christliche Modifikation der Apokalyptik am besten als deren Aufhebung bestimmen. Aufhebung meint, daß das christliche Daseinsverständnis das apokalyptische weder bloß negiert noch es widerspruchslos teilt. Der Begriff der Aufhebung hat im folgenden deshalb eine dialektische Bedeutung.

Vergleicht man anhand der neutestamentlichen Schriften in Grundzügen apokalyptische und christliche Welterfahrung, so treten Gemeinsamkeiten wie Unterschiede zutage. Wie nach apokalyptischem Verständnis ist auch nach neutestamentlicher Auffassung die Welt ein Ort der Heillosigkeit, ein Unheilskontinuum. Wie die Apokalyptik hofft auch der christliche Glaube auf künftige Rettung, und wie jene ist auch dieser von der Katastrophalität der Erlösung überzeugt. Die Szenarien der Endzeit in den synoptischen Evangelien oder bei Paulus können dies ebenso wie die Johannesapokalypse belegen. Was aber die christliche Weltsicht von einer apokalyptischen grundlegend unterscheidet, ist der Umstand, daß ein bereits eingetretenes Ereignis der Geschichte als Einbruch des Heils bewertet wird und damit die Geschlossenheit der Unheilsgeschichte prinzipiell durchbrochen ist. Was Apokalyptik und christlichen Glauben voneinander unterscheidet, ist der Glaube an Kreuz und Auferweckung Jesu als Heilsgeschehen. Gerade indem das Geschick Jesu mit Hilfe der apokalyptischen Vorstellung von der Totenauferweckung interpretiert wird, werden die Voraussetzungen apokalyptischen Denkens verlassen. Neben aller Erfahrung von Heillosigkeit ist die Welt nun ein Ort der Heilsgegenwart. Während Apokalyptik ausschließlich *Antizipation des Möglichen* ist, lebt christlicher Glaube von der *Erinnerung der Wirklichkeit* des Heils.

A. Schweitzer, mit dessen Ethik wir uns im sechsten Kapitel eingehend befaßt haben, hat das Christentum interpretiert als Weltbejahung, die durch Weltverneinung hindurchgegangen ist.[33] Sofern nicht, wie es bei Schweitzer geschieht, die Ethik des historischen Jesus, sondern dessen Geschick, das in sich ein Moment der Weltverneinung mit einem solchen der Weltbejahung verbindet, zur Begründung angeführt wird, kann diese These dazu dienen, die Aufhebung der Apokalyptik im Christentum näher zu bestimmen. Die Vorstellung des Weltuntergangs ist Ausdruck radikaler Weltverneinung, welche das Weltverhältnis der Apokalyptik kennzeichnet. Auch der christliche Glaube nimmt eine Haltung der Weltverneinung ein, insofern er den Kreuzestod Jesu als Gericht Gottes über eine Welt der Gottesferne interpretiert, die dem Untergang geweiht ist. Die christliche Botschaft vom Kreuz ist also durchaus eine solche der Weltverneinung. Weil aber

[33] Vgl. *A. Schweitzer*, Kultur und Ethik, Sonderausgabe München 1960, S. 159.

eben dieses Kreuz als Selbstentäußerung der Liebe Gottes aufgefaßt wird, ist der Kreuzestod Jesu zugleich als Akt der Bejahung der Welt durch Gott zu verstehen. So kann der christliche Glaube die Welt trotz ihrer nach wie vor erfahrbaren Katastrophalität bejahen, weil eben diese Welt des Unheils in Gestalt des Kreuzes des Heils gewürdigt und zum Ort der Heilserfahrung geworden ist. Eben darum bleibt nun aber auch das Böse nicht in seiner Gottwidrigkeit apokalyptisch fixiert, sondern wird durch die Liebe Gottes überwunden. Wenn das Christentum im Laufe seiner historischen Entwicklung von anfänglicher Weltverneinung zur Weltbejahung vorstoßen konnte, so deshalb, weil letztere – freilich als eine kritische – in der neutestamentlichen Botschaft vom Kreuz bereits angelegt war. Gleichwohl hat der Glaube der Versuchung einer kritiklosen Weltbejahung zu widerstehen. Wie der Weg Christi zur Auferstehungsherrlichkeit nur über das Kreuz führt, so kann auch der Glaube immer nur durch Weltverneinung hindurch zu erneuter Bejahung der Welt vorstoßen. Darin, daß der Glaube durch apokalyptische Erfahrungen angefochten wird und durch apokalyptische Weltverneinung immer wieder neu zur Weltbejahung durchdringen muß, besteht die Aufhebung der Apokalyptik im Christentum.

Dieser Aufhebung der Apokalyptik entspricht wiederum der Umgang des christlichen Glaubens mit der Weltangst. Nicht völlige Angstlosigkeit, sondern vielmehr ein spezifischer Mut zur Angst zeichnet den christlichen Glauben aus. Es wäre am Neuen Testament eingehend zu zeigen, wie der Glaube die apokalyptische Weltangst nicht negiert, sondern im Vertrauen darauf erträgt, daß die durch sie enthüllte Struktur der Wirklichkeit im Geschick Jesu durchbrochen ist. Deshalb kann es in Joh 16,33 heißen: „In der Welt habt ihr Angst; aber seid getrost, ich habe die Welt überwunden." Die aus solchem Glauben resultierende Daseinshaltung beschreibt Paulus in II Kor 4,8 f: „In allem sind wir bedrängt, aber doch nicht eingeengt. Wir wissen nicht, wo aus noch ein, aber den Weg verlieren wir dennoch nicht. Verfolgt werden wir, aber nicht im Stich gelassen; zu Boden geworfen, aber nicht zunichte gemacht." So wird in paradoxer Weise im christlichen Glauben die apokalyptische Daseinserfahrung zugleich geteilt und negiert.

5. Christlicher Glaube im Zeichen globaler Gefahr

Es bleibt jedoch die Frage, welche Aussagekraft die christliche Botschaft im Zeichen der heute für Mensch und Natur bestehenden Bedrohungen globalen Ausmaßes noch hat. Wenn anders christliche Theologie einen Bezug zur Wirklichkeit hat und Aussagen des Glaubens im Streit um die Wirklichkeit Relevanz beanspruchen, gilt es theologisch ernstzumachen mit der Einsicht, daß die Menschheit keine Überlebensgarantie hat und auch der christliche Glaube zu einer solchen nicht autorisiert ist. Dieser kann sich, wie wir schon im zweiten Kapitel sahen, freilich auch nicht im ethischen Appell zur Bewahrung der Schöpfung erschöpfen, haben doch die ökologischen und geopolitischen Gefahren ein Ausmaß erreicht, welches den praktischen Erfolg aller Anstrengungen zur Bewahrung der Schöpfung zweifelhaft erscheinen und den Menschen offenbar nur noch die Alternative von Titanismus oder Defätismus läßt.

Christlicher Glaube ist nicht gleichbedeutend mit Hoffnung auf den Fortbestand der Welt. Er ist freilich auch etwas anderes als die apokalyptische Hoffnung auf eine andere Welt jenseits der möglichen Katastrophe. Vielmehr bejaht der Glaube die Welt angesichts ihrer heute real möglichen Verneinung und Vernichtung. Er ist primär nicht eine Gestalt der Hoffnung, sondern, wie P. Tillich und K. Rahner einsichtig gemacht haben, eine Weise des Mutes.[34] Christlicher Glaube ist Mut zum fraglichen Sein, der selbst am Zerbrechen einer heilsgeschichtlich-utopischen Perspektive nicht irre wird.

In seiner Daseinshaltung ähnelt er weniger Prometheus als Sisyphus, der sich bei Camus dem Absurden stellt und gegen es revoltiert. Im Zeichen globaler Gefahr gilt es meines Erachtens darum, Camus als Gesprächspartner der Theologie wiederzuentdecken.[35] Camus' Daseinshaltung läßt sich als Mut charakterisieren, sich angesichts des Absurden zu bejahen. Christlicher Glaube kommt dieser Haltung denkbar nahe, zumindest jener mündige Glaube, von dem D. Bonhoeffer gesprochen hat. Dieser Glaube steht im Zeichen der Buße, das heißt, wie Bonhoeffer erläutert hat, im Zeichen einer letzten Redlichkeit. Im Zeichen der globalen Überlebenskrise führt uns solche Redlichkeit zu der Einsicht Bonhoeffers, daß wir vor Gott leben müssen „etsi deus non daretur".[36] Die Welt „etsi deus non daretur", von Bonhoeffer als mündige Welt bejaht, ist aber, wie man heute ohne Übertreibung sagen kann, apokalyptisch. Die Möglichkeit der technisch machbaren *annihilatio mundi* macht unsere Welt absurd. In einer apokalyptischen Welt ohne Gott gerade vor diesem stehend, kann der Glaubende sich und die Welt trotz des Absurden bejahen. Was ihn dabei von Camus unterscheidet, ist der hypothetische Charakter der Abwesenheit Gottes, dessen Anwesenheit freilich nur als Paradoxie ausgesagt werden kann. Im Unterschied zum Mut Camus' ist der christliche Glaube, um mit Tillich zu sprechen, der Mut sich als bejaht zu bejahen.

---

[34] Siehe *P. Tillich*, Der Mut zum Sein, Stuttgart ³1958; *K. Rahner*, Glaube als Mut, Zürich/Einsiedeln/Köln 1976.

[35] Siehe vor allem *A. Camus*, Der Mythos von Sisyphos. Ein Versuch über das Absurde (rde 90), Hamburg 1959.

[36] Vgl. *D. Bonhoeffer*, Widerstand und Ergebung. Briefe und Aufzeichnungen aus der Haft, hg. v. E. Bethge, Neuausgabe München ³1985, S. 394.

Mut ist ein ethischer Begriff. Als Bejahung des in Frage gestellten Seins hat sich der Glaube praktisch zu bewähren im Protest gegen alles Katastrophische, das die Welt apokalyptisch werden läßt. Dieser Protest äußert sich im durch den Glauben begründeten Handeln und Hoffen, nicht minder jedoch im Leiden, welches nicht zuletzt im Mitleiden mit den Opfern der Geschichte, der Erinnerung ihrer Leiden und im Gebet um das Kommen des Gottesreiches besteht.[37] Das Handeln des Glaubens angesichts des Absurden ist die tätige Proklamation eines Sinnes, dessen Zu-Kommen der Advent Gottes ist. Dieser Sinn bleibt menschlicher Verfügungsmacht freilich entzogen und kann unserem Handeln nur adventlich zu-kommen. Der Glaube produziert nicht, sondern proklamiert einen Sinn des Lebens und der Welt, der beiden einzig von Gott her zukommen kann und selbst noch angesichts der möglichen Selbstzerstörung der Menschheit Bestand haben wird.

---

[37] Siehe dazu vor allem *J.B. Metz*, Hoffnung auf Naherwartung oder der Kampf um die verlorene Zeit. Unzeitgemäße Thesen zur Apokalyptik, in: *ders.*, Glaube in Geschichte und Gesellschaft, Mainz ⁴1984, S. 149-158.

Nachweise der Erstveröffentlichung

Kapitel 1
Erstveröffentlichung unter dem Titel „Höher als alle Vernunft. Über das zeitgenössische Streben nach Weisheit und die Torheit des christlichen Glaubens" in: EvErz 48, 1996. Der Text wurde für das vorliegende Buch überarbeitet.

Kapitel 2
Erstveröffentlichung in: E. Schmetterer u.a. (Hg.), Variationen zur Schöpfung der Welt (FS R. Schulte), Tyrolia Verlag, Innsbruck 1995, S. 143-161.

Kapitel 3
Vortrag auf der Jahrestagung der Fachgruppe Systematische Theologie der Wissenschaftlichen Gesellschaft für Theologie am 19.9.1995 in Würzburg; bislang unveröffentlicht.

Kapitel 4
Erstfassung veröffentlicht in: W. Pratscher/G. Sauer (Hg.), Die Kirche als historische und eschatologische Größe (FS K. Niederwimmer), Peter Lang Verlag, Frankfurt a.M. 1994, S. 153-164.

Kapitel 5
Bislang unveröffentlicht.

Kapitel 6
Erstveröffentlicht in: ZThK 85, 1988, S. 329-348. Der Text wurde für das vorliegende Buch überarbeitet und um neuere Literatur ergänzt.

Kapitel 7
Der Text geht zurück auf einen Vortrag im Rahmen der Vortragsreihe AGORA bei der Kontaktstelle für Weltreligionen der österreichischen Bischofskonferenz (KWR) am 26.5.1994. Auszugsweise wurde der Vortrag veröffentlicht in: Religionen unterwegs 1, 1994, S. 12-19.

Kapitel 8
Erstveröffentlichung unter dem Titel „Weltende. Zur theologischen Herausforderung apokalyptischen Denkens im Zeichen globaler Bedrohung" in: EvErz 45, 1993, S. 286-300.

Literaturverzeichnis

Abkürzungen nach Schwertner, IATG², Berlin/New York 1992.

Altner, G.: Über Leben. Von der Kraft der Furcht, Düsseldorf 1992
-: Zwischen Natur und Menschengeschichte. Anthropologische, biologische, ethische Perspektiven für eine neue Schöpfungstheologie, München 1975
-: Die Überlebenskrise in der Gegenwart. Ansätze zum Dialog mit der Natur in Naturwissenschaft und Theologie, Darmstadt 1987
-: Die Grenzen des Wachstums und die Ehrfucht vor dem Leben, in: ders., Zwischen Natur und Menschengeschichte. Anthropologische, biologische, ethische Perspektiven für eine neue Schöpfungstheologie, München 1975, S. 93-104

Altner, G./Liedke, G./Meyer-Abich, K.M./Müller, A.M.K./Simonis, U.E.: Manifest zur Versöhnung mit der Natur. Die Pflicht der Kirchen in der Umweltkrise, Neukirchen-Vluyn ³1985

Anders, G.: Die Antiquiertheit des Menschen. Über die Seele im Zeitalter der zweiten industriellen Revolution, München ⁵1980
-: Die atomare Drohung. Radikale Überlegungen, München 1983

An-Na'im, A.A.: Koran, Schari'a und Menschenrechte, Conc 26, 1990, S. 129-134

Apel, K.-O.: Diskurs und Verantwortung. Das Problem des Übergangs zur postkonventionellen Moral, Frankfurt a.M. 1988

Auer, A.: Umweltethik. Ein theologischer Beitrag zur ökologischen Diskussion, Düsseldorf 1984

Bader, G.: Römer 7 als Skopus einer theologischen Handlungstheorie, ZThK 78, 1981, S. 31-56

Bähr, H.W. (Hg.): Albert Schweitzer. Sein Denken und sein Weg, Tübingen 1962

Barth, K.: Die Kirchliche Dogmatik, Bd. II/1, Bd. II/2, Bd. III/2, Zürich ⁶1940, 1946, 1948

Bayer, O.: Aus Glauben leben. Über Rechtfertigung und Heiligung, Stuttgart 1984
- (Hg.): Mythos und Religion. Interdisziplinäre Aspekte, Stuttgart 1990
-: Schöpfung als Anrede. Zu einer Hermeneutik der Schöpfung, Tübingen ²1990
-: Theologie (HST 1), Gütersloh 1994
-: Zeitgenosse im Widerspruch. Johann Georg Hamann als radikaler Aufklärer, München 1988

Bayertz, K.: Eine kurze Geschichte der Herkunft der Verantwortung, in ders. (Hg.), Verantwortung: Prinzip oder Problem?, Darmstadt 1995, S. 3-71

Bayertz, K./Heidtmann, B./Rheinberger, H.-J. (Hg.): Darwin und die Evolutionstheorie, Köln 1982

Bechmann, G. (Hg.): Risiko und Gesellschaft. Grundlagen und Ergebnisse interdisziplinärer Risikoforschung, Opladen 1993

Beck, U.: Gegengifte. Die organisierte Unverantwortlichkeit, Frankfurt a.M. 1988
-: Risikogesellschaft. Auf dem Weg in eine andere Moderne, Frankfurt a.M. 1986

Beck, U./Beck-Gernsheim, E.: Das ganz normale Chaos der Liebe (stw 1725), Frankfurt a.M. 1990

Beck, U./Vossenkuhl, W./Ziegler, U.E./Rautert, T.: Eigenes Leben. Ausflüge in die unbekannte Gesellschaft, München 1995

Berger, P.L./Luckmann, Th.: Die gesellschaftliche Konstruktion der Wirklichkeit. Eine Theorie der Wissenssoziologie, Frankfurt a.M. 1994

Berkley, G.: Eine Abhandlung über die Prinzipien der menschlichen Erkenntnis (PhB 20), Hamburg 1979

Bernhardt, R. (Hg.): Horizontüberschreitung. Die pluralistische Theologie der Religionen, Gütersloh 1991

Beyer, M./Stempel, H.-A. (Hg.): Welt, Umwelt, Ökologie (BASF 3), Weinheim 1995

Bilz, R.: Paläoanthropologie I, Frankfurt a.m. 1971

Bindemann, W.: Die Hoffnung der Schöpfung. Röm 8,18-27 und die Frage einer Theologie der Befreiung von Mensch und Natur, Neukirchen-Vluyn 1983

Birnbacher, D.: Sind wir für die Natur verantwortlich?, in: ders. (Hg.), Ökologie und Ethik, Stuttgart [2]1986, S. 103-139

Blumenberg, H.: Höhlenausgänge, Frankfurt a.M.1989, 1996
-: Die Lesbarkeit der Welt, Frankfurt a.m. 1981
-: Paradigmen zu einer Metaphorologie, ABG 6, 1960, S. 7-142

Boehncke, H./ Stollmann, R./Vinnai, G.: Weltuntergänge, Reinbek 1984

Böhler, D. (Hg.): Ethik für die Zukunft. Im Diskurs mit Hans Jonas, München 1994

Bonhoeffer, D.: Ethik, hg. v. E. Bethge, München 1975, [12]1988
-: Nachfolge, München [12]1981
-: Widerstand und Ergebung. Briefe und Aufzeichnungen aus der Haft, hg. v. E. Bethge, Neuausgabe, München [3]1985

Bosshard, S.N.: Erschafft die Welt sich selbst? Die Selbstorganisation von Natur und Mensch aus naturwissenschaftlicher, philosophischer und theologischer Sicht (QD 103), Freiburg/Basel/Wien 1985

Braun, H.: Die Problematik einer Theologie des Neuen Testaments, in: ders., Gesammelte Studien zum Neuen Testament und seiner Umwelt, Tübingen [2]1967, S. 325-341

Braun, H./Figal, G./Körtner, U.: Meinen religiöse Sätze, was sie sagen?, WuD 19, 1987, S. 221-235

Breidbach, O./Linke, D.B.: Selbstorganisation ohne Selbst. Über das Autopoietische der Autopoiesis, in: H.R. Fischer (Hg.): Autopoiesis. Eine Theorie im Brennpunkt der Kritik, Heidelberg 1991, S. 187-197

Bröker, W.: Teleologie und Teleonomie, in: L. Scheffczyk (Hg.), Evolution. Probleme und neue Aspekte ihrer Theorie, Freiburg/München 1991, S. 97-121

Brunner, E.: Das Ewige als Zukunft und Gegenwart, Zürich 1953

Buri, F.: Albert Schweitzer als Theologe heute (Christ u. Welt. Schriften für lebensbejahendes Christentum 6), Basel 1955
-: Albert Schweitzers Wahrheit in Anfechtung und Bewährung (Schriften zur Zeit im Artemis Verlag, H. 23), Zürich 1960
-: Theologische Ethik und ethische Theologie, ZEE 22 (1978), S. 262-274

Camus, A.: Der Mythos von Sisyphos. Ein Versuch über das Absurde (rde 90), Hamburg 1959

Cobb, J.B./Griffin, D.R.: Prozess-Theologie. Eine einführende Darstellung, Göttingen 1979

Cremer, H.: Die christliche Rede von den Eigenschaften Gottes (BFChTh 1, H. 4), Gütersloh 1897

Daecke, S.M.: Auf dem Weg zu einer praktischen Theologie der Natur, in: K.M. Meyer-Abich (Hg.), Frieden mit der Natur, Freiburg/Basel/Wien 1979, S. 262-285

Dahm, K.-W./Marhold, W.: Theologie der Gesellschaft. Der Beitrag Heinz-Dietrich Wendlands zur Neukonstruktion der Sozialethik, ZEE 34, 1990, S. 174-191

Dalferth, I.U.: Subjektivität und Glaube. Zur Problematik der theologischen Verwendung einer philosophischen Kategorie, NZSTh 36, 1994, S. 18-58

Derbolav, J.: Art. Handeln, Handlung, Tat, Tätigkeit, HWP 3, Darmstadt 1974, Sp. 992-994

Dilthey, W.: Die Typen der Weltanschauung und ihre Ausbildung in den metaphysischen Systemen, GS VIII, ²1960, S. 75-118

Ditfurth, H. v.: So laßt uns denn ein Apfelbäumchen pflanzen. Es ist soweit, Hamburg/Zürich 1985

Dress, A./Hendrichs, H./Küppers, G. (Hg.): Selbstorganisation. Die Entstehung von Ordnung in Natur und Gesellschaft, München 1986

Dux, G.: Die Logik der Weltbilder. Sinnstrukturen im Wandel der Geschichte (stw 370), Frankfurt a.M. 1982

Ebach, J.: Apokalypse. Zum Ursprung einer Stimmung, in: F.-W. Marquardt u.a. (Hg.), Einwürfe 2, München 1985, S. 5-61

Ebeling, G.: Dogmatik des christlichen Glaubens, Bd. I, Tübingen ²1982
-: Die Klage über das Erfahrungsdefizit in der Theologie als Frage nach ihrer Sache, in: ders., Wort und Glaube III, Tübingen 1975, S. 3-28
-: Luther. Einführung in sein Denken, Tübingen ⁴1981

Ecker, M.: Denkend durch die Umwelt zur Welt, in: M. Beyer/H.-A. Stempel (Hg.), Welt, Umwelt, Ökologie (BASF 3), Weinheim 1995, S. 69-109
-: Evolution und Ethik. Der Begriff der Denknotwendigkeit in Albert Schweitzers Ethik der Ehrfurcht vor dem Leben, in: C. Günzler u.a. (Hg.), Albert Schweitzer heute. Brennpunkte seines Denkens, Tübingen 1990, S. 51-81

Eco, U.: Das Foucaultsche Pendel. Roman, München 1989

Ehrfurcht vor dem Leben. Albert Schweitzer. Eine Freundesgabe zu seinem 80. Geburtstag, Bern 1954

El Hajje, O.: Die islamischen Länder und die internationalen Menschenrechtsdokumente, Gewissen und Freiheit 19, 1991, Nr. 36, S. 74-79

Elert, W.: Der christliche Glaube. Grundlinien der lutherischen Dogmatik, Erlangen ⁶1988

Ellul, J.: Apokalypse. Die Offenbarung des Johannes - Enthüllung der Wirklichkeit, Neukirchen-Vluyn 1981

epd-Dokumentation Nr. 24/89: Dokumente der ökumenischen Versammlung in Basel 1989

epd-Dokumentation Nr. 16/90: Dokumente der ökumenischen Versammlung in Seoul 1990

Erklärung von Stuttgart „Gerechtigkeit, Frieden und Bewahrung der Schöpfung". Gottes Gaben - unsere Aufgabe, hg. v. der Arbeitsgemeinschaft christlicher Kirchen, Frankfurt a.M. 1988

„Ethos der Weltreligionen und Menschenrechte", Conc 26, 1990, H. 4

Evers, A./Nowotny, H.: Über den Umgang mit Unsicherheit. Die Entdeckung der Gestaltbarkeit von Gesellschaft, Frankfurt a.M. 1987

Ferguson, M.: Die sanfte Verschwörung, Basel 1982

Fichte, J.G.: Ausgewählte Werke in sechs Bänden, hg. v. F. Medicus, Bd. 5, Darmstadt 1962

Finkielkraut, A.: Die Niederlage des Denkens, Reinbek 1989

Fischer, E.P.: Kritik des gesunden Menschenverstandes. Unser Hindernislauf zur Erkenntnis, Hamburg 1989

Fischer, H.R. (Hg.): Autopoiesis. Eine Theorie im Brennpunkt der Kritik, Heidelberg 1991
-: Information, Kommunikation und Sprache. Fragen eines Beobachters, in: ders. (Hg.), Autopoiesis. Eine Theorie im Brennpunkt der Kritik, Heidelberg 1991, S. 67-97

-: Murphys Geist oder die glücklich abhanden gekommene Welt, in: ders. (Hg.), Autopoiesis. Eine Theorie im Brennpunkt der Kritik, Heidelberg 1991, S. 9-37

Fischer, J.: Christliche Ethik als Verantwortungsethik?, EvTh 52, 1992, S. 114-128
-: Kann die Theologie der naturwissenschaftlichen Vernunft die Welt als Schöpfung verständlich machen?, FZPhTh 41, 1994, S. 491-514

Frey, Chr.: Weder Monismus noch Dualismus. Zum Verhältnis von Glaube und Naturwissenschaft, GlLern 9, 1994, S. 101-105
-: Neue Gesichtspunkte zur Schöpfungstheologie und Schöpfungsethik?, ZEE 33, 1989, S. 217-231
-: Theologie und Ethik der Schöpfung. Ein Überblick, ZEE 32, 1988, S. 47-62

Friedrich, G.: Ökologie und Bibel. Neuer Mensch und alter Kosmos, 1982

Gabel, J.: Ideologie und Schizophrenie. Formen der Entfremdung, dt. Frankfurt a.M. 1967

Gese, H.: Art. Weisheit, RGG³ VI, Tübingen 1962, Sp. 1574-1577

Glaserfeld, E. v.: Einführung in den radikalen Konstruktivismus, in: P. Watzlawick (Hg.), Die erfundene Wirklichkeit, München 1984, S. 16-38

Global 2000. Der Bericht an den Präsidenten, dt. Übers. hg. v. R. Kaiser, Frankfurt a.M. 1980

Götting, G. (Hg.): Albert Schweitzer. Beiträge zu Leben und Werk, Berlin 1965

Gräb, W./Korsch, D.: Selbsttätiger Glaube. Die Einheit der Praktischen Theologie in der Rechtfertigungslehre, Neukirchen-Vluyn 1985

Grabs, R.: Albert Schweitzer. Denker aus Christentum, Halle/S. 1958
-: Albert Schweitzer, Gehorsam und Wagnis, (1949) ⁵1960
-: Zur Lehre der Ehrfurcht vor dem Leben, in: G. Götting (Hg.), Albert Schweitzer. Beiträge zu Leben und Werk, Berlin 1965, S. 62-69

Gräßer, E.: Albert Schweitzer als Theologe (BHTh 60), Tübingen 1979

Graf, F. W.: Von der creatio ex nihilo zur „Bewahrung der Schöpfung". Dogmatische Erwägungen zur Frage nach einer möglichen ethischen Relevanz der Schöpfungslehre, ZThK 87, 1990, S. 206-223

Greive, W./Niemann, R. (Hg.): Neu glauben? Religionsvielfalt und neue religiöse Strömungen als Herausforderung an das Christentum, Gütersloh 1990

Groos, H.: Albert Schweitzer. Größe und Grenzen. Eine kritische Würdigung des Forschers und Denkers, Basel 1974

Grötzinger, A.: Es bröckelt an den Rändern. Kirche und Theologie in einer multikulturellen Gesellschaft, München 1992

Günzler, C.: Albert Schweitzer - Einführung in sein Denken, München 1996

Günzler, C. u.a. (Hg.): Albert Schweitzer heute. Brennpunkte seines Denkens, Tübingen 1990

Günzler, C./Lenk, H.: Ethik und Weltanschauung. Zum Neuigkeitsgehalt von Albert Schweitzers „Kulturphilosophie III", in: C. Günzler u.a. (Hg.), Albert Schweitzer heute. Brennpunkte seines Denkens, Tübingen 1990, S. 17-50

Gutmann, W.F.: Das neue Evolutionskonzept: Erweiterung oder Neubegründung?, Biologische Rundschau 23, 1985, S. 225-239

Gutmann, W.F./Bonik, K.: Kritische Evolutionstheorie. Ein Beitrag zur Überwindung altdarwinistischer Dogmen, Hildesheim 1981

Haendler, O.: Angst und Glaube, Berlin 1952

Hamann, J.G.: Sämtliche Werke, Bd. 1, hg. v. J. Nadler, Wien 1949

Härle, W.: Dogmatik, Berlin/New York 1995

Härle, W./Herms, E.: Rechtfertigung. Das Wirklichkeitsverständnis des christlichen Glaubens, Göttingen 1980

Härle, W./Preul, R. (Hg.): Marburger Jahrbuch für Theologie I [Vom Handeln Gottes], Marburg 1987

Hawking, S.: Eine kurze Geschichte der Zeit. Die Suche nach der Urkraft des Universums, Reinbek 1991

Heidegger, M.: Was heißt Denken?, Tübingen [3]1971
-: Aus der Erfahrung des Denkens, Pfullingen 1965
-: Holzwege (GA I/5), Frankfurt a.M. 1977
-: Logos (Heraklit-Fragment 50), in: ders., Vorträge und Aufsätze, Pfullingen 1954, S. 207-230
-: Überwindung der Metaphysik, in: ders., Vorträge und Aufsätze, Pfullingen 1954, S. 71-99
-: Die Frage nach der Technik, in: ders., Vorträge und Aufsätze, Pfullingen 1954, S. 13-44
-: Wissenschaft und Besinnung, in: ders., Vorträge und Aufsätze, Pfullingen 1954, S. 45-70
-: Die Zeit des Weltbildes, in: ders., Holzwege (GA I/5), Frankfurt a.M. 1977, S. 75-113

Heidelmeyer, W. (Hg.): Die Menschenrechte, Paderborn 1970

Heitler, W.: Naturwissenschaft ist Geisteswissenschaft, 1972

Hellholm, D. (Hg.): Apocalypticism in the Mediterranean World and the Near Est, Tübingen 1983

Heppe, H./Bizer, E.: Die Dogmatik der evangelisch-reformierten Kirche, Neukirchen 1958

Herms, E.: Art. Erfahrung II, TRE 10, Berlin/New York 1982, S. 89-109

Hertz, A. u.a. (Hg.): Handbuch der christlichen Ethik, Bd. 3, Freiburg/Basel/Wien 1982

Hick, J.: Problems of Religious Pluralism, London [2]1988

Honecker, M.: Christen und Muslime vor der Herausforderung der Menschenrechte, MdKI 44, 1993, S. 83-86
-: Das Recht des Menschen, Gütersloh 1978
-: Einführung in die Theologische Ethik, Berlin/New York 1990

Horstmann, U.: Das Untier. Konturen einer Philosophie der Menschenflucht, Wien 1983

Hösle, V.: Philosophie der ökologischen Krise. Moskauer Vorträge, München 1991

Huber, W.: Kirche, München [2]1988
-: Konflikt und Konsens. Studien zur Ethik der Verantwortung, München 1990
-: Sozialethik als Verantwortungsethik, in: Ethos des Alltags (FS S.H. Pfürtner), 1983, S. 55-75

Huber, W./Tödt, H.E.: Menschenrechte, München 1988

Hübner, J.: Die Sprache evangelischer Naturfrömmigkeit als praktische Theologie der Natur, in: K.M. Meyer-Abich (Hg.), Frieden mit der Natur, Freiburg/Basel/Wien 1979, S. 75-90
-: Die Welt als Gottes Schöpfung ehren. Zum Verhältnis von Theologie und Naturwissenschaft heute, 1982

Husserl, E.: Philosophie als strenge Wissenschaft, Logos I, 1910, S. 289-341

Irrgang, B.: Christliche Umweltethik. Eine Einführung (UTB 1671), München 1992

Jäger, A.: Gott. Nochmals Martin Heidegger, Tübingen 1978
-: Theologie der Erde. Zur theologischen Funktion einer Schöpfungslehre, WuD 17, 1983, S. 153-162

Janich, P.: Natur und Handlung, in: O. Schwemmer (Hg.), Vernunft, Handlung und Erfahrung, München 1981, S. 69-84

Jaspers, K.: Die Atombombe und die Zukunft des Menschen. Politisches Bewußtsein in unserer Zeit, München 1958, [7]1983

Jaspert, B. (Hg.): Hans Küngs „Projekt Weltethos". Beiträge aus Philosophie und Theologie, Hofgeismar 1993

Jonas, H.: Gnosis und spätantiker Geist, Bd. I (FRLANT 51), Göttingen [3]1964

-: Das Prinzip Verantwortung. Versuch einer Ethik für die technologische Zivilisation, Frankfurt a.M. 1979, 1984

Jüngel, E.: Tod, Gütersloh [2]1983

Kant, I.: Werke in sechs Bänden, hg. v. W. Weischedel, Darmstadt 1983

-: Logik, Akademie-Ausgabe, Bd. IX, Leipzig 1923

Kantzenbach, F.W.: Albert Schweitzer. Wirklichkeit und Legende (Persönlichkeit u. Geschichte 50), Göttingen 1969

-: Programme der Theologie. Denker, Schulen, Wirkungen von Schleiermacher bis Moltmann, München 1978

Käsemann, E.: An die Römer (HNT 8a), Tübingen [3]1974

-: Die Anfänge christlicher Theologie, in: ders., Exegetische Versuche und Besinnungen II, Göttingen [3]1970, S. 82-104

Kaufmann, G.D.: Theologie für das Nuklearzeitalter (ÖEH 2), München 1987

Kaufmann, F.-X.: Risiko, Verantwortung und gesellschaftliche Komplexität, in: K. Bayertz (Hg.), Verantwortung: Prinzip oder Problem? Darmstadt 1995, S. 72-97

-: Der Ruf nach Verantwortung. Risiko und Ethik in einer überschaubaren Welt, Freiburg i.B. 1992

Kessler, H. (Hg.): Ökologisches Weltethos im Dialog der Kulturen und Religionen, Darmstadt 1996

Klein, J.: Art. Weltanschauung, RGG[3] VI, Tübingen 1962, Sp. 1603-1606

Kluge, F.: Etymologisches Wörterbuch der deutschen Sprache, Berlin/New York [21]1975

Knight, F.H.: Risk, Uncertainty and Profit, Boston 1921

Knitter, P.F.: Ein Gott - viele Religionen. Gegen den Absolutheitsanspruch des Christentums, München 1988

Koch, K./Schmidt, J.M. (Hg.): Apokalyptik (WdF 365), Darmstadt 1982

Koch, T.: Das göttliche Gesetz der Natur. Zur Geschichte des neuzeitlichen Naturverständnisses und zu einer gegenwärtigen theologischen Lehre von der Schöpfung (ThSt 136), Zürich 1991

Kohlenberg, H.K.: Art. Buch der Schöpfung, HWP 1, Darmstadt 1971

Körtner, U.: Der handelnde Gott. Zum Verständnis der absoluten Metapher vom Handeln Gottes bei Karl Barth, NZSTh 31, 1989, S. 18-40

-: (Hg.): Islam und Moderne. Zwischen Reform und Fundamentalismus (Iserlohner Protokolle 104/91), Iserlohn 1992

-: „Die Lebenden freilich ängstigen sich ...". Lebensende und Weltende in der Sicht Martin Luthers und heute, in: Ev. Predigerseminar Wittenberg (Hg.), ...da Tod und Leben rungen. Tod und Leben in der Sicht Martin Luthers und heute, Wittenberg 1996, S. 75-93

-: Liebe, Schlaf und Tod. Ein theologischer Versuch zu Robert Schneiders Roman *Schlafes Bruder*, in: R. Moritz (Hg.), Über „Schlafes Bruder". Materialien zu Robert Schneiders Roman, Leipzig [2]1996, S. 92-100

-: Dem Risiko trotzen. Grundzüge einer zeitgemäßen Verantwortungsethik, EK 29, 1996, S. 581-586

-: Verantwortung, GlLern 7, 1992, S. 97-104

-: Weltangst und Weltende. Eine theologische Interpretation der Apokalyptik, Göttingen 1988

Köster, P.: Nietzsche-Kritik und Nietzsche-Rezeption in der Theologie des 20. Jahrhunderts, Nietzsche-Studien 10/11, 1981/82, S. 615-658

Kratky, K.W./Wallner, F. (Hg.): Grundprinzipien der Selbstorganisation, Darmstadt 1990

Kraus, O.: Albert Schweitzer. Sein Werk und seine Weltanschauung, Bern 1926

Krohn, W./Küppers, G. (Hg.): Selbstorganisation. Aspekte einer wissenschaftlichen Revolution, Braunschweig/Wiesbaden 1990

Kuhn, Th.S.: Die Struktur wissenschaftlicher Revolutionen (stw 25), Frankfurt a.M. 1973

Kuhse, H.: Die Lehre von der Heiligkeit des Lebens in der Medizin, Erlangen 1994

Kulenkampff, C.: Zum Problem der abnormen Krise in der Psychiatrie, in: E. Strauss/J. Zutt (Hg.), Die Wahnwelten (Endogene Psychosen), Frankfurt a.M. 1963, S. 258-287

Küng, H.: Projekt Weltethos, München 1990

-: Auf der Suche nach einem universalen Grundethos der Weltreligionen, Conc 26, 1990, S. 154-164

-: Ja zum Weltethos. Perspektiven für die Suche nach Orientierung, München 1995

-: Weltfrieden durch Religionsfrieden. Antworten aus den Weltreligionen, München 1993

Küng, H./Kuschel, K.-J.: Erklärung zum Weltethos. Die Deklaration des Parlaments der Weltreligionen, München 1993

Kuschel, K.-J.: Weltreligionen und Menschenrechte, EK 22, 1989, S. 17-19

Lamettrie, J.O. de: L'homme machine (1748), dt. Ausgabe von M. Brahn, 1909

Lanczkowski, G.: Art. Apokalyptik/Apokalypsen I, TRE 3, Berlin/New York 1978, S. 189-191

-: Art. Schlaf, RGG³ V, Tübingen 1961, Sp. 1418f

Lange, D.: Schöpfungslehre und Ethik, ZThK 91, 1994, S. 157-188

Liedtke, G.: Im Bauch des Fisches. Ökologische Theologie, Stuttgart ⁵1988

Link, Chr.: Schöpfung. Bd. 2: Schöpfungstheologie angesichts der Herausforderungen des 20. Jahrhunderts (HST 7/2), Gütersloh 1991

Luhmann, N.: Ethik als Reflexionstheorie der Moral, in: ders., Gesellschaftsstruktur und Semantik. Studien zur Wissenssoziologie der modernen Gesellschaft, Bd. 3 (stw 1093), Frankfurt a.M. 1993, S. 358-447

-: Die Moral des Risikos und das Risiko der Moral, in: G. Bechmann (Hg.), Risiko und Gesellschaft. Grundlagen und Ergebnisse interdisziplinärer Risikoforschung, Opladen 1993, S. 327-338

-: Paradigm lost: Über die ethische Reflexion der Moral. Rede anläßlich der Verleihung des Hegel-Preises 1989 (stw 797), Frankfurt a.M. 1990

-: Soziologie der Moral, in: ders./S.H. Pfürtner (Hg.), Theorietechnik und Moral (stw 206), Frankfurt a.M. 1978, S. 8-116

-: Soziologie des Risikos, Berlin/New York 1991

-: Neuere Entwicklungen in der Systemtheorie, Merkur 42, 1988, S. 292-300

Luhmann, N./Pfürtner, S.H. (Hg.): Theorietechnik und Moral (stw 206), Frankfurt a.M. 1978

Lührmann, D.: Glaube im frühen Christentum, Gütersloh 1976

Lüpke, J. v.: Anvertraute Schöpfung. Biblisch-theologische Gedanken zum Thema „Bewahrung der Schöpfung" (Vorlagen NF 16), Hannover 1992
-: Voraussetzungen des Vertrauens. Fragen an Trutz Rendtorff, ZEE 33, 1989, S. 233-235

MacIntyre, A.: Der Verlust der Tugend. Zur moralischen Krise der Gegenwart, Darmstadt 1987

Martin, G.M.: Weltuntergang. Gefahr und Sinn apokalyptischer Visionen, Stuttgart 1984

Maturana, H.R.: Der Baum der Erkenntnis. Die biologischen Wurzeln des menschlichen Erkennens, Bern 1987
-: Biologie der Kognition, Paderborn 1977
-: Erkennen: Die Organisation und Verkörperung von Wirklichkeit. Ausgewählte Arbeiten zur biologischen Epistemologie, Braunschweig/Wiesbaden 1982
-: Wissenschaft und Alltagsleben. Die Ontologie der wissenschaftlichen Erklärung, in: W. Krohn/G. Küppers (Hg.), Selbstorganisation. Aspekte einer wissenschaftlichen Revolution, Braunschweig/Wiesbaden 1990, S. 107-138

Mayr, E.: Darwinistische Mißverständnisse, in: K. Bayertz/B. Heidtmann/H.-J. Rheinberger (Hg.), Darwin und die Evolutionstheorie, Köln 1982, S. 44-57

Meadows, D.L. u.a.: Die Grenzen des Wachstums. Bericht des Club of Rome zur Lage der Menschheit, Stuttgart 1972

Meadows, D.L./Meadows, D.H.: Das globale Gleichgewicht, 1974

Metz, J.B.: Hoffnung auf Naherwartung oder der Kampf um die verlorene Zeit. Unzeitgemäße Thesen zur Apokalyptik, in: ders., Glaube in Geschichte und Gesellschaft, Mainz [4]1984, S. 149-158

Meyer, H.J.: Albert Schweitzers Doktorarbeit über Kant, in: H.W. Bähr (Hg.), Albert Schweitzer. Sein Denken und sein Weg, Tübingen 1962, S. 66-74

Meyer-Abich, K.-M. (Hg.), Frieden mit der Natur, Freiburg/Basel/Wien 1979

Moltmann, J.: Gott in der Schöpfung. Ökologische Schöpfungslehre, München 1985, [3]1987
-: Dient die „pluralistische Theologie" dem Dialog der Weltreligionen?; EvTh 49, 1989, S. 528-536
-: Theologie der Hoffnung. Untersuchungen zur Begründung und zu den Konsequenzen einer christlichen Eschatologie, München [10]1977
-: Trinität und Reich Gottes. Zur Gotteslehre, München [2]1986

Morgenstern, Chr.: Palmström. Gedichte, München 1985

Müller, H.-P.: Albert Schweitzer und Rudolf Bultmann. Theologische Paradigmen unter der Herausforderung durch den Säkularismus, ZThK 93, 1996, S. 101-123

Müller, K.: Art. Apokalyptik/Apokalypsen III, TRE 3, Berlin/New York 1978, S. 202-251

Müller, W.E.: Albert Schweitzers Kulturphilosophie im Horizont säkularer Ethik, Berlin/New York 1993
-: Der Begriff der Verantwortung bei Hans Jonas, Frankfurt a.M. 1988

Nadolny, S.: Die Entdeckung der Langsamkeit. Roman, München 1983, Neuausgabe 1987

Nagel, H.: Anleitung zum öffentlichen Tod, in: H. Boehncke/R. Stollmann/G. Vinnai, Weltuntergänge, Reinbek 1984, S. 200-221

Nennen, H.-U.: Ökologie im Diskurs. Zu Grundfragen der Anthropologie und Ökologie und zur Ethik der Wissenschaften, Opladen 1991

Nethöfel, W./Schmid, V.: Rabe fliegt nach Osten. Die indianische Alternative? Indianische und christliche Spiritualität, München 1987

Nietzsche, F.: Werke in drei Bänden, hg. v. K. Schlechta, Darmstadt, ⁹1982

Nossik, B.M.: Albert Schweitzer. Ein Leben für die Menschlichkeit, ²1978

Oepke, A.: Art. ἀποκαλύπτω, ἀποκάλυψις, ThWNT III, Stuttgart 1938, S. 565-597

Ott, H./Buri, F./Lochmann, J.M.: Dogmatisches Gespräch über die Kirche, ThZ 28, 1972, S. 43-74

Otto, R.: Reich Gottes und Menschensohn. Ein religionsgeschichtlicher Versuch, München ²1940

Papcke, S.: Gesellschaft ohne Subjekt? Über die Systemästhetik von Niklas Luhmann, Vorgänge 1990, Nr. 108, S. 88-103

Patzig, G.: Art. Griechisch-römische Philosophie, RGG³ II, Tübingen 1960, Sp. 1867-1876
-: Art. Philosophie, RGG³ V, Tübingen 1958, Sp. 349-356

Penzlin, H.: Das Teleologie-Problem in der Biologie, Biologische Rundschau 25, 1987, S. 7-26

Pestalozzi, H.A.: Die sanfte Verblödung. Gegen falsche New Age-Heilslehren und ihre Überbringer - Ein Pamphlet, Düsseldorf 1985

Peters, A.: Gesetz und Evangelium (HST 2), Gütersloh 1981

Pfisterer, K.D./Schuchardt, J.: Die Lehre von der Heiligkeit des Lebens in der Medizin. Gedanken zu einem neuen Buch von Helga Kuhse. Auch im Sterben bleibt das Leben heilig, Diakonie 1994, H. 1, S. 59-61

Pfürtner, S.H.: Moralfreie Moraltheorie in der wertpluralen Gesellschaft? Eine Fortsetzung der Diskussion mit Niklas Luhmann, ZEE 24, 1980, S. 192-208
-: Zur wissenschaftstheoretischen Begründung der Moral, in: N. Luhmann/S.H. Pfürtner (Hg.), Theorietechnik und Moral (stw 206), Frankfurt a.M. 1978, S. 176-250

Picht, G.: Der Begriff der Verantwortung, in: ders., Wahrheit, Vernunft, Verantwortung. Philosophische Studien, Stuttgart 1959, S. 318-342

Picht, W.: Albert Schweitzer. Wesen und Bedeutung, Hamburg 1960

Pierhal, J.: Albert Schweitzer. Das Leben eines guten Menschen, München 1955

Planer-Friedrich, G.: Wem ist in der Krise zu trauen?, ZEE 33, 1989, S. 150-152

Popper, K.R.: Conjectures and Refutations. The Growth of Scientific Knowledge, London ²1965
-: Logik der Forschung, Tübingen ³1969
-: Auf der Suche nach einer besseren Welt. Vorträge und Aufsätze aus dreißig Jahren, München/Zürich 1984

Preul, R.: Problemskizze zur Rede vom Handeln Gottes, in: W. Härle/R. Preul (Hg.): Marburger Jahrbuch für Theologie I [Vom Handeln Gottes], Marburg 1987, S. 3-11

Prigogine, I./Stengers, I.: Dialog mit der Natur. Neue Wege naturwissenschaftlichen Denkens, München/Zürich 1981

Rad, G. v.: Theologie des Alten Testaments, Bd. I, München ⁴1962
-: Weisheit in Israel, Neukirchen-Vluyn 1970

Radermacher, H.: Zur Grammatik autopoietischer Systeme, in: H.R. Fischer (Hg.), Autopoiesis. Eine Theorie im Brennpunkt der Kritik, Heidelberg 1991, S. 53-66

Rahner, K.: Glaube als Mut, Zürich/Einsiedeln/Köln 1976

Ratschow, C.H.: Lutherische Dogmatik zwischen Reformation und Aufklärung, Teil II, Gütersloh 1966
-: Trutz Rendtorffs ethische Theorie, ThR 49, 1984, S. 57-81

Reese-Schäfer, W.: Luhmann zur Einführung, Hamburg 1992

Rehm, J. (Hg.): Verantwortlich leben in der Weltgemeinschaft. Zur Auseinandersetzung um das „Projekt Weltethos", Gütersloh 1994

Rendtorff, T.: Ethik, Bd. I, Stuttgart 1980, ²1990
-: Wessen Krise? Zur Diskussion über „Bewahrung der Schöpfung", ZEE 33, 1989, S. 235-237
-: Vom ethischen Sinn der Verantwortung, in: A. Hertz u.a. (Hg.), Handbuch der christlichen Ethik, Bd. 3, Freiburg/Basel/Wien 1982, S. 117-129
-: Vertrauenskrise? Bemerkungen zum Topos „Bewahrung der Schöpfung", ZEE 32, 1988, S. 245-249

Rich, A.: Die Bedeutung der Eschatologie für den christlichen Glauben (Kirchl. Zeitfragen 31), Zürich 1954
-: Wirtschaftsethik. Grundlagen in theologischer Perspektive, Gütersloh 1984

Ricoeur, P.: Stellung und Funktion der Metapher in der biblischen Sprache, in: ders./E. Jüngel, Metapher. Zur Hermeneutik religiöser Sprache. Mit einer Einführung von P. Gisel, München 1974, S. 45-70

Ringeling, H.: Leben in Anspruch der Schöpfung. Beiträge zur Fundamental- und Lebensethik, Freiburg/Schweiz und Freiburg i.B. 1988

Ringgren, H.: Art. Apokalyptik I, RGG³ I, Tübingen 1957, Sp. 463f

Roth, G.: Selbstorganisation - Selbsterhaltung - Selbstreferentialität. Prinzipien der Organisation der Lebewesen und ihre Folgen für die Beziehung zwischen Organismus und Umwelt, in: A. Dress/ H. Hendrichs/G. Küppers (Hg.), Selbstorganisation. Die Entstehung von Ordnung in Natur und Gesellschaft, München 1986, S. 149-180

Rothschuh, K.E.: Theorie des Organismus, München/Berlin 1959

Roux, W.: Die Selbstregulation. Ein charakteristisches und nicht notwendig vitalistisches Vermögen aller Lebewesen, Nova Acta Leopoldina 100 (2), 1914, S. 1-91

Ruh, H.: Argument Ethik. Orientierung für die Praxis in Ökologie, Medizin, Wirtschaft, Politik, Zürich 1991

Sandel, M.J.: Liberalism an the Limits of Justice, New York 1982

Sandkühler, H.J. (Hg.): Europäische Enzyklopädie zur Philosophie und Wissenschaft, Bd. 4, Hamburg 1990

Scheffczyk, L. (Hg.): Evolution. Probleme und neue Aspekte ihrer Theorie, Freiburg/München 1991

Scheler, M.: Die Formen des Wissens und der Bildung, Bonn 1925

Schell, J.: Das Schicksal der Erde. Gefahren und Folgen eines Atomkrieges, München ⁵1982

Schelling, F.W.J.: Philosophische Untersuchungen über das Wesen der menschlichen Freiheit und die damit zusammenhängenden Gegenstände, hg. v. W. Schulz, Frankfurt a.M. 1975

Schiller, Fr.: Werke, hg. v. H.G. Göpfert, Bd. I, Darmstadt ⁵1984

Schleiermacher, F.: Der christliche Glaube nach den Grundsätzen der evangelischen Kirche im Zusammenhange dargestellt (²1830), 2 Bde, hg. v. M. Redeker, Berlin 1960

Schleip, H. (Hg.): Zurück zur Natur-Religion?. Wege zur Ehrfurcht vor allem Leben, Freiburg i.B. 1986

Schlitt, M.: Umweltethik. Philosophisch-ethische Reflexionen - Theologische Grundlagen - Kriterien, Paderborn 1992

Schloemann, M.: Luthers Apfelbäumchen? Ein Kapitel deutscher Mentalitätsgeschichte seit dem zweiten Weltkrieg, Göttingen 1994

-: Luthers Apfelbäumchen. Bemerkungen zu Optimismus und Pessimismus im christlichen Selbstverständnis (Wuppertaler Hochschulreden 7), Wuppertal 1976

Schmid, H.H. (Hg.): Mythos und Rationalität (Beiträge des VI. Europäischen Theologen-Kongresses 1987), Gütersloh 1988

Schmidt, S.J. (Hg.): Der Diskurs des Radikalen Konstruktivismus, Frankfurt a.M. ⁴1991

Schmidt, S.J./Rusch, G. (Hg.): Konstruktivismus: Geschichte und Anwendung, Frankfurt a.M. 1992

Schneider, Th./Ullrich, L. (Hg.): Vorsehung und Handeln Gottes (QD 115), Freiburg/Basel/Wien 1988

Schoberth, W.: Geschöpflichkeit in der Dialektik der Aufklärung. Zur Logik der Schöpfungstheologie bei F. C. Oetinger und J. G. Hamann (Evangelium u. Ethik 3), Neukirchen-Vluyn 1994

Schoen, U.: Aufklärung? Die Zukunft der Moderne, des Christentums und des Islams, in: U. Körtner (Hg.), Islam und Moderne. Zwischen Reform und Fundamentalismus (Iserlohner Protokolle 104/91), Iserlohn 1992, S. 45-56

-: Denkwege auf dem Gebiet der Theologie der Religionen, VF 34, 1989, S. 61-87

Scholem, G.: Zum Verständnis der messianischen Idee im Judentum (1963), in: K. Koch/J.M. Schmidt (Hg.), Apokalyptik (WdF 365), Darmstadt 1982, S. 327-369

Schumann, O.: Einige Bemerkungen zur Frage der Allgemeinen Menschenrechte im Islam, ZEE 30, 1986, S. 155-174

Schulte, H.: Der Begriff der Offenbarung im Neuen Testament, München 1949

Schulte, R.: Wie ist Gottes Wirken in Welt und Geschichte theologisch zu verstehen?, in: Th. Schneider/L. Ullrich (Hg.), Vorsehung und Handeln Gottes (QD 115), Freiburg/Basel/Wien 1988, S. 116-167

-: „Schöpfung" und „Natur". Theologische Erwägungen zum Verständnis und zur akuten Frag-Würdigkeit des christlich-theologischen Gehaltes zweier Schlüsselbegriffe für Wissenschaft, Theologie und ökologisch-theologische Besinnung, in: S. Haering (Hg.), In Unum Congregati (FS Augustin Kardinal Mayer OSB), Metten 1991, S. 361-387

Schulz, W.: Philosophie in der veränderten Welt, Pfullingen ²1974

Schwager, R. (Hg.): Christus allein? Der Streit um die pluralistische Religionstheologie (QD 160), Freiburg/Basel/Wien 1996

Schwartländer, J.: Art. Verantwortung, HPhG 6, München 1974, S. 1577-1588

Schwarzwäller, K.: Literatur zum Thema „Verantwortung", ThR 57, 1992, S. 141-179

Schweitzer, A.: Gesammelte Werke in fünf Bänden, hg. v. R. Grabs, München 1974 [= GW]

-: Die Lehre von der Ehrfucht vor dem Leben. Grundtexte aus fünf Jahrzehnten. Im Auftrag des Verfassers hg. v. H.W. Bähr, München 1966

-: Die Entstehung der Lehre der Ehrfurcht vor dem Leben und ihre Bedeutung für unsere Kultur, GW 5, S. 172-191

-: Humanität, in: GW 5, S. 167-171

-: Aus meinem Leben und Denken, in: GW 1, S. 19-252

-: Kultur und Ethik, Sonderausgabe mit Einschluß von „Verfall und Wiederaufbau der Kultur", München 1960, Nachdruck 1981

-: Ansprache bei Entgegennahme des belgischen Joseph-Lemaire-Preises, in: GW 5, S. 160-166

-: Philosophie und Tierschutzbewegung, in: GW 5, S. 135-142

- Das Problem der Ethik in der Höherentwicklung des menschlichen Denkens, in: GW 5, S. 157
-: Die Religionsphilosophie Kants von der Kritik der reinen Vernunft bis zur Religion innerhalb der Grenzen der bloßen Vernunft, 1899
-: Straßburger Predigt über das Doppelgebot der Liebe, in: GW 5, S. 117-126

Schwemmer, O. (Hg.): Vernunft, Handlung und Erfahrung, München 1981

Schwöbel, Chr.: Die Rede vom Handeln Gottes im christlichen Glauben, in: W. Härle/R. Preul (Hg.): Marburger Jahrbuch für Theologie I [Vom Handeln Gottes], Marburg 1987, S. 56-81

Seaver, G.: Ehrfurcht vor dem Leben. Eine Deutung, in: Ehrfurcht vor dem Leben. Albert Schweitzer. Eine Freundesgabe zu seinem 80. Geburtstag, Bern 1954, S. 147-154
-: Albert Schweitzer als Mensch und als Denker, Göttingen [10]1960

Seiffert, H.: Einführung in die Wissenschaftstheorie, 3 Bd., München [8]1975ff

Soosten, J. v.: Gerechtigkeit ohne Solidarität? Deontologische Ethik in der Kritik, ZEE 36, 1992, S. 61-74

Spaemann, R./Löw, R.: Die Frage Wozu? Geschichte und Wiederentdeckung des teleologischen Denkens, München 1981

Spengler, O.: Der Untergang des Abendlandes. Umrisse einer Morphologie der Weltgeschichte, ungekürzte Sonderausgabe in einem Bd., München 1981

Steffahn, H.: Du aber folge mir nach. Albert Schweitzers Werk und Wirkung, Bern/Stuttgart 1974

Stegmüller, W.: Hauptströmungen der Gegenwartsphilosophie, Bd. II, Stuttgart [6]1979

Strege, M.: Albert Schweitzers Religion und Philosophie. Eine systematische Quellenstudie, Tübingen 1965

Swidler, L.: Die Menschenrechte. Ein geschichtlicher Überblick, Conc 26, 1990, S. 98-104

Tanner, K.: Der lange Schatten des Naturrechts. Eine fundamentalethische Untersuchung, Stuttgart 1993

Taubes, J.: Abendländische Eschatologie (BSSP 3), Bern 1947

Taylor, Ch.: Sources of the Self. The Making of the Modern Identity, Cambridge 1989

Thom, M.: Art. Wissen, in: H.J. Sandkühler (Hg.), Europäische Enzyklopädie zur Philosophie und Wissenschaft, Bd. 4, Hamburg 1990, S. 903-911

Tillich, P.: Der Mut zum Sein, Stuttgart [3]1958
-: Das religiöse Fundament des moralischen Handelns, GW III, Stuttgart 1965, S. 13-83
-: Systematische Theologie Bd. I, Stuttgart, [5]1977

Timm, H.: Das ästhetische Jahrzehnt. Zur Postmodernisierung der Religion, Gütersloh 1990
-: Evangelische Weltweisheit - Zur Kritik der ökotheologischen Apokalyptik, in: ders., Diesseits des Himmels, Gütersloh 1988, S. 43-67 (= ZThK 84, 1987, S. 345-370)
-: Diesseits des Himmels, Gütersloh 1988
-: Sprachenfrühling. Perspektiven evangelisch-protestantischer Religionskultur, Stuttgart 1996
-: Zwischenfälle. Die religiöse Grundierung des All-Tags, Gütersloh 1983

Tödt, H.E.: Perspektiven theologischer Ethik, München 1988

Trowitzsch, M.: Technokratie und Geist der Zeit. Beiträge zu einer theologischen Kritik, Tübingen 1988
-: Die Freigabe der Welt. Der Gedanke der Schöpfungsmittlerschaft Jesu Christi bei Dietrich Bonhoeffer, ZThK 90, 1993, S. 425-441

Unamuno, M. de: Das tragische Lebensgefühl, dt. 1925

Verantwortung wahrnehmen für die Schöpfung. Gemeinsame Erklärung des Rates der EKD und der Deutschen Bischofskonferenz, Gütersloh 1985

Vielhauer, Ph.: Geschichte der urchristlichen Literatur, Berlin/New York 1975, Nachdr. 1978

Vondung, Die Apokalypse in Deutschland, München 1988

Wagner, F.: Gott - der Schöpfer der Welt? Eine philosophisch-theologische Grundbesinnung, in: ders., Zur gegenwärtigen Lage des Protestantismus, Gütersloh 1995, S. 89-113

Wagner-Simon, Th./Benedetti, G. (Hg.): Traum und Träumen, Göttingen 1984

Watzlawick, P. (Hg.), Die erfundene Wirklichkeit, München 1984

Weber, M.: Politik als Beruf (1919), in: ders., Gesammelte politische Schriften, 2. erw. Aufl. hg. v. J. Winckelmann, Tübingen 1958, S. 493-548

Weingarten, M.: Organismen - Objekte oder Subjekte der Evolution? Philosophische Studien zum Paradigmenwechsel in der Evolutionsbiologie, Darmstadt 1993

Weinrich, H.: Art. Metapher, HWP 5, Darmstadt 1980, Sp. 1179-1186

Weischedel, W.: Das Wesen der Verantwortung, Frankfurt a.M. ²1958

Weizsäcker, C.F. v.: Die Zeit drängt. Eine Weltversammlung der Christen für Gerechtigkeit, Frieden und die Bewahrung der Schöpfung, München/Wien 1986

Wendland, H.-D.: Die Kirche in der modernen Gesellschaft. Entscheidungsfragen für das kirchliche Handeln im Zeitalter der Massenwelt, Hamburg ²1958

Werner, M.: Das Weltanschauungsproblem bei Karl Barth und Albert Schweitzer, München 1924

Westermann, C.: Genesis I, Kap. 1-11 (BK I/1), Neukirchen-Vluyn ²1976

Whitehead, A.N.: Prozeß und Realität. Entwurf einer Kosmologie, Frankfurt a.M. 1987

Wieser, W. (Hg.): Die Evolution der Evolutionstheorie, Heidelberg 1994

Wilckens, U./Fohrer, G.: Art. σοφία κτλ., ThWNT VII, Stuttgart 1967, S. 465-529

Wißmann, H./Herms, E./Köpf, U./Track, J./Zilleßen, D.: Art. Erfahrung I-V, TRE 10, Berlin/New York 1982, S. 83-141

Wuketits, F.M.: Evolutionstheorien (Dimensionen der modernen Biologie 7), Darmstadt 1995

Zukunft der Schöpfung - Zukunft der Menschheit. Erklärung der Deutschen Bischofskonferenz, Bonn 1980

Zur Theologie der Natur. Themenheft der EvTh (H. 1), 1977

1. Namenregister (Auswahl)

2. Bibelstellenregister